재무정보와 주가

재무정보/주가변화/관계/분석

재무정보 와 주가

Financial Information and Stock Price

백재승 지음

한국학술정보㈜

책머리에

　2006년 이후 주식형 펀드의 유행과 글로벌 유동성의 확대, 인도와 중국 등 아시아국가의 급속한 경제성장 그리고 이에 따른 세계 각국 주식시장의 폭발적인 신장세에 힘입어 2007년에는 유가증권시장의 KOSPI가 2,000pt를 넘어서는 등 우리나라 주식시장도 큰 폭의 상승세를 기록하였다. 주식시장의 호황은 증권회사가 대형투자은행으로서의 기능을 수행할 수 있는 기반을 제공한 자본시장통합법의 시행과 함께 국내 금융시장의 근본적 체질 변화를 예고하고 있다. 또한 국내 경제의 선진화와 국민소득 4만 불 시대로의 진입을 위한 중대한 계기가 되고 있는 것이 분명하다. 과거 우리나라 증권시장의 선진국 진입을 가로막아 왔던 코리아디스카운트(Korea discount) 현상이 해소되고, 오히려 코리아프리미엄(Korea premium)이 지배적이라는 점은 이에 대한 반증이기도 하다. 최근 세계경제포럼(WEF) 보고서에서 우리나라의 경제규모와 걸맞게 실질 국가경쟁력이 세계 11위로 크게 상승한 것도 이러한 자본시장의 성장세에 일부 힘입은 결과라고도 볼 수 있다.

　증권시장 발전에 따라 이제 전통적인 저축의 관념이 투자의 개념으로 대체되고, 은행권의 자금이 증권시장으로 대거 이전되면서 증권시장에서의 투자는 개인이나 국가 등 모든 경제주체의 가치 극대화와 부의 극대화를 위해 필수불가결한 요소가 되었다.

이렇게 증권시장의 도약에 힘입어 관련 연구나 보고서가 매일 인터넷이나 지면을 통해 쏟아져 나오고 있다. 하지만 실무적인 관점과 학문적인 요소를 함께 고찰함으로써 보다 근본적인 시각에서 주가의 움직임을 분석한 자료는 많지 않은 것 같다.

본서에서는 주식시장이 오르고 내림을 반복하는 국면에서 어떤 기업들의 주가가 더 우수한 성과를 보이고, 이러한 주가변화와 기업의 재무정보가 어떤 관계를 맺고 있는가에 관하여 실무적인 관점과 학문적인 요소를 함께 고려하여 분석해 보았다. 이를 위해 이론적인 고찰과 실제 증권시장에서의 사례 및 실증연구를 정리하였다. 이론적인 고찰을 위해 기존에 발표된 연구 및 보고서를 주요 논점별로 요약하였고, 사례연구와 실증연구는 본 저자가 수년 동안 연구해 온 연구논문과 실제 시장에서 여러 기업들에게 발생하였던 과거 사건을 관찰한 결과를 중심으로 저술하였다.

본서는 한국외국어대학교 2007년도 교내 연구비의 지원을 받아 이루어졌다. 본서가 가치 극대화를 추구하는 기업과 부의 극대화를 추구하는 개인 등 개별경제 주체 모두에게 유익한 자료가 되기를 바란다.

2008년 1월
겨울 정취가 물씬 풍기는 연구실에서

Contents · · ·

제1장

프롤로그

주가(stock price)로 대변되는 기업가치(firm value)가 변하는 이유에 관해서 다양한 분석이 이루어진다. 과거 주가의 움직임(기술적 분석, technical analysis), 내재가치(기본적 분석, fundamental analysis), 내부 정보(inside information), 시장수급상황(market situation), 국내·외 거시적 경제상황 등에 대한 분석이 그것이다. 이 가운데 주식시장이 상승기에 접어들거나 하락기로 돌아섰을 때, 어떤 기업의 주가가 더 우수한가 그리고 주가흐름이 당해 기업이 생산하는 재무정보 또는 재무적 특성과 어떤 연관이 있는지를 알아보는 것은 경영학(그중에서도 재무학, finance)을 연구하는 학자들뿐만 아니라 금융정책을 주관하는 정부, 시장의 주요 참가자인 금융기관 및 투자자 모두에게 중요한 주제이다. 다시 말하면, 주식시장이 상승세를 시현하거나 이후 하락세를 보이는 등 부침(浮沈)을 거듭함에 있어 재무정보와 주가가 상호 간에 어떤 반응을 보이는가는 자본시장의 참가자에게 공통적인 관심사라는 점에 대해서 재론의 여지가 없다는 것이다.

주가는 현재 및 미래에 기업으로부터 발생 가능한 현금흐름의 현재가치로 측정된다. 지금 당장에 큰 수익을 내지 못하고 있는 기업의 주가가 상승하는 이유는 미래 수익 또는 현금흐름의 성장 가능성이 현재의 주가에 반영되기 때문이다. 하지만 어떤 경우 미래의 장밋빛 전망이 버블로 연결되어 주가폭락과 함께 큰 투자손실을 가져다주기도 한다. 1999년 하반기부터 2000년까지 미국, 일본, 한국 등 국내·외 주식시장에서 유행처럼 번졌다가 결국 거품으로 사라진 닷컴버블(dot com bubble), M&A가 예상되어 주가가 오르다가 루머(rumor)에 그쳐 주가하락으로 연결되는 사건이 좋은 예이다.

내부정보를 제외한 기업의 재무정보는 신문이나 인터넷 등에서 다양한 형태로 용이하게 구할 수 있다. 주가에 영향을 미칠 수 있는 재무정보에는 기업의 규모, 매출수준이나 매출구조, 성장률, 부채비율, 수익성, 현금흐름 수준, 배당, 해당 산업의 특성, 유·무상증자, 다각화 여부, 소유구조, 이사회 구조, 경영진의 특징, 재벌기업 여부, 금융계열 여부, 구조조정, M&A 등 다양한 변수가 포함된다. 여기서, 기업의 규모는 매출액, 자산총액 또는 시가총액을 의미하고, 수익성은 영업이익, 당기순이익 또는 현금흐름의 크기를 말한다. 통상 영업이익과 감가상각비로 측정하는 기업의 현금흐름은 이익 측면이 아니라 실제 기업이 보유한 가용자금의 수준을 뜻한다. 내수산업을 영위하는 기업의 경우 IT기업이나 바이오업종의 기업에 비해 라이프사이클(life cycle)이 길다는 특징이 있다. 은행업 등의 금융기관은 다른 업종에 비해 부채비율이 높다는 특징도 가지고 있다. 산업의 특성은 이러한 산업 간 차이점을 고려한다는 것이다. 기업에 자본금으로서 현금유입이 발생하는지의 여부를 기준으로 유·무상증자를 구분한다. 무상증자는 자본금 증가 없이 주식 수만 증가하는 것으로 주식의 유동성을 증가시키는 효과가 있다. 소유구조, 이사회 구조, 경영진의 특징, 재벌기업 여부 등 기업의 경영활동 지배권과 관련된 제반 특성을 기업지배구조(corporate governance structure)라고 총칭하여 부르기도 한다. 기업지배구조는 2000년대 들어서 국내 자본시장의 화두로서 주요한 이슈로 대두되어 오고 있다.

본서의 주된 목적은 끊임없이 변화하는 국내·외 경제 환경과 이에 따른 주식시장의 변화에 대해 기업과 투자자 측면에서 보다 효과적으로 이에 대응함으로써 투자수익률을 제고하고, 이를 통해 효율적인 재무정책 또는 투자지침을 수립하는 데 필요한 시사점을 제공하는 데 있다. 이를 위해 주식시장이 상승과 하락을 경험하고 있을 때 기업규모, 부채수준, 자본조달, 소유구조, 이사회 구조, 구조조정, M&A 등 개별 기업이 투자자에게 제공하는 재무정보와 그 기업의 주가 변화가 맺고 있는 관계를 기본개념과 이론정리 및 실증을 통해 전반적으로 고찰함으로써 개인과 기업 그리고 금융당국 모두에 대해 바람직한 기본적인 재무자료를 추가로 제시하려 한다.[1]

[그림 1]에서와 같이 1997년 말에 발생한 외환위기(IMF crisis) 이후 급락하기 시작하여 1998년 6월에는 280pt까지 떨어졌던 국내 주식시장의 대표지수인 KOSPI지수는 이후 위기 회복과 함께 급격히 호전되어 1999년 말까지 큰 폭의 상승세를 보였다. 그렇지만 2000년과 2001년에 IT기업의 주가가 폭락함으로써 닷컴버블이 붕괴된 것과 함께 주식시장은 다시 하강, 침체국면에 접어들었다. 이후 적립식 펀드의 유행과 더불어 2004년 하반기부터 주식시장이 다시 오름세를 지속하여, 2007년에는 글로벌 유동성과 중국, 인도 등 아시아 국가의 증권시장 상승에 힘입어 세계 각국의 주식시장이 사상 최고치를 기록하는 가운데, 국내 주식시장 KOSPI지수도 2,000pt를 상회하는 폭발적인 상승세를 보이는 등 지속적

---

1) 주식시장의 상승·하락기를 언제부터 언제까지로 보느냐에 대해 주관적인 견해가 개입될 수 있다. 이에 본서에는 주식시장의 상승·하락기를 몇 가지의 경우로 나누어 봄으로써 주식시장의 상승·하락 시기 선택에 대한 객관성을 도모하였다.

으로 순환하는 국면을 되풀이하고 있다.

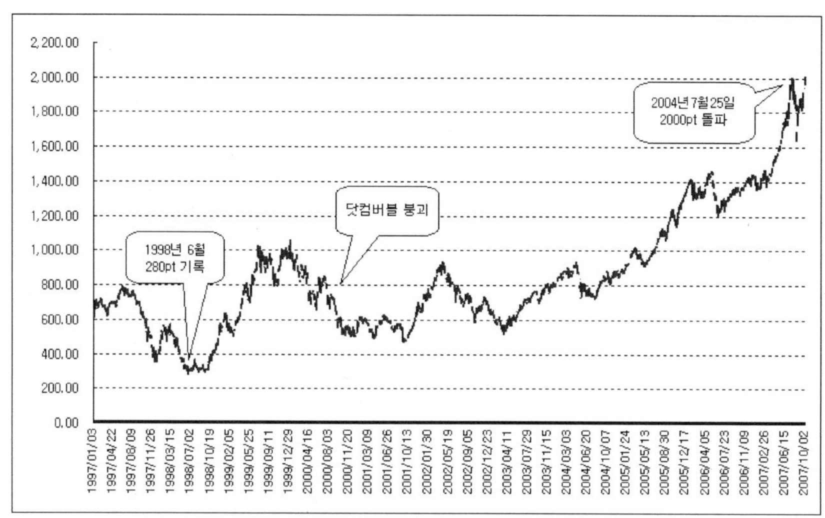

[그림 1] 1997년 - 2007년의 KOSPI 추이

이와 같은 점을 고려할 때, 주식시장의 상승·하락기에 기업의 여러 재무정보와 주가 변화의 관계를 비교·분석하는 연구는 부의 극대화, 가치 극대화를 위한 효율적 재무전략을 수립하는 데 의미를 가지게 된다. 즉 어떤 특성을 가진 기업의 주가가 주식시장이 좋을 때 더 오르는가, 반대로 주식시장이 좋지 않을 때 덜 떨어지는가를 보다 근본적으로 이론과 실증을 통해 알아보는 데 본서의 의의가 있다.

더군다나 2000년대 이전까지 고질적으로 우리나라 주식시장의 상승을 가로막아 왔던 코리아디스카운트(Korea discount) 현상, 즉 한국기업이라는 이유만으로 세계 주식시장에서 주가가 저평가되어 온 현상이 사라지고, 코리아프리미엄(Korea premium)이 나타나면서 주식시장에서 기업 고유의 특성이 보다 큰 주가변화의 요소로 등장하고 있다는 점에서 본서는 이에 대한 자료를 제공할 수 있을 것이다.

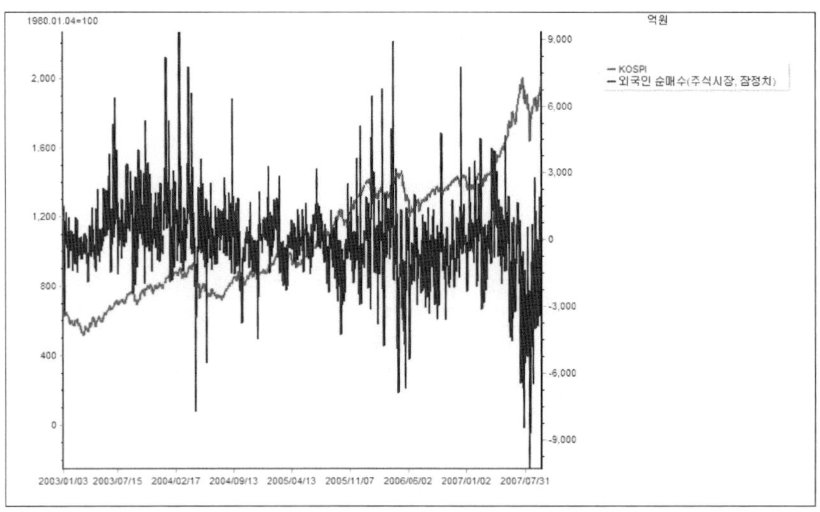

(자료) 증권선물거래소 (www.krx.co.kr)

[그림 2] 외국인 순매수 규모와 KOSPI 추이

이상과 같은 의의와 관련하여 하나의 예를 들어보자. 널리 알려진 대로 외국인의 주식매수가 주가 상승을 가져오는 원동력이 된다면, 외국인 지분율이 높은 기업일수록 주가수익률이 우수하다는 외국인지분과 주가와의 양(+)의 관계가 성립할 것이다. 2007년 말 현재 국내에서 외국인 지분율이 32% 정도로 이전의 40%대에 비해 다소 감소하였다지만 외국인의 주식시장에 대한 영향력은 절대적이라고 평가할 수 있다. 이렇게 외국인지분과 주가가 양(+)의 관계를 가진다는 가설이 성립할 수 있는 근거에는, 외국인 투자자는 대규모 투자자금을 보유하여 저평가되어 있는 주식을 대량으로 매수할 수 있는 자금능력을 가지고 있고, 주식시장 상승기에는 더 높은 주가수익률을 추구하고, 주식시장 하락기에는 보유 주식의 주가하락을 방어하여 투자수익률을 제고하려는 충분한 인센티브가 있기 때문에 이들의 지분매입이 결국 당해기업의 주가에 긍정적으로 작용할 것이라는 이유에서이다. 다수의 국내·외 연구에서 이 관계를 증명한 바 있고, [그림 2]에서와 같이 2003년 1월부터 2007년 하반기까지 국내 주식시장에서 외국인의 순매수 추이와 KOSPI가 비슷한 움직임을 보이고 있어 외국인의 지분보유가 주가에 긍정적인 영향을 준다는 것을 확인할 수 있다. 이러한 추이는 다른 기간을 선택해 봐도 큰 차이를 보이지 않는다.

또 다른 예로서, 주가 상승기에 어떤 기업의 주가성과가 다른 기업에 비해 상대적으로 부진하고 그 원인이 주주의 이익에 반하는 경영진의 대리인문제(경영권 남용, 기업자금 횡령, 주가상승을 이용한 보유지분의 대량매도 등)에 기인할 때 기업의 지배구조는 이러한 동기를 통제하는 데 주요한 역할을 수행하게 되며, 이는 지배구조가 주가에 큰 영향을 미친다는 지배구조의 역할을 검증하는 수단을 제공할 수 있기 때문이다. 주가는 현재 및 미래에 기업으로부터 발생 가능한 현금흐름의 현재가치로써 측정된다. 기업의 특성 가운데 외환위기 이후 국내에서 뚜렷한 주목을 받고 있는 소유구조, 재벌 여부, 은행관계, 사외이사 비중 등의 지배구조 변수가 기업에 미치는 공과(功過)를 논하는 이유도 이들 지배구조를 어떻게 구축하느냐에 따라 기업의 현금흐름이 유의적인 영향을 받을 수 있고, 그에 따라 주가가 변동될 가능성이 많기 때문이다.

주식시장 상황의 변화, 즉 주가 상승기와 하락기의 반복국면에서 기업의 주가가 어떤 양상을 보이는가를 비교·분석하는 연구는 기업집단(즉 재벌)의 효율성에 관해서도 시사점을 제공할 수 있다. 우리나라에서는 재벌의 역할과 경제적 효과에 관해 많은 연구가 이루어져 왔고, 긍정적 기능과 부정적 기능의 찬반 견해가 아직도 논쟁을 하고 있는 실정이다. 따라서 본서에서 주가 상승세 이후 하락 또는 하락세 이후 상승 과정에서 우리나라의 재벌기업에 속한 기업들의 재무적 특성에서 발견된 차이점을 알아보고, 이러한 특성상의 차이점이 당해 기업의 주가에 미친 영향을 분석하여 비재벌 독립기업과 다른 점이 무엇인가 조사하는 것은 오랫동안 논쟁의 대상이 되어 온 재벌의 경영 효율성에 시사점을 추가로 제공할 수 있으며, 기업집단구조의 기능에 관한 현실적, 학문적 공백을 메우는 데 일조할 수 있다.

이렇게 주가 변화의 원인이 외국인 지분, 재벌 여부 등의 개별적인 기업정보에 기인하기도 하지만 전체 주식시장의 상황에도 많이 좌우될 수 있다. 어떤 기업은 주가 상승기에 보다 높은 수익률을 보이고, 어떤 기업은 주가 상승기보다는 주가 하락기에 상대적으로 높은 수익률을 보이기도 하기 때문이다. 시장 참가자들은 주가 상승기에 상승률이 보다 높고, 하락기에 하락률이 보다 낮은 자산을 찾으려 하고, 자신들의 부를 극대화하기 위해 이들 자산에 대한 투자를 늘리게 될 것이다. 따라서 주식시장의 상황이 변화함에 따라 어떤 특성을 가진 기업의 수익률이 비교우위를 가지는가를 살펴보는 것은 매우 중요한 관심거리가 아닐 수 없다. 이러한 시장상황에 대한 민감도(market sensitivity)는 흔히 베타계수(β)로 표현한다. 1950년대 후반 Harry Markovitz의 포트폴리오선택이론(1953)을 바탕으로 1960년대 중반에 Sharpe, Lintner, Treynor(1963)가 개발한 자본자산가격결정모형(CAPM: Capital Asset Pricing Model)은 재무학계는 물론 실무계에도 지난 50여 년 동안 많은 영향을 끼쳐왔으며, 중요한 연구대상이 되어 왔다. 이것은 무엇보다도 이 가격결정모형이 과거 주가수익률로부터 추산하는 베타계수로 표현되는 개별 자산의 투자위험(risk)과 기대수익률(expected rate of return)의 관계를 토대로 도출된 단순한 이론적 모형임에도 불구하고, 증권시장에 대해 실제 적용이 용이하기 때문이라고 할 수 있다. 위험과 기대수익률의 적정관계가 성립하는지의 여부를 나타낸 이 CAPM은 실제로 금융기관의 매매기준지표로서, 특정 자산의 과대 또는 과소평가 여부를 판정하는 투자지표로 활용될 뿐만 아니라, 투자성과의 평가, 자본비용의 계산 등 재무관리의 다양한 분야에서 광범위하게 사용되고 있다.[2] 하지만 부채 사용에 따른 재무위험

---

2) 베타계수가 1보다 크면 시장상황에 민감한 주식으로 평가된다. 베타계수가 1

(financial risk)에 초점을 두고 있는 CAPM은 지배구조위험(governance risk) 등 최근에 제기된 기업의 위험은 반영하지 못하는 등의 한계점도 발견되고 있어 주식시장의 상황 변화와 기업특성의 관계에 관한 보다 새로운 접근이 필요하다고 본다. 본서는 베타계수와 같은 전통적인 시각과 함께 이러한 새로운 접근에 참고할 수 있는 자료도 제공할 수 있을 것이다.

지금까지 본서를 집필하게 된 배경 및 목적 설명과 관련하여 한 가지 쉬운 실제 사례를 들어보기로 하자.

2006년 2월경 국내 굴지의 우량기업으로 손꼽히는 KT&G(주)가 외국의 사모펀드에 의해 인수합병(Mergers & Acquisitions, M&A) 공격을 당하여 곤욕을 치렀다. 외국의 사모펀드가 대량의 지분을 시장에서 매집한 다음, 다른 외국펀드와 함께 KT&G(주)를 인수할 계획이라는 발표를 함으로써 시장에 큰 충격을 준 사건이다. 이 사건을 두고 많은 분석들이 제기되었다. KT&G(주)가 국영기업에서 민간기업으로 민영화를 추진하는 과정에서 소유구조 차원에서 과도하게 여러 주주에게 분산시킨 나머지 오너십(ownership)에 허점을 보여 외국인 투자자에게 M&A를 추진할 기회를 제공하였다는 시각, 고도의 선진 투자기법을 보유한 외국의 기업 사냥꾼(raiders)에게 무장해제를 당했다는 시각 등 다양한 의견들이 개진되었던 것이다. 이후 이 외국펀드는 이사회의 일원으로 주요 의사결정에 개입하여 경영활동에 참가하는 등의 활동을 통하여 상당한 배당수익을 창출하였고, 1년여 짧은 기간 동안의 주식보유와 이후 매

보다 크면 KOSPI의 변동률보다 주가변동이 크게 나타난다는 것이다. 주가변동을 단순화한다는 장점 때문에 유용하게 쓰이는 지표이다. 그러나 이러한 유용성의 이면에는 CAPM이 현실의 복잡한 투자상황을 단순화(주가수익률을 위험프리미엄이라는 단일요소로만 평가)하고 있다는 단점으로 인해 현실적 투자지표를 충분히 설명하지 못하는 것으로 평가받고 있다. 미국 주식시장을 대상으로 지난 50여 년간 진행되어 온 CAPM의 현실적 설명력에 대한 실증검증 결과는 다소 부정적인 결론을 보여주고 있으며, 한국 주식시장에 대한 국내 연구도 상당 부분 이 모형이 현실의 투자상황에 부족한 점이 있다고 한다.

각을 통해 상당한 규모의 시세차익을 거두어 갔다. 외국인투자자의 이른 바 '먹튀' 논란을 야기한 사건이었다. 또한, 이 사건은 2000년대에 들어서서 국내에서 기업경영활동과 가치를 결정하는 요소로서 큰 반향을 불러일으킨 기업지배구조와 관련된 활동이 기업의 사활과 주가에 지대한 영향을 줄 수 있다는 점을 재차 일깨워준 것이기도 하다.

하지만 KT&G(주)의 주가 추이를 보면 이러한 일이 발생하게 된 이유에 대해 보다 근본적인, 시장 중심·기업가치 중심의 분석이 가능해진다. 아래 [그림 3]은 KT&G(주)가 상장되어 거래되기 시작한 1999년 10월부터 2006년 상반기까지의 주가 추이를 그린 것이다. 비슷한 성격의 민영화 기업인 KT(주)와 POSCO(주) 및 한국전력(주)을 비교 대상으로 하고, 상장일의 주가를 시작점인 100으로 하여 상대 주가 추이를 보여주고 있다. 그림에서도 쉽게 알 수 있듯이 주가 상승기와 하락기를 구분한 경우에도 KT&G(주)의 주가는 다른 비교기업들에 비해 상대적인 열세를 면치 못하고 있다. 즉 주가 하락기에 주가 하락률이 상대적으로 크고, 이에 반해 주가 상승기의 주가 상승률도 저조하게 기록되고 있음을 알 수 있다. 이렇게 주가성과가 부진한 것은 투자자들에 대해 실망감을 주었을 것이고, 외국인 투자자와 같은 시장 중심 투자자에게는 저평가로 인한 저가 지분매입의 빌미를 제공한 것으로 볼 수 있다.

피인수기업(목표기업)의 저평가는 시장 측면에서 볼 때 가장 중요한 M&A 이유가 된다. 아래 그림에서와 같이 KT&G(주)의 주가는 주가 하락기와 주가 상승기의 양 시기 모두에서 KT, POSCO 등의 다른 민영화 기업에 비해 저조한 주가성과를 나타냈다. 이러한 저조한 주가성과는 투자자들로 하여금 그 이유에 대해 질문을 유발하기 충분하였으며, 외국인 투자자는 주가가 낮게 형성되어 있음을 충분히 활용하여 지분을 매집하기 시작하였을 것이다. 그리고 지분매입과 동시에 이사회 일원으로서 경영활동에 참여하고, 이를 통해 불필요한 영업과 자산을 매각하도록

추진함으로써 보다 높은 주가상승을 추구하였다. 알려진 바와 같이 외국
인투자자들은 그들이 보유한 지분의 상당 부분을 매각함으로써 사태는
일단락되었다. 그렇지만 결과적으로 볼 때, [그림 3]과 같이 M&A 사태
이후 KT&G(주)의 주가는 종합주가지수 및 다른 기업들의 수준으로 크
게 상승하였음을 알 수 있다.[3]

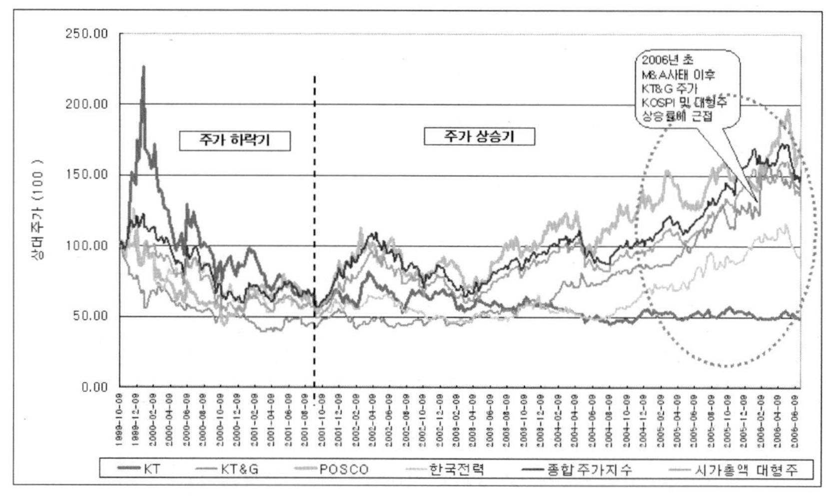

[그림 3] 종합주가지수와 KT&G 및 다른 주요 기업의 상대주가 추이

기업지배권 활동, 즉 M&A활동이 이루어지는 이익의 원천에는 시너
지(synergy) 효과, 인수기업 경영진의 자만감(hubris), 세금(tax) 효과,
목표기업의 저평가(undervaluation) 등 여러 가지의 형태가 존재한다. 시
너지 효과는 두 기업이 합병함으로써 시장점유율 또는 시장지배력을 증
가시키고, 이를 통해 보다 나은 현금흐름을 창출하려는 것을 의미한다.
2008년 자본시장통합법 시행에 대비하여 국내 증권회사들이 지점망을

---

3) 2000년대 초 SK그룹 주식의 저평가로 외국인이 저가에 주식을 매입하여 이후
   대규모 차익을 거둔 것도 이와 유사한 사례이다. SK(주)의 주가는 외국인이
   매입할 당시 5,000원 수준이었다가 이후 40,000원대로 큰 폭으로 상승하였다.

확충하기 위해 새로이 지점을 신설하기보다는 기존 증권회사끼리 합병함으로써 이를 도모하려는 전략이 이에 해당한다. 경영진의 자만감이란, 인수기업의 경영자가 자신의 경영능력을 과도하게 확신한 나머지 다른 기업에 대해 M&A를 시도하는 것이며, 세금효과는 적자기업을 인수함으로써 법인세를 절감(tax shield)하려는 의도가 있다는 것이다.

이와 유사한 사례를 또 하나 들 수 있다. KT&G(주)에 대한 외국 사모펀드의 M&A공격 사건이 한창 경제뉴스의 주요 면을 장식하고 있을 즈음인 2006년 3월, 이번에는 국내 최대·우량기업의 하나인 POSCO(주)에 대한 M&A 루머가 주식시장에 퍼뜨려졌다. KT&G(주)에 이어 POSCO에 대해 외국인의 유사한 M&A 시도가 있을 것이라는 소문이었다. 그리고 실제로 POSCO의 M&A 가능성은 이후에도 계속해서 주식시장에서 회자되어 주요 테마로 부상하였으며, 이구택 회장도 M&A 가능성에 대비하는 조치를 취하고 있다고 발표하게 된다. 자사주 매입을 적극 추진하고, 동국제강(주) 등 POSCO에 대해 우호적인 여러 기업들과 상호 지분을 매입하여 적대적 M&A에 대비하는 등 다양한 방어책을 마련하고 있다는 것이 이러한 조치의 일환이었다.

KT&G(주)의 경우와 유사한 시각으로 이 사건을 주가의 움직임으로 분석해 볼 수 있다. [그림 4]는 2006년 3월 5일자로 AWSJ(Asian Wall Street Journal)이 POSCO의 M&A 가능성을 보도하기 전후의 주요 민영화 기업의 상대주가를 그린 것이다. 그림에서처럼 POSCO에 대한 M&A 가능성이 언론에 보도된 시기는 POSCO의 주가가 종합주가지수를 비롯하여 KT(주)나 KT&G(주) 등의 여타 민영화 기업에 비해 주가성과가 현저히 떨어져 있을 때이며, 전체 주식시장이 상승한 만큼의 주가 상승이 반영되지 못하고 있던 시기였다. 주식시장이 상승곡선을 그리고 있을 때, 주가가 이에 상응하여 충분히 오르지 못했고, 이러한 현상은 주가가 오르지 못하고 낮은 수준에 머물러 저평가에 의한 매집기회를

제공한 데 따른 논리로 해석이 가능하다고 보여지는 대목이다. 시장참여
자로 하여금 주가 상승기에서 주가가 그만큼 오르지 못하고, 하락기에는
더욱 하락하는 이유를 분석하는 빌미가 된 것이다. M&A 가능성 보도
이후 POSCO 주가는 상당히 큰 폭으로 상승하기 시작하였으며, 미국의
전설적인 투자자로 알려진 워렌 버핏의 지분매입 소식이 알려지면서
2007년 하반기에는 국내 주식시장에서 부동의 1위를 차지하고 있던 삼
성전자(주)의 시가총액보다 높은 수준의 시가총액 규모를 나타내기도
하였다. 이는 POSCO가 가지고 있는 기본적인 우량주로서의 내재가치를
시장이 반영하기 시작했다는 점과 함께 주요 주주 간에 벌어질 가능성
이 높았던 기업지배권 활동이 주가상승을 많은 부분 촉발하였다는 것을
부인하기 어려울 것이다. 이 사례도 KT&G(주)의 예에서처럼 주식시장
이 하락하거나 상승세를 보이고 있을 때, 투자자는 기업의 주가가 더욱
하락하거나 상승하지 못하는 이유를 찾으려 하고, 이러한 이유에 기업의
독특한 재무적 특성이 역할을 하고 있다면, 이러한 재무적 특성정보와
주가변화의 관계를 분석하는 것은 상당한 의미를 가지게 될 것이다.

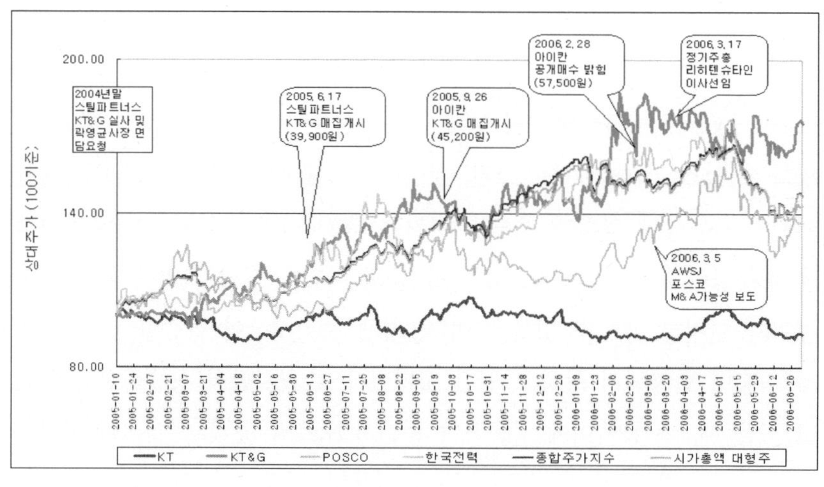

[그림 4] POSCO에 대한 M&A 루머는 왜 나왔는가?

KT&G(주)와 POSCO(주)의 사례는 앞서 밝힌 바와 같이 M&A로 대표되는 기업지배권과 관련된 활동이 기업의 사활(死活)에 영향을 줄 수 있을뿐더러 주가가 부진한 이유에 대한 설명도 가능하다는 점을 시사하는 것이기도 하다. 학문적인 측면에서도 기존의 다수 연구 성과물과 실증자료에 의하면, 기업지배구조가 기업가치에 중요한 요소인가에 관하여 우수한 지배구조를 구축한 기업(최적으로 설정된 소유구조, 투명성, 책임성 또는 독립성이 강화된 경영활동, 주주에 대한 적절한 보상, 사회적 책임과 공헌도가 높은 기업활동, 주주활동 보장 등)은 그렇지 않은 기업보다 더 나은 가치와 성과를 시현하고 있다(Joh, 1996; Claessens et al. 2000; Johnson et al., 2000; La Porta et al. 2000; Lemmon and Lins, 2001; Baek, Kang, and Park, 2004 외 다수).

2005년 이후의 주식시장의 상승에 있어 화두가 된 것은 미래에셋자산운용(주)을 비롯한 펀드운용사의 수익률 성과이다. 이들 펀드 운용사의 실적 또한 지배구조 등 기업의 독특한 재무정보와 긴밀한 관계를 가지게 된다. 하나의 예로, 최고경영자(CEO) 재임기간이 운용사 실적과 밀접하게 연관되어 있다는 분석도 제기되었다.(머니투데이, 2007년 10월 10일자) 2005년부터 2007년까지의 주가 상승기 동안 CEO교체가 잦은 금융계열, 외국계 펀드 운용사보다 CEO 재임기간이 긴 국내 운용전문사들이 월등히 좋은 장·단기 수익률을 달성한다는 것이다. 아래 〈표 1〉에서와 같이 미래에셋, KRB, 신영, 마이다스 등 최근 3년간 또는 최근 1년간 CEO가 단 한 차례도 바뀌지 않은 국내 운용사들의 실적이 외국계 운용사를 비롯하여 CEO 교체가 잦았던 동부, 동양, 한화, 한국투자, 하나UBS, 프랭클린 등의 운용 수익률을 크게 앞질렀다. 이들 외국계와 국내 운용사들의 3년 수익률은 평균을 크게 밑돌았다.

〈표 1〉 CEO 지배구조별 펀드 운용사 수익률

	운용 수익률	
	과거 1년	과거 3년
전체 평균	50.42%	150.30%
3년 동안 CEO 교체 없는 국내 운용사	54.34%	182.27%
3년 동안 CEO 2회 이상 교체한 국내 운용사	47.18%	143.22%
국내 운용사		163.38%
외국계 운용사	3년 평균	133.34%
운용업 전문사		158.30%
금융계열 운용사		149.75%

(2007년 10월 10일 기준)
(자료: 제로인, 머니투데이, 설정액 300억 원 이상 운용사 대상)

두말할 나위 없이 펀드 수익률은 운용자가 누군가가 가장 큰 관건이 될 수 있다. 하지만 이렇게 운용사의 수익률이 오너십(ownership)이 확실하거나, 국내 운용사일수록, 그룹계열이 아닌 독립기업일수록 비교 우위를 점하는 것으로 나타나 기업의 특성과 기업성과의 관계가 일반 기업이 아닌 펀드 운용사에서도 발견됨을 알 수 있다. 지배구조의 핵심적 위치를 차지하는 CEO의 성격이나 소유구조가 펀드의 가치에도 유의적인 영향을 미칠 수 있다는 사실을 반증하는 것으로, 본서에서는 이와 같은 지배구조와 기업가치에 관하여 제3장에서 실증연구를 통해 검증해 보았다.

지금까지 전개한 바와 같이 주식시장 변화에 따라 기업이 생산하는 재무정보와 주가변화의 관계 분석이라는 관점에서 볼 때, 1997년 후반에 한국 등 아시아 국가에 발생한 금융위기에 따라 각국의 경제상황이 악화되어 주식시장이 큰 폭의 하락을 기록하였다가 이후 급격히 회복하고 이에 따라 주식시장이 반전, 상승하였던 경험은 기업 외부적인 경제 환경이 변화할 때 개별기업이 지니고 있는 특유한 지배구조 등 기업의 독특한 재무정보와 주가 변화의 관계를 고찰할 수 있는 흥미로운 연구주제를 제공하였다. 이 시기를 전후하여 아시아 각국의 기업은 현금흐름을 창출할 수 있는 투자기회에 있어서 실현가능한 수익률이 현저하게 저하되었다가 이후 급반전되었기 때문이다.

이러한 외부적 환경 변화와 이에 따른 주식시장의 부침은 기업가치와 재무정보의 관계를 논할 때 발생할 수 있는 상호 내생성 문제(endogenity problem)[4]를 상당 부분 제거하고 기업특성이 기업가치 변화에 미치는 영향을 살펴볼 수 있는 기회가 되었다. 즉 외부적 충격으로 인한 경제위기로 주가가 하락하는 국면에 직면하였을 때 어떠한 특성을 가진 기업의 주가가 어떻게 변화하고 이러한 가치변동을 결정짓는 요인인 무엇인가를 조사하는 것은 기업의 재무전략을 결정하고 조직효율성을 이해하는 데 중요한 의미를 가질 수 있다는 것이다. 또한 주가 하락기 이후 주가가 회복하며 상승하는 시기에는 이들 관계가 어떠한 양상으로 나타나는가 또는 이전의 하락시기와 다른 변화가 발생하는가를 살펴보는 것은 또 다른 주요한 시사점을 제시할 수 있다.

본서에서 다루는 내용은 이처럼 학자와 실무자에게 모두 도움을 될 수 있는 다소 현실적이면서 학문적인 측면의 주제로서 주식시장이 상승

---

4) 내생성 문제란 기업의 특성과 기업가치의 선후관계를 분간하기 어려운데 따른 문제점을 의미한다. 즉 닭이 먼저인지, 달걀이 먼저인지 판단이 어렵다는 것이다. 선후관계 구분이 어렵다는 것을 기업지배구조가 우수한 기업이 주가가 좋은가에 관한 예를 들어 간단히 설명해 보기로 하자. 여기서의 내생성문제란 기업의 가치변동 예측에 있어서 기업가치가 좋은 기업이 지배구조가 우수한가, 반대로 지배구조가 우수한 기업이 기업가치가 좋은가의 선후관계를 판단하기 어렵다는 점을 의미한다. 기업 외부의 거시경제상황이 전반적으로 호전되어 기업가치(종속변수)가 상승하는 국면에서, 이러한 기업가치의 상승에 지배구조를 포함한 기업특성(설명변수) 요인이 유의적으로 작용한다면 기업특성 요인이 기업가치 변화에 영향을 미친다고 판단할 수 있다. 따라서 기업가치 변화가 먼저인가, 지배구조 변수가 먼저인가 하는 논란이 줄어들 수 있을 것이다.
이와 같은 설명은 주가부진에 따른 기업가치(종속변수) 하락에 대해서도 똑같이 적용될 수 있다.

하고 하락함에 따라 개별기업의 주가가 변동하는 이유를 부채비율, 지배구조 등 기업재무(corporate finance) 측면에서 고찰한다는 의의가 있다. 또한 본서는 주식시장이 활황을 보이거나 침체를 면치 못하는 등 변화를 보일 때 개별기업이 지니고 있는 재무정보 및 기업구조 변화에 따라 어떠한 주가수익률 변화, 즉 기업가치 변화를 보이게 되는지에 관해 이론과 실증 및 사례연구를 병행하여 체계적으로 설명하는 데 주안점을 두고 있다. 본서는 다음과 같이 총 5개의 장으로 구성되어 있다.

이어지는 제2장에서는 본서에서 논하고자 하는 재무정보과 주가의 관계에 관해 기존에 발표된 내용을 요약, 정리하였다. 주식시장 변화와 개별기업 주가수익률의 관계를 분석하기 위한 이론적인 측면을 고찰하기 위함이다. 이를 위해 주식시장의 상황에 따라 변화하는 개별기업의 주가수익률에 대해 기업의 재무정보가 어떤 영향을 미치는가에 관한 기존연구와 보고서의 내용을 주요한 내용을 중심으로 약술하였다.

제3장에서는 주요 기업의 사례를 통해 재무정보가 주가에 미친 영향을 기술하였다. 실제 기업들의 사건과 이에 따른 주가 변화 및 당시의 기업특성의 관계를 조사함으로써 연구의 현실성을 도모하고자 한다. 가능한 모든 재무정보를 고려할 경우 사례가 매우 광범위할 수 있다는 연유로 사례연구는 주로 기업지배구조와 연관된 사례를 중심으로 하였으며, 실제 사건을 대상으로 주가가 상승한 사례와 하락한 사례, 하락하였다가 상승한 사례가 포함되었다.

제4장에서는 주가 변화와 기업 특성의 관계를 실제 데이터를 가지고 실증분석한 것을 요약·기술하였다. 실증연구에서는 1997년 1월 이후 국내 주식시장의 변화를 주가 상승기와 하락기로 나누어 기업규모, 재벌 여부, 지배구조, 구조조정 등 개별기업이 보유한 특성이 주가 변화와 어떤 연관성을 갖는가에 관해 분석하였다. 보다 구체적으로 실증연구에서는 주가 상승기과 하락기를 비교하여 자산총액, 부채비율, 대주주가 보유

한 지분의 크기, 재벌에 소속된 기업인가의 여부, 은행차입금 수준, 다각화된 기업인가의 여부, 현금흐름 수준, 구조조정 실시 등 제반 기업특성이 주가변화에 미치는 영향을 살펴보았다. 여기서, 소유구조는 개인대주주가 보유한 지분율, 계열기업이 보유한 지분율, 외국인이 보유한 지분율, 은행을 포함한 국내 기관투자가지분율 등으로 세밀하게 구분하여 측정함으로써 소유구조가 기업지배구조로서 지니는 중요성도 면밀히 고찰하였다. 아울러 추가분석을 통해 이사회의 사외이사 비중, 현금흐름지분(cash flow right), 통제권(voting right), 현금흐름지분과 통제권의 괴리도(소유-지배권 괴리도) 등이 주가변화에 미친 영향도 분석해 보았다.[5]

마지막으로, 제5장에서는 본서의 내용을 요약하고 결론적으로 기업의 고유한 재무정보와 주가변화를 고찰한 바가 어떤 의의를 가지게 되었는지에 관해 재조명해 보았다.

이와 같은 본서의 내용을 통하여 크게 다음과 같은 다섯 가지 목적을 달성하고자 한다.

첫째, 주가 상승기와 하락기에 기업별로 고유한 형태를 보이고 있는 소유-지배구조가 주가에 미치는 영향을 살펴본다. 세분화된 소유-지배구조변수를 통해 주가상황에 따른 주가변화에 소유구조가 어떻게 작용하는가를 면밀하게 검토함으로써 소유-지배구조와 기업가치 관계의 중요성을 검증하는 추가 자료를 제공한다.[6] 둘째, 주가 상승기와 하락기에 소위 '재벌'에 소속된 기업과 소속되어 있지 않은 일반 독립기업을 대상

---

5) 현금흐름지분(소유권), 통제권(지배권), 소유-지배권의 괴리도 등의 용어는 다소 전문 학술적인 것으로서, 이후 2장 본문에서 그 내용이 의미하는 바를 설명한다.

6) 2003년 SK그룹과 외국투자자인 소버린 간의 소유권 분쟁 사례, 2004년 하나로텔레콤(주)의 내국인 주주와 외국인 주주 간 위임장대결(proxy fight) 사례는 소유구조가 주가에 큰 영향을 미칠 수 있는 기업지배구조로서 가지는 중요성을 보여준 실례라고 볼 수 있다.

으로 실증분석을 실시함으로써 재벌구조가 각 기업의 재무의사결정효과 및 주가수익률에 미치는 영향을 통하여 기업집단의 효율성을 재고찰한다. 셋째, 주가 상승기와 하락기에 은행과의 밀접도가 효과적인 지배구조로서의 역할을 수행하는가이다. 은행은 과거 기업의 자금을 조달해 주는 중요한 원천으로서의 기능을 수행하였고, 채권·주식시장 즉 자본시장이 거대화된 현재 시점에서도 금융의 핵심을 차지하고 있다는 점에 대해서는 이론의 여지가 없다. 이렇게 은행 중심의 지배구조 부양을 논의할 때, 은행 의존도는 기업으로 하여금 은행 부문에 영향을 주는 경제적 사건에 한층 민감해지도록 하는 것으로 평가되고 있다. 이러한 사실에 대해 시사점을 제시한다. 넷째, 구조조정의 효과이다. 구조조정은 과거 기업이 어려움에 처할 때 위기를 극복하기 위해 사용하는 수단으로 알려져 왔지만, 최근에는 기업이 조직효율성을 제고하기 위해 평상시 또는 기업이 잘 운영되고 있을 때 더 나은 기업체제를 구축하기 위해 사용되기도 한다. 삼성전자(주)와 같은 대형우량기업이 구조조정을 실시하는 것은 이러한 맥락에서 이해할 수 있을 것이다. 다섯째, 주가 상승기와 하락기에 있어 부채비율, 유동성, 베타, 다각화 수준과 같은 전통적인 주요 재무적 특성변수가 기업가치에 미치는 상대적 영향을 검토, 이후 관계를 추론해 본다.

제2장

기존연구

　주가가 하락과 상승을 거듭하는 과정에서 각 기업별로 시장에 공급하는 고유한 재무정보에 따라 주가가 어떻게 변하는가를 살펴보기 위해서는 다양한 기업의 특성뿐만 아니라 기업 환경, 주식시장의 수급상황, 거시적 차원의 전반적인 경제지표 등을 고려한 복잡한 분석이 요구된다. 본 장에는 이러한 상승기와 하락기라는 상반된 주식시장 상황에서 소유구조, 재벌 여부, 은행과의 관계, 부채수준, 다각화, 유동성, 경영성과, 위험도, 구조조정, 지배구조와 M&A 등의 재무정보가 기업가치의 변화에 어떠한 영향을 미치는가에 관하여 기존에 발표된 연구 및 보고서에 의거하여 그 주요내용을 간추려 요약·정리하였다.

1. 소유구조

1) 경영자지분

소유구조는 의결권을 가진 보통주를 소유하고 있는 주주의 분포를 의미한다. 소유구조가 기업가치에 영향을 미친다는 사실은 적절한 주식소유구조의 설정(경영자, 대주주, 기관투자가, 개인투자자 지분 등)을 통해 경영활동 감시기능(monitoring)을 강화하고 기업가치를 높일 수 있다는 의미를 지닌다. 소유구조에는 다양한 형태가 존재하며, 그 첫 번째 대상으로는 경영자 소유지분을 들 수 있다.

경영자가 재직하고 있는 당해 기업에 대해 소유하는 지분이 증가하면 경영자의 이해와 주주의 이해는 일치되는 경향이 있기 때문에 경영자는 주주의 부를 극대화하는 방향으로 의사결정을 내리게 된다. 따라서 소유와 경영의 분리에 따라 발생하는 대리인문제를 줄이기 위해 경영자가 자사지분을 많이 보유하도록 유도하는 것도 기업지배구조의 한 방법이 될 수 있다.

하지만 경영자가 기업내부에서 자신의 지위를 보장받기에 충분한 지분을 확보하게 되면 기업가치 극대화에 소홀하게 되는 경우가 생길 수 있다. 기업의 경영권을 확실하게 확보하고 있는 경영자는 기업가치의 극대화보다는 사적이익을 극대화하기 위해 의사결정을 내리기 쉽기 때문에 과도한 경영자 소유지분은 오히려 기업가치를 하락시킬 수 있다.

예를 들어, 소유경영자의 지분이 낮을 때는 기업이 다른 기업에 의해 프리미엄을 받고 매수될 가능성이 높지만 소유경영자의 지분이 너무 커지면 인수대상이 될 가능성은 줄어들고 만약 지분이 50%를 넘어서게 되면 적대적 기업매수는 거의 불가능하게 된다. 즉 다른 모든 조건이 동일하다면 경영자의 소유지분이 증가함에 따라 기업가치는 증가하지만 일정지분한도를 초과하게 되면 오히려 기업가치는 감소할 수가 있다. 경영자의 소유지분이 높아질수록 기업인수 시도자가 경영권을 획득하기 위해서 지급해야 되는 프리미엄은 상승하기 때문에 주주는 득(得)을 보게 되기 때문이다. 하지만 경영자의 지분이 너무 커지게 되면 기업이 인수될 가능성은 희박해지기 때문에 인수프리미엄은 사라지게 되고 주주는 손해를 보게 된다.

따라서 경영자 소유지분과 기업가치의 관계는 처음에는 경영자의 지분이 상승함에 따라 기업의 가치도 함께 증가하지만 경영자의 소유지분율이 과도하게 많아지면 경영자가 기업활동에 안주하게 되어 오히려 기업가치는 감소하게 된다는 가설이 가능해진다. 이렇게 가치가 감소하는 현상을 학문적으로는 안주가설(entrenchment hypothesis)이라고 한다.(Stulz, 1988) 이상과 같은 점을 고려하면 경영자지분은 주가 상승기와 하락기에 주가에 긍정적 영향을 줄 수도 있고, 부정적 영향을 줄 수도 있는 관계에 있다고 예상할 수 있다.

2) 대주주지분

미국의 경우 소유와 경영의 분리가 상대적으로 발달되어 경영자지분이 소유구조의 핵심을 차지하지만 우리나라의 경우 대주주가 직접 경영에 참여하는 소유경영자(owner manager)가 주요한 형태로 나타나므로 대주주지분이 경영자지분보다 큰 의미를 가질 수 있다.

대주주지분은 대주주1인지분, 최대주주지분(largest shareholders' ownership) 또는 지배주주지분(controlling shareholders' ownership)이라고 일컬으며, 최대주주(또는 지배주주, 총수)와 특수관계인(개인 및 계열기업)의 지분을 합한 소유지분을 의미한다. 예를 들어, ○○전자(주)라고 하면 최대주주와 최대주주 일가(family) 및 계열기업이 보유한 지분을 모두 합한 것이 된다. 2000년대 이후 금융기관을 제외한 우리나라 상장기업의 대주주지분은 〈표 2〉에서와 같이 평균적으로 전체 지분의 31%~36% 수준이고, 점차 증가하는 추세이다.

주가가 떨어지는 하락기에 주가가 부진을 면치 못함에도 불구하고 대주주가 지분을 많이 보유하는 것은 앞으로 주가가 좋아질 것이라는 기업가치에 대한 신호효과로 작용하여 주가변화에 양(+)의 영향을 미칠 수 있다.(Leland and Pyle, 1977) 만일 대주주가 경영에 참여하는 경우(오너경영자) 경영자와 주주의 이해를 일치시켜 경영자-주주 간 대리인문제를 감소시키는 역할을 수행하므로 역시 주가에 긍정적인 기여를 할 수 있다.(Jensen and Meckling, 1976) 하지만 대주주가 과도하게 많은 지분을 보유한 경우 경영활동에 안주함으로써 가치 하락을 야기할 수 있어 음(-)의 관계도 추론할 수 있다.(Demsetz and Lehn, 1985: Johnson, Boone, Breach and Friedman, 2000)[7] 또한 이렇게 경영활동에 안주하는 것은 기업외적 변화에 효율적으로 대응하는 능력을 저하시킬 수 있으므로 주가변화에 부정적 영향을 미칠 수도 있다.

주가 상승기에도 대주주지분율은 기업가치에 대한 신호효과로서 주가변화와 양(+)의 관계를 가질 수 있다. 그렇지만 한편으로는 대주주가

---

7) 국내외 기존연구에 의하면 경영자의 소유권 구조와 기업가치는 그 양태에 따라 경영자의 소유지분이 많을수록 주가가 좋다는 양(+)의 관계(이해일치가설, 기업가치증가가설)를 가질 뿐만 아니라 음(-)의 영향(안주가설, entrenchment hypothesis)을 줄 수 있는 비선형관계에 있다. 또한 경영자의 소유지분 영역에 따라 양(+)과 음(-)이 나타난다는 주장(절충가설)도 제기되고 있다. 관련연구로서, Morck, Shleifer and Vishny(1988), Stulz(1988), 김주현(1992), 김우택·장대홍·김경수(1993), Cho(1998), 장대홍·김우택·김경수·박상수(1999), 김영숙·이재춘(2000), 김지수·정기웅(2000), 박경서·백재승(2001), 이해영·이재춘(2003) 등을 참고할 수 있다.

실제 국내 주식시장에서는 경영자소유지분이 많은 기업과 적은 기업의 주가가 높은 경우와 낮은 경우로 혼재되어 있어 경영자지분의 기업가치에의 영향은 절충가설이 설득력이 있어 보인다.

경영에 참여하는 경우 주가 상승기에 대주주경영자가 자신의 이해를 극대화하는 과정에서 소액주주와의 사이에 대리인문제를 야기할 수 있다는 점에서 대주주지분율과 주가변화는 음(-)의 관계를 가질 수도 있다.(Barclay and Holderness, 1989; La Porta, Lopez-de-Silanes, Shleifer and Vishny, 1999, 2000)

설명한 대로, 대주주지분에는 계열기업지분(ownership by affiliated firm)이 포함된다. 특히, 우리나라 기업의 경우 대주주지분 가운데 평균적으로 12-15%가량이 계열기업지분으로서 다소 높은 편이다. 계열기업지분이 높을수록 대주주지분의 상승으로 해당 기업의 경영권이 안정되는 효과가 있는 반면, 계열기업지분이 대주주의 경영권 강화 또는 보호를 목적으로 악용될 경우 주가에 부정적인 영향을 미칠 수 있다.(Joh, 2002)

〈표 2〉 유가증권시장 대주주지분율

		1999년 (기업 수: 620)	2000년 (기업 수: 606)	2001년 (기업 수: 623)
대주주지분율 (%)	개인대주주 보유지분율	18.74	19.55	21.26
	계열기업 보유지분율	12.06	14.67	15.03
	대주주 지분율 계	30.81	34.221	36.29

(주) 금융기관을 제외한 대주주지분율임.

김주현(1992)은 대주주지분과 기업가치 간의 정밀한 분석을 위해 piecewise 선형회귀분석[8]을 실시하였는데, 대주주지분이 증가하면서 기

---

8) 설명변수를 5%, 10%, 15%, 20% 등의 특정 구간으로 분류하여 회귀분석을 실시하는 방법이다. 설명변수를 구간별로 나누어 종속변수에 대한 효과를 살펴보기 위한 선형회귀분석의 하나이다.

업가치는 감소하는 역관계를 보이다가 대주주지분이 40%를 상회하게 되면 기업가치는 지분증가와 함께 상승하는 것으로 나타나지만 통계적 유의성이 떨어졌다. 이는 대주주지분의 증가는 대체로 주가에 부정적인 작용을 한다는 것을 뜻하는 것이다. 이후 김우택·장대홍·김경수(1993) 는 대주주가 직접 경영에 참가하는 경우와 소유와 경영이 분리되어 있는 경우로 대상기업을 분류하여 대주주가 직접 경영에 참여하는 경우에서 기업가치는 지분율 20%까지는 지분율과 함께 증가하며, 20~25% 영역에서는 그 반대로 감소하는 복합적인 관계임을 검증하였다. 지분율 25% 이상의 영역에서는 다시 증가하는 것으로 나타나지만 그 통계적 유의성이 낮아서 명확한 결론을 내리기가 어렵고 전문경영체제일 경우는 기업가치가 지분율과 함께 단조적으로 감소하는 것으로 나타났다. 이와 비슷한 결과를 보인 연구로 김영숙·이재춘(2000), 이해영·이재춘 (2003) 등은 대주주지분과 기업가치 사이에 대주주지분이 증가함에 따라 기업가치가 하락하다가 대주주지분이 일정 영역을 초과하면 기업가치가 상승하는 절충관계가 성립함을 발견하였다.

소유구조와 기업가치 간에도 앞서 언급한 내생성의 문제가 존재한다. 소유구조가 적절한 기업이 주가가 높은가, 주가가 높은 기업의 소유구조가 적절한 것인가의 선후관계가 분명치 않다는 것이다. 이 선후관계가 분명치 않다면 소유구조가 기업의 주가에 긍정적인가에 관한 설명이 설득력을 가지기 어려울 것이다. 이러한 소유구조와 기업가치 간 상호관계에 관하여 Cho(1998), 조명현·채희봉(1998)은 각각 1991년 미국 Fortune 500대기업과 1994년 우리나라 재벌소속 상장기업을 대상으로 기업가치에 의한 내부자지분 소유구조의 내생성을 실증조사한 결과 미국의 경우 내부자지분이 기업가치의 내생변수라는 사실을 발견하였고, 우리나라의 경우 재벌기업 내부자지분과 기업가치가 상호 영향을 주는 내생적 관계에 있다고 하였다. 특히 우리나라에서 동일계열기업의 소유지분수준이 높을수록 기업가치가 증가한다고 주장하였다. 박경서·백재승(2001)도 1997년 이전표본을 대상으로 국내기업 대주주지분과 기업가치 간 상호 내생성이 존재한다는 사실을 제시하였다.

한편 경영자소유지분과 기업의 투자지출의 관계를 분석한 김지수·정 기웅(2000)은 기업규모 극대화를 추구하는 기업은 경영자소유지분이 30% 근처인 곳에서 구조적인 전환점을 가지며, 30% 이전의 영역에서는 경영자 소유지분 증가에 따라 자본적 투자지출이 감소하지만 그 이후에 는 증가한다는 분석결과를 내놓았다. 이는 경영자의 효용함수형태에 따 라 경영자 소유지분율이 일정 영역을 넘어설 경우 기업입장에서 볼 때 최적이지 못한 의사결정이 이루어질 수 있음을 보여주는 것이다.

Claessens, Djankov and Lang(2000), Mitton(2002), Reese and Weis-bach(2002), Joh(2003), Baek, Kang and Park(2004) 등의 연구에 의하 면 지배권을 획득하고 있는 대주주가 개별 현금흐름지분(cashflow rights, '소유권'이라고 함)을 상회하는 지배권(voting rights)을 가지고 소속 계 열기업 전체를 지배하는 조직구조에서 대리인비용은 두드러질 가능성이 높다. 이러한 형태의 소유구조는 소액주주의 부를 침해하고 기업지배구 조를 취약하게 하여 특히, 주가가 상승하는 호황국면보다는 경기침체로 기업가치가 부진을 면치 못하고 있을 때 투자자들의 부정적인 반응이 부 각될 수 있다.[9]

---

9) 소유권과 지배권의 개략적인 산출내용을 예를 들어 서술하면 다음과 같다.
　A가 B의 지분을 10%, B가 C의 지분을 20%, A가 C의 지분을 30% 보유하고 있을 경우,
　A의 C에 대한 소유권은 30%+10%×20%=32%이고,
　A의 C에 대한 지배권은 30%+10%=40%(10%와 20% 중 적은 지분을 적용 할 경우) 또는
　A의 C에 대한 지배권은 30%+50%=50%(10%와 20% 중 많은 지분을 적용 할 경우)이다.
　만일 또 다른 D가 C의 지분을 보유하고 있고, A가 D에 대해 역시 소유지분

  소유권, 지배권 및 소유권과 지배권의 괴리도가 무엇인지 설명을 위해한 예를 들어본다. 아래 [그림 5]는 어떤 그룹의 계열사 간 소유구조를 보이고 있다. [그림 5]에서 대주주일가는 핵심계열기업인 기업 F에 대하여 10.1%의 직접지분과 (2.5%×1.8%)+(1.5%×5.4%)=0.13%의 간접지분을 포함하여 총 10.23%의 실질적인 소유권(cashflow rights)을 보유하고 있다. 지배권(voting rights)의 경우, 10.1%의 직접지분과 소유구조 흐름상 14.5%의 지배권을 기업 C를 통해 가지게 되어, 총 24.6%의 지배권이 계산된다. 이로써 소유권과 지배권의 괴리도는 14.5%로 측정되는 것이다. 만일 소유구조 흐름상 적은 지분을 사용할 경우에는 그림의 1.8%의 지배권이 감안되어 소유권과 지배권의 괴리도는 1.8%로 측정된다. 통상 괴리도는 대주주 일가가 기업에 대해 절대적 영향력을 행사한다는 점을 감안하여 위 14.5%와 1.8% 중 14.5%를 이용한다.

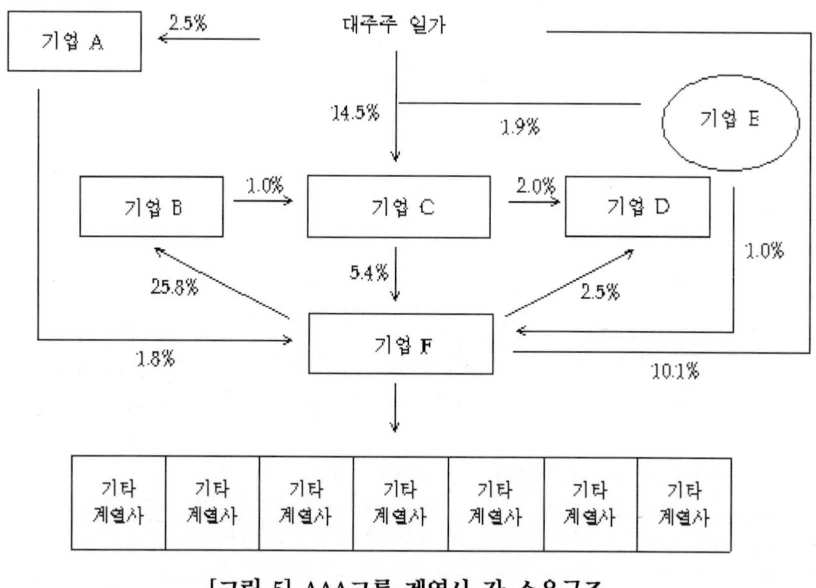

[그림 5] AAA그룹 계열사 간 소유구조

  을 가질 경우 같은 방법으로 소유권과 지배권을 계산한 다음 이를 합산한다.

3) 외국인지분

외국인지분(foreign ownership)은 외국에 주된 거주지를 둔 법인 또는 개인이 직·간접적으로 보유한 소유지분을 말한다. 1993년 KF(Korea Fund)10)를 필두로 국내 자본시장의 개방이 이루어진 이후, 자본시장에서의 외국인의 영향력은 절대적인 비중을 차지하고 있다. 외국인에 대한 자본시장 완전개방이 실시된 1998년 5월 이후, 2004년 4월에 44%를 넘어섰던 외국인의 전체 자본시장에서의 증권보유비중이 최근 다소 감소하고 있다고 하지만 2007년 10월 말 현재 외국인(개인, 법인 포함) 지분은 여전히 32% 수준을 유지하고 있다.

주가 상승기에 기업에 대해 대규모의 자금을 투자하고 있는 외국인투자자는 충분한 기업가치 상승이 이루어지도록 경영활동에 적극적으로 참여할 가능성이 크다.(Shleifer and Vishiny, 1986) Shleifer and Vishny(1986)에 의하면 외국인과 같이 대량의 주식을 보유한 주주는 필요한 경우 스스로 경영감시역할을 수행하며, 따라서 이들의 존재는 기업가치를 증가시키는 M&A가 발생하는 데 필수적이다. 외부대주주의 이러한 기능은 외부투자가의 역할이 기업가치에 긍정적일 것이라는 점을 시사하는 것이다.

주가 하강국면에서도 이들 외국인의 지분 보유는 주가와 양(+)의 관계를 맺을 수 있다. 일본기업에 투자하는 외국인 기관투자가의 성향을 분석한 Kang and Stulz(1997)의 연구에서 밝힌 바와 같이 이들 투자자는 해당 자본시장의 일부 우량기업에 편중(vias)되어 투자하는 경향이 높다. 이렇게 일부 종목에 투자하는 특성은 주가 하락에 따른 주식가치 하락 시에 보유지분의 가치하락을 방어하는 데 주력토록 하는 요인이 될

---

10) 1993년 자본시장이 처음 개방된 시기에 판매된 KF(Korea Fund)는 외국인전용수익증권으로서, 외국인의 자금을 국내에 투자한 다음 그 수익금을 다시 투자한 외국인에게 배분해 주는 직접투자가 아닌 간접투자 방식의 수익증권 형태를 띠고 있었다.

수 있다. 국내기업을 대상으로 외환위기에 외국인 소유지분의 역할을 밝힌 연구도 이와 일맥상통하는 결과를 제시하였다.(강준구·백재승, 2001)

또한 외국인의 직접적인 지분보유와 함께 외화자본조달능력을 나타내는 기업의 특성도 기업가치에 영향을 미칠 수 있다. 즉 해외신주예탁증서(DR)를 발행할 수 있는 능력은 기업가치 변화와 양(+)의 관계를 보일 것으로 예상된다. DR발행을 통해 외국인이 다수 지분을 보유하게 되고, 경영활동의 투명성 수준이 보다 우수한 것으로 알려진 이들 기업에 대한 주식보유 수요가 높을 것이므로 주가 상승기와 하락기 모두에서 주가수익률이 좋을 것으로 예측된다. 관련 연구로는 한국기업을 표본으로 분석한 Baek, Kang and Park(2004), 인도기업을 분석한 Khanna and Palepu(1999), Chhibber and Majumdar(1999) 그리고 체코기업을 대상으로 한 Claessens and Djankov(1999)의 연구를 들 수 있다.

4) 외부 기관투자가지분

소유지분이 분산된 기업의 소액주주들은 전문경영자들이 수행하는 기업경영활동을 감시할 경제적 유인을 갖지 못하는 데 반해 경영에 참여하지 않으면서 경영권에 영향을 미칠 정도로 큰 지분(통상 전체 의결권 있는 주식의 5%를 경영권 변동에 영향을 줄 수 있는 지분으로 간주)을 소유하고 있는 외부 기관투자가는 경영정책수립에 필요한 조언을 하고 경영자를 감시할 유인을 가지고 있다.(Shleifer and Vishny, 1986)

특히, 외부 기관투자가는 장기적인 지분보유를 통해 기업 내부 상황에 대한 전문성을 얻게 될 가능성이 크고 경영자로부터 기업기밀 등 내부정보를 쉽게 제공받을 수 있는 위치에 있기 때문에 경영자 감시기능을 효율적으로 수행할 수 있다.

우리나라에서도 외부 기관투자가의 역할은 점차 그 중요성이 점증되

고 있다. 펀드의 유행과 이들 펀드를 운용하는 기업으로의 급속한 자금
유입은 기관투자가가 자본시장에서 차지하는 역할에 대해 보다 새로운
관점으로 접근해야 할 필요성을 고조시키고 있는 것이다. 2000년대 이전
까지만 해도 기관투자가가 보유하고 있는 지분은 동수의결(shadow
voting)로서, 기존의 찬반의결에 같은 비율로 의결권을 행사하던 것이
일반적이었다. 하지만 기관 액티비즘(activism)에 대한 관심이 높아지면
서 최근에는 기관투자가들이 주요 의사결정권자로서 영향력을 행사하는
경우가 많아지고 있다.[11] 이러한 추세는 기관투자자가 지분이 보다 명
확하게 기업활동에 영향을 주어 기업가치 상승에 이바지할 것이라는 예
상을 가능케 한다.

실제 국내 펀드의 규모가 커지면서 자산운용사들이 5% 이상 대량 지
분을 보유한 상장기업의 수는 크게 증가하였다. 2007년 10월 현재 자산
운용사가 전체 지분의 5% 이상을 보유한 유가증권시장 내 기업 수는
총 141개로 전년대비 20.4% 증가하는 수치를 보였다. 같은 기간 10% 이
상의 지분을 보유한 경우도 총 30개사로 전년의 13개사보다 크게 늘었
다. 이처럼 자산운용사가 지분을 대량보유한 기업이 늘어난 것은 투자자
금이 주식형펀드로 몰리기 때문으로 기관투자가의 힘이 주가에 지대한
영향을 미칠 수 있음을 시사한다.[12]

---

11) 2007년 11월 동아제약(주)의 소유권 분쟁시 미래에셋자산운용(주)가 보유주
   식을 통해 기관액티비즘을 행사한 것은 국내에서도 미국에서처럼 펀드의 의
   결권 행사가 자본시장의 주요 이슈로 등장하고 있음을 보여준 사례이다.

12) 2007년 10월말 10개 이상의 기업에 대해 5% 이상의 지분율 보유한 운용사는
   미래에셋자산운용(31개), 신영투신운용(25개), 한국투신운용(20개), 한국밸류
   자산운용(17개), 유리자산운용(11개) 등이다. 국내 주식형펀드 수탁액은 같은
   시점을 기준으로 총 97조5,710억 원에 달한다. 펀드가 보유한 순자산의 규모
   가 1조원이 넘는 대형펀드도 2006년 말 9개에서 2007년 10월에는 33개로 늘
   어나 펀드의 힘이 폭발적으로 증가하고 있음을 알 수 있다.

〈표 3〉 유가증권시장 소유자별 주식분포

년	정부 및 정부관리기업	기관투자자	일반법인	개인	외국인	합계 (단위: 천주)
	구성비 (%)	구성비 (%)	구성비 (%)	구성비 (%)	구성비 (%)	구성비 (%)
2006	1,340,453	5,161,699	7,278,897	21,328,369	6,453,060	41,562,479
	3.23	12.42	17.51	51.32	15.53	100.00
2005	1,283,586	5,177,276	6,531,136	18,006,074	6,288,900	37,286,972
	3.44	13.88	17.52	48.29	16.87	100.00
2004	1,632,170	5,299,237	6,439,779	16,256,617	5,975,010	35,602,813
	4.58	14.88	18.09	45.66	16.78	100.00

（자료） 증권선물거래소.

2. 기업집단(재벌)

주요 국가의 경제체제는 기업집단(business group)의 체제를 이루고 있다. 한국, 일본을 비롯하여 인도, 멕시코, 칠레, 이탈리아 등 많은 나라에서 서로 다른 이름과 구조로 기업집단체제를 형성하고 있다. 가족중심의 체제이든, 주거래은행중심 체제이든 다수 기업이 하나의 그룹체제로 운용되고 있는 것이다. 예를 들어, 일본에서는 주거래은행(main bank) 중심으로 기업집단체제를 이루고 있는데 이들 기업집단을 계열(系列)이라고 하고, 우리나라에서는 기업집단을 재벌(財閥, Chaebol)이라고 일컫는다.[13]

앞서 논한 대로 기업집단구조는 아직까지도 찬반견해가 팽팽한 상태이다. 먼저, 다양한 업종을 영위하는 여러 개의 기업들이 하나의 조직구조를 이루고 있는 기업집단체제는 주가 상승기에 소속기업에 긍정적으로 작용할 가능성이 높다. 주가 상승으로 기업들에게 있어 투자기회가

---

13) 케이레츄(Keiretsu)라고 하며, 1950년대 이전에는 자이바츄(Zaibatsu)라고 일컬었다.

우수해지고 다양해진 경우 계열기업 간 상호 자금지원을 통해 투자에 따른 재무적 제약문제를 해결해 줄 수 있도록 형성되어 있는 기업집단의 내부자본시장(internal capital market) 또는 상호지원현상(propping)은 비재벌기업에 비해 재벌기업에게 충분한 성장기회를 제공할 수 있다.(Hoshi, Kashyap and Scharfstein, 1991; Lamont, 1997; Stein, 1997; Shin and Park, 1999) 서로 다른 사업을 영위하는 기업으로 구성된 기업집단구조가 계열기업에 대해 시장메커니즘이 가지는 불완전성을 보완하고(특히, emerging market으로 불리는 인도, 중국, 한국, 멕시코, 칠레 등 신흥경제시장), 높은 수익성을 가진다는 점(Khanna and Palepu, 2000)은 기업집단 소속기업의 가치에 긍정적으로 작용할 수 있다. 대표적인 연구로서 Khanna and Palepu(2000)는 인도기업을 대상으로 기업집단과 비기업집단의 수익성을 다양한 각도에서 분석한 결과, 일관되게 기업집단에 소속된 기업들의 수익성이 우수하다는 사실을 발견하였다.

이에 반하여 주가 상승에 부정적인 측면으로는 기업집단이 그룹 내 제한된 기업자원을 다각화된 여러 계열기업에 분산하여 투자하는 경향이 있기 때문에 오히려 효율성을 감소시킨다는 점, 개별기업 주주의 부를 극대화하기보다 전체 그룹 차원의 의사결정에 따라 규모 극대화에 치중하여 성장을 추구하여 왔다는 점, 기업집단의 지배주주와 소액주주 간에 피할 수 없는 대리인문제를 야기할 수 있다는 점 등을 들 수 있다.(La Porta, Florencio and Shleifer, 1999; Campbell and Phyllis, 2002; Baek, Kang and Park, 2004) 이를 고려한다면 국내 재벌기업의 가치 변동은 비재벌기업에 비해 다소 부정적 방향으로 움직일 가능성이 있다.(김성표·윤영섭, 1999; 강준구·김진모·배기홍, 2001; 박경서·백재승, 2003; Joh, 2002; 진태홍·송홍선, 2003) 보다 현실적인 관점에서 재벌－비재벌 여부는 출자한도 규제, 상호지급보증 금지, 회사채 발행한도 규제 등에 있어서 상이한 양상을 보이므로 주식시장 상황 변화에 다른 결과를 가져올 수 있다. 하나의 예로서, 재벌의 경우 출자를 통해 계열기업 간 부의 이전을 야기하고 피라미드식의 소유구조를 심화시키는 수단이 될 수 있다는 점에서 이러한 소유구조를 지니는 재벌조직일수록 주가 상승기와 하락기에 대리인문제로 인해 주가반응이 음(-)으로 나타날 수 있을 것이다. 계열기업 간 부의 이전이 야기된 사례는 제3장의 사례연구에서 찾아볼 수 있다.

따라서 주가 상승기와 하락기 모두에서 재벌소속기업의 주가변화는 긍정 또는 부정으로 나타날 것이며, 이에 따라 다른 재벌소속 이외에 다른 재무적 특성이 고려되어야 한다는 점을 알 수 있다.

3. 자본구조

1) 은행차입금

주가 상승, 하락에 따라 은행관계 또한 기업가치의 변화에 상이한 영향을 미칠 수 있다. 은행과의 관계가 긴밀할수록 은행 중심의 자금조달 체계가 구축되어 거래은행으로부터 투자에 소요되는 자금을 많이 사용할 가능성이 높고, 이때 차입금이 자금조달원에서 차지하는 비중은 주가 상승기의 기업가치 변화와 양(+)의 관계를 보일 가능성이 높다. 은행의 대출기능 및 지분보유는 거래기업에 대하여 긍정적인 재무적 기능을 수행하는 것으로 알려져 있다.(Diamond, 1991; Rajan, 1992 외) 은행은 대출금이나 주식보유 등을 통해 기업과 거래관계를 유지하는 동안 한편으로는 기업 정보에 보다 용이하게 접근하고 통제할 수 있다. 그리고 이러한 은행의 거래기업에 대한 우월적 지위는 기업활동이 보다 효율적이 되도록 감시할 인센티브를 부여하게 된다. 이러한 점을 고려한다면 은행과의 밀접도, 즉 은행 중심의 지배구조는 은행으로부터 많은 지원을 유도하여 주가 상승기와 같은 호경기에 투자자금 조달에 따른 유동성 문제에 치중하지 않고 우수한 투자기회를 많이 확보할 수 있으므로 기업가치 변화에 긍정적일 것으로 예상할 수 있다.(Hoshi, Kashyap과 Scharfstein, 1991; 강준구·백재승, 2001 외)

경제 전반의 상승기조는 기업부문뿐만 아니라 금융 분야에도 긍정적 영향을 미치게 되며, 이에 따른 은행부문의 성장은 은행으로부터 많은 자금을 차입하여 온 기업일수록 더 나은 혜택을 제공받을 수 있다.(Gibson, 1995) 이 경우에도 은행차입금 등으로 측정한 은행과의 밀접도는 기업가치의 변화와 양(+)의 관계가 존재하게 된다. 반면 거래은행 나아가 주거래은행 의존도가 상대적으로 낮은 기업, 즉 주거래은행 이외의 다른 은행이나 채권시장, 주식시장 등으로부터 원활하게 필요한 자금을 조달할 수 있는 기업의 경우 은행 또는 주거래은행으로부터의 긍정적인 효과는 적을 것이다.

하지만 이와 반대로 불경기를 고려할 경우 우리나라가 외환위기 때 경험하였듯이 은행부문의 어려움이 거래기업에게도 전염되어 기업가치에 부정적인 영향을 줄 수 있다. 따라서 은행과 밀접한 관계를 맺은 기업일수록 거래은행의 부정적 상황이 기업에 영향을 주어 주가 하락이 커질 것이라는 예상을 가능케 한다.(Weinstein and Yafeh, 1998; Kang and Stulz, 2000; 배기홍·임찬우, 2003)

이와 같은 맥락에서 주가 상승기하에서 은행차입금 비중은 주가의 변화와 양(+)의 관계, 주가 하락기하에서는 양(+) 또는 음(-)의 관계가 예상된다.

2) 부채비율

　부채사용수준을 나타내는 부채비율도 주가에 상당한 변화를 가져올 수 있다.(Ross, 1977; DeAngelo and Masulis, 1980; Jensen, 1986; Ofek, 1993; 국찬표·정균화, 1996 외 다수) 여기서 부채비율은 총자본에서 총부채가 차지하는 비중이기도 하고, 자기자본 대비 총부채 비율로 나타내기도 한다.

　부채를 많이 사용하는 기업은 경제상황이 호전됨에 따라 레버리지 효과, 세금효과, 기업가치 신호효과, 대리인문제 감소 효과 등으로 인해 보다 큰 가치 상승을 경험할 수 있다.

　레버리지 효과는 영업레버리지(operating leverage) 효과와 재무레버리지(financial leverage) 효과로 구분된다. 영업레버리지가 크다는 것은 총비용에서 고정비가 차지하는 비중이 높을수록 매출 대비 영업이익(Earnings Before Interest & Taxes, EBIT)이 증가하는 정도가 크다는 것을 의미한다. 그리고 재무레버리지가 크다는 것은 총자본에서 부채금액이 클수록 영업이익 대비 순이익이 증가하는 정도가 크다는 것을 의미한다. 이는 반대로 해석하면 고정비와 부채금액이 클수록 매출 하락과 영업이익 하락 시 기업의 이익이 상대적으로 크게 감소한다는 위험의 수준을 나타나게 된다. 따라서 부채사용이 많을수록 불황 시 이익감소 폭이 커져 어려움을 겪을 가능성이 높은 반면, 경제 호전에 따라 이익규모가 커져 주가 상승기에 주가가 높아질 것이라고 추론할 수 있다.

　세금효과는 부채사용에 따라 지불해야 하는 이자지급액이 클수록 이자의 세금절감(tax shield) 효과가 크므로 그만큼 기업의 실질현금흐름에 도움이 된다는 것을 말한다. 여기서 이자의 세금절감효과란 이자지급에 해당하는 금액을 법인세 부과 이전에 차감함으로써 (이자지급액×법인세율)만큼 절세할 수 있다는 것이다.

Ross(1977)에 의해 이론적으로 증명이 된 기업가치 신호(signalling) 효과에 의하면 경영성과에 자신이 있는 기업의 경영자 또는 경영진일수록 부채사용에 호의적이며, 이로 인해 부채사용의 증가는 기업의 성과가 우수하다는 것을 외부로 표출하는 신호로 작용한다는 것이다. 유사한 맥락에서 기업의 성과가 저조한 기업은 부채사용이 기업의 위험증가와 직결될 수 있으므로 이런 기업은 부채금액을 줄이거나, 성과가 좋은 기업에 비해 절대적인 부채사용금액이 작아지게 된다는 것을 가리킨다.

대리인문제 감소 효과는 Jensen(1986) 등에 의해 주장된 것으로 적절한 부채는 경영자로 하여금 이자지급에 대해 경각심을 가지고 경영활동을 하게끔 유도하는 효과가 있어 대리인문제를 줄이는 수단이 될 수 있다는 것이다. 즉 부채가 존재한다는 것은 기업내부에 잉여현금흐름(free cash flow)을 감소시켜 경영자로 하여금 방만한 자금사용을 하지 못하게 하는 효과가 있다는 것이다.

반면에 경기가 하락하는 국면에서는 부채를 많은 사용하는 기업의 경우 그에 따른 높은 재무위험 또는 파산위험으로 말미암아 부정적 요인으로 작용할 수 있다. 이는 위에서 설명한 바와 같이 호황기에는 부채가 주가 상승에 기여할 수 있지만, 불황기에는 역으로 주가 하락을 부채질할 수 있음을 뜻한다.

부채 가운데 회사채가 차지하는 비중인 회사채비율과 같은 자본구조의 형태도 영향을 미칠 수 있다. 은행차입금 이외에 채권과 같은 증권발행을 이용하여 외부자본시장으로부터 쉽게 자본을 조달할 수 있는 기업의 경우 은행의 재무적 곤경으로 야기되는 부정적 파급효과는 적을 것이므로 주가 상승기와 하락기의 주가변화가 모두 긍정적일 것으로 예상할 수 있다.(Baek, Kang and Park, 2004)

4. 지배구조

기업의 지배구조(corporate governance system)는 투자자와 경영자 간에 대리인관계가 형성되어 있는 기업에서 여러 투자집단이 가지고 있는 이해의 상충문제를 최소화하고 투자자의 적정수익을 보장함으로써 기업의 목적인 가치 극대화에 기여할 수 있도록 하는 제반 장치를 의미한다. 적절한 지배구조를 갖추지 못해 발생할 수 있는 현금흐름상의 부진과 이에 따른 가치손실을 지배구조위험(governance risk)이라고 부른다.

 지배구조위험을 하나의 쉬운 예로 설명해 보자. 독자 여러분이 아이스크림 전문점을 운영한다고 가정해 보자.

√ 아이스크림 전문점 운영사업을 선택함에 따라 다른 사업을 영위했을 때 발생할 수 있는 현금흐름을 포기하게 된다. 이렇게 어떤 사업을 선택함에 따라 다른 사업으로부터 가능한 현금흐름을 포기하게 되는 위험을 **영업위험**(business risk)이라고 한다.

√ 아이스크림을 판매함에 있어 계절요인 등에 따라 매출이 달라질 수 있다. 여름에는 보다 많은 아이스크림을 구비해야 수요에 대응할 수 있다는 것 등이 그것이다. 이때 보다 많은 아이스크림을 매장에 비치하기 위해 부채(빚)를 사용하여 많은 아이스크림을 가져다 놓은 다음, 이를 다량 판매한다면 부채를 사용하지 않고 소량의 아이스크림을 가져다 놓은 매장보다 많은 수익을 낼 수 있다. 하지만 반대로 많은 아이스크림을 가져다 놓았는데 판매되지 않아 큰 손해를 볼 수도 있다. 그러므로 부채의 사용에 따라 고수익과 고위험이 동시에 발생하게 된다. 이러한 위험을 **재무위험**(financial risk)이라고 한다.

√ 매장을 운영하기 위해 채용한 종업원들이 매장 소유자의 부를 위해 일하지 않고 업무에 태만하거나 자신의 사욕을 위해 행동할 수 있다. 종업원들이 판매용 아이스크림을 착복하거나 자신의 개인용도로 사용하는 등의 행위가 이에 속할 수 있다. 그리고 이러한 행위는 매장의 판매수입과 직결된다. 이에 대해 매장 소유자는 감시(monitoring), 인센티브(incentive), 종업원 경질(turnover) 등을 통해 이러한 행위에 의한 수입 감소에 대응할 수 있다. 만일 이들 통제활동이 제대로 수행되지 않고 매출 감소가 지속된다면 소유자는 마지막에 가서 매장을 매각하는 결정에 이르게 될 것이다. 즉 M&A시장에 매물로 등장한다는 것이다. 이후 새로운 소유자는 매장을 단장하고 종업원을 교체하는 등의 구조조정을 하게 되고, 기업의 활동은 원상회복하게 된다. 따라서 이에 대한 기대감으로 인수대상기업의 주가가 크게 오르게 된다. 이러한 제반 위험을 **기업지배구조위험**(governance risk)이라고 부른다. 이렇게 지배구조위험은 기업 활동에 지대한 영향을 주는 위험으로 가치평가에 중대한 요소로 작용한다.

지배구조에 대한 이해는 기업의 정의로부터 출발한다. 기업은 주주, 채권자, 경영자, 종업원, 하청업자, 정부 등 많은 이해관계자들이 참여하는 계약적 관계의 총합(nexus of contracts)으로 볼 수 있다(Jensen and Meckling, 1976). 따라서 가장 이상적인 기업의 목표는 이들 모든 이해관계자의 부(wealth)를 극대화하는 것이다. 그러나 기업의 참여자는 기업의 주요 의사결정에 대해 서로 다른 이해를 가지고 있고, 그들이 가지고 있는 기업자산의 청구권에 대한 성격도 서로 다르기 때문에 모든 참여자의 부를 동시에 극대화하는 것은 상당히 어려운 것이 현실이다. 예를 들어, 주주의 부를 위해서 경영활동을 수행한다면 채권을 매입하거나 차입금의 형태로 자금을 대여해 준 대가로 "차입금"과 같은 고정적인 청구권을 가진 채권자의 부에 위배되는 경우가 많을 수 있다. 주주의 부가 주가와 결부되어 있다면 채권자의 부는 "이자와 원금"이라는 확정소득 현금흐름이 원활하게 상환되는 데 연관되어 있기 때문이다. 또한 주가를 높이기 위해 기업 활동에 종사하는 경영자와 종업원의 노력을 착취할 수도 있다. 최근 급성장하는 중국 경제에서도 기업윤리의식이나 인권이 제대로 신장되지 않아 그만큼 성장에 대한 가치평가가 폄하되고 있다는 점을 부인할 수 없다.

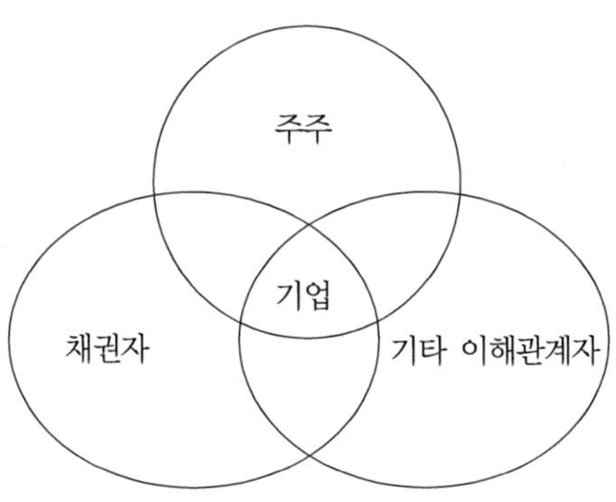

[그림 6] 기업의 정의

위 [그림 6]에서와 같이 기업운영에 필요한 자원과 시간을 제공한 다수의 이해관계자는 서로 다른 다양한 형태의 투자에 대한 대가로 적절한 보상을 원하게 된다. 하지만 투자자는 기업의 주요 의사결정에 관해 상이한 이해를 가지고 있고 그 청구권에 대한 성격도 서로 다르기 때문에 갈등의 소지가 항상 존재하고 있다. 특히, 거대한 규모를 가지고 소유와 경영의 분리(separation of ownership and control)가 일반화되어 있는 현대기업에서는 보상을 원하는 모든 이해관계자(주체, principal)가 경영에 직접 참여할 수 없기 때문에 대리인(agent)을 고용하여 자신을 위해 특정 임무를 수행하도록 의사결정을 위임하는 대리인관계(agency relation)를 형성하게 된다.

이러한 상황에서 대리인에 의한 도덕적 해이(moral hazard)나 대리인 문제(agency problem)를 최소화하고 기업의 궁극적 목표인 기업가치 극대화와 이를 통한 주주 부의 극대화가 달성될 수 있도록 해야 한다. 주주 부의 극대화가 기업의 목표로 제대로 실행될 수 있는가의 여부는 경영자가 주주 부의 극대화를 위해 얼마나 열심히 노력을 하고, 이러한 노력을 유인할 수 있는 제도가 기업 내·외부에서 얼마나 효율적으로 그 기능을 수행하고 있는가에 달려 있다고 볼 수 있다. 이를 위한 기업 내·외부의 제반 경영활동장치를 기업지배구조라고 한다. 따라서 효율적인 기업지배구조의 구축 여부는 현대 재무이론에서 기업가치에 중대한 영향을 미칠 수 있는 기업전략의 하나로 평가받고 있는 것이다.

1) 대리인문제와 대리인비용

(1) 대리인문제

기업의 정의에 관한 이해와 함께 기업지배구조는 대리인문제가 무엇이고, 대리인문제로부터 발생하는 대리인비용이 어느 정도인가에 대한 이해로부터 선행된다. 대리인문제는 위임자인 주체(주주)와 피위임자인 대리인(경영자) 간에 이해가 서로 상충되기 때문에 발생하는 제반 문제를 의미한다. 대리인은 선량한 관리자의 의무를 가지고 위임자의 이익을 극대화할 수 있는 의사결정을 내려야 하지만, 때로는 위임자의 이익보다는 자신의 이익을 위해 행동하는 경우가 있고 이로 인해 위임자는 큰 손해를 보게 된다. 이러한 손해를 최소화하기 위해 위임자는 이해의 상충이 발생하는 원인과 상황을 정확하게 파악해야 하고 그 문제를 해결할 수 있는 방법을 적극적으로 모색할 필요가 있다.

대리인문제는 기업의 이해관계자들이 기업자산에 대해 우선순위가 서로 다른 청구권을 가지고 있기 때문에 발생한다. 예를 들어, 채권자는 기업자산에 대해 고정된 청구권(fixed claim)을 가지고 있고 기업 파산 시 주주에 비해 우선권을 가지고 있다. 이와는 달리 주주는 기업에 최초로 자본을 투자하고 잔여재산에 대해서만 청구권을 가지며(residual claim), 기업위험에 대해 최종적인 책임을 지고 있다. 이러한 기업자산에 대한 청구권의 차이 때문에 주주와 채권자는 기업의 주요 의사결정에 서로 상반된 견해를 가지고 있고 이것이 주주와 채권자의 대리인문제로 나타나게 된다.

대리인문제의 가장 큰 비중을 차지하는 것은 소유권자인 주주와 실제 경영활동의 주체인 경영자 간의 대리인문제이다. 이는 광범위한 소유지분의 확산으로 소유와 경영이 분리(separation of ownership and control)되고 주체인 주주가 자신들의 권한인 경영활동에 관한 주요 의사결정권을 대리인인 경영자에게 위임함으로써 발생한다. 예를 들어, 주주는 경영자가 주식의 가치를 극대화할 수 있도록 행동하기를 바라지만 경영자는 주주의 비용으로 기업의 빠른 성장과 거대한 규모를 선호하는 경향이 있다. 빠른 성장은 경영자에게 보다 많은 승진의 기회를 제공할 수 있고 거대한 기업규모는 M&A의 대상이 될 가능성을 줄이기 때문에 경영자에게 보다 안전한 고용의 기회를 보장해 줄 수 있기 때문이다. 따라서 경영자는 주주의 부를 극대화하기 위하여 노력하지 않고 때로는 경영자 자신의 사적 이익을 달성하기 위해 주주의 부를 감소시키는 행동을 하게 된다. 이러한 주주와 경영자 간의 대리인문제는 경영자가 기업이 발행한 주식을 100% 보유하지 못하는 한 항상 발생할 소지가 있다.

이렇게 주주와 경영자 간에 이해상충이 존재하는 이유는 경영자가 주주의 이익이 아닌 자신의 사적 소비를 추구하거나 자신의 재량권을 이용하여 호화스런 사무실과 승용차, 정치헌금과 같은 사적 소비를 추구하려는 동기를 가지게 되기 때문이다. 또한 경영자의 보수와 재임용은 자신이 재직한 기간 내의 경영성과에 의해 결정되는 경향이 있어 경영자는 기업의 장기적 성과보다는 재직기간 내의 업적에만 관심을 가지기 쉽고 기업의 단기성과를 좋게 보이기 위해서 장기성과를 희생하는 의사결정도 감수하게 된다. 나아가 기업이 파산할 경우에 주주들은 유한책임(limited liability)으로 인해 자신이 투자한 금액만큼만 책임을 지면 되지만 경영자는 직장 및 기업에 관련된 모든 부(wealth)를 잃어버리게 된다. 현대기업의 특징인 소유와 경영의 분리는 이렇게 소유권은 주주가, 경영은 경영자가 수행하는 것을 말하게 된다. 그러나 주주들이 소유주식에 대해서만 책임을 지는 주식회사 형태는 이런 상황을 가능케 한다. 따라서 경영자는 주주에 비해서 더 높은 수준의 위험회피도를 가지고 있고 선택한 위험에 대해 보다 많은 수준의 보상을 요구하게 된다. 또 다른 경우로서 경영자가 새로운 투자안을 탐색하고 새로운 기술을 개발하기 위해서는 많은 시간과 노력이 요구된다. 그러나 경영자가 자사주식을 전혀 보유하고 있지 않거나 극히 일부분만을 보유하고 있는 경우 또는 기업의 가치가 증가하더라도 자신에게 돌아오는 보상이 적을 경우 경영자는 수익성이 높은 새로운 투자기회를 탐색하거나 신기술을 개발하려는 창조적 활동을 기피하게 된다. 이러한 경영자의 노력회피는 경영자가

100%의 소유지분을 가지고 있는 경우에는 문제가 되지 않으나 100% 미만의 지분을 가지고 경우에는 자신의 노력회피에 따른 기업가치의 감소에 대해 그 손해의 일부분만을 부담하면 되므로 항상 이러한 노력회피의 동기가 존재할 수 있다.

(2) 대리인비용

대리인문제에 의해 발생하는 비용과 손실은 궁극적으로 주체인 기업 또는 주주가 부담하게 된다. 예를 들어, 주주와 채권자 간에 발생하는 대리인문제의 경우 합리적인 채권자는 채권발행 이후에 경영자 또는 주주가 취할 행동을 사전에 예견할 수 있으므로 채권을 구입할 때 주주의 대리인문제가 채권가치에 미치는 영향을 미리 고려하여 채권가격을 결정한다. 즉 대리인문제가 심각할 것으로 예상되는 경우 채권자는 높은 이자를 요구하기 때문에 대리인문제로 야기되는 모든 기업가치의 손실은 결국 기업 및 주주가 부담하게 된다.

대리인문제는 기업가치의 손실을 초래하기 때문에 기업의 이해관계자는 대리인문제를 감소시키기 위해 여러 가지 제도나 장치를 기업에 도입하게 된다. 하지만 이와 같은 제도나 장치를 도입하는 데는 많은 비용이 소요되며, 이러한 비용을 대리인비용(agency cost)이라 부른다.

2) 내부지배구조

기업지배구조는 크게 내부지배구조와 외부지배구조로 대별할 수 있다. 내부지배구조는 기업내부에 설정된 제반 장치를 의미하며, 그 첫 번째 방법은 앞서 설명한 주식을 소유하는 주주의 분포가 어떻게 되어 있는가를 의미하는 소유구조를 기업 상황에 따라 적절하게 설정하는 것이다. 어떤 기업은 소수의 대주주가 존재하여 강력한 통제하에 영업활동을 수행하는 것이 좋을 수 있고, 어떤 기업은 다수의 주주가 일정지분을 가지면서 상호간에 협력하여 기업을 운영하는 것이 좋을 수도 있다. 따라서 최적 소유구조는 각각의 기업이 처한 상황에 따라 결정되어야 할 것이다.

(1) 의사결정 관리와 통제기능 분리

소유구조에 이어 내부지배구조를 구축하는 중요한 방법은 기업의 의사결정 기능을 분리시키는 것으로 의사결정 관리기능(문제의 제안과 수행)과 의사결정 통제기능(인준, 감시 및 보상)을 분리하여 의사결정 관리기능은 전문경영자 또는 최고경영자(CEO)에게 귀속시키고, 의사결정 통제기능은 이사회(board of director)가 보유함으로써 경영효율성을 제고시키는 방안이다. 의사결정 기능을 분리함으로써 기업은 경영자를 견제할 수 있는 경영구조를 가지게 되고 이들의 대리인문제를 줄일 수 있다. 즉 독립적이고 강력한 이사회를 가진 기업일수록 이러한 의사결정 통제기능이 잘 운영되어 내부지배구조로서의 기능을 효율적으로 수행할 수 있다. 따라서 궁극적으로 이사회가 강력한 통제기능을 수행하느냐의 여부는 이사회가 독립적으로 전문경영자 또는 최고경영자를 경영효율성을 높이는 차원에서 해임할 수 있느냐에 달려 있을 것이다.

이사회의 감시활동은 산업 전체의 성과와 밀접한 관련을 가지고 있다. 산업에 속한 모든 기업의 성과가 전반적으로 저조할 경우에는 그 책임을 경영자에게 전가시키기 어렵기 때문에 이사회가 경영자를 교체하는 지배구조로 작용할 수 없고, 대신에 외부의 기업인수시장(적대적 인수)이 그 역할을 대신하게 되며, 반대로 특정기업의 성과가 동종산업에 속해 있는 다른 기업의 성과와 비교하여 크게 저조할 경우에는 이사회의 경영자 교체기능이 보다 중요한 역할을 수행하게 된다.

(2) 인센티브제도

내부지배구조의 또 다른 유형은 인센티브제도의 도입(스톡옵션 등)으로 경영진이 기업가적 동기에 입각하여 최선의 자원배분과 최상의 경영효율을 달성하도록 유도하는 성과급을 제공하는 것이다. 회계적 이익에 연계된 보너스 보상체계의 가장 큰 문제점은 이 제도가 경영자의 자의성 또는 회계기법의 임의성 등에 의해 영향을 받기 쉽다는 것이다. 따라서 경영자의 이해와 주주의 이해를 효과적으로 연계시키기 위해서는 경영자보상의 상당부분을 기업의 주식가치상승에 따라 달리 하는 스톡옵션(stock option)제도나 성과배분(performance share)제도를 채택하는 것이 바람직하다.

예를 들어, 전문경영자에게 현금형태의 고정급을 지급하는 대신 1년 후 자사주 10,000주를 20,000원에 구입할 수 있는 권리인 스톡옵션을 제공하였다고 하자. 현재의 주가는 25,000원이다. 만약 1년 후 이 기업의 주가가 30,000원으로 상승하였을 경우 전문경영자는 자신이 가지고 있는 스톡옵션의 권리를 행사하여 30,000원의 가치가 있는 주식을 25,000원에 구입할 수 있고 10,000원×10,000주＝1억 원의 수익을 실현할 수 있다. 하지만 1년 후 주가가 20,000원 이하로 하락할 경우 전문경영자는 스톡옵션을 행사할 수 없기 때문에 아무런 소득을 실현할 수 없게 된다. 따라서 전문경영자는 자신의 소득을 실현하기 위해 주식가치를 극대화할 유인을 가지게 되고 이에 따라 주주와 경영자 간의 대리인문제는 줄어들게 된다.[14)]

일반적으로 경영자는 위험회피성향이 높기 때문에 경영자를 적절하게

---

14) 시장중심, 주주중심의 영미식 지배구조의 전형적 산물이라고 할 수 있는 스톡옵션은 단기성과주의에 지나치게 주의를 기울인다는 비판이 있다. 이는 스톡옵션의 행사 이후 경영활동에 있어서 행사 이전보다 성과가 저조할 수 있다는 데 일부 기인한다.

보상하기 위해서는 이들이 직면하고 있는 공통위험을 배제하여야 한다. 따라서 경영자의 평가를 위한 보상체계는 동종산업에 속해 있는 다른 기업들의 성과를 고려하여 결정하는 것이 합리적이라 할 수 있다.

(3) 사외이사제도

지배구조 측면에서 대리인문제를 줄일 수 있는 또 다른 방법은 사외이사제도(outside board of director)를 도입하여 경영성과평가와 보상결정에 객관성을 부여하고 감시활동을 강화하는 것이다. 이사회는 보통 내부이사와 사외이사로 구성되어 있으며, 내부이사들은 기업의 운영을 담당하고 기업 활동에 관한 정보를 제공하는 반면 사외이사는 경영진의 의사결정을 평가하는 역할을 수행하게 된다. 특히, 기업외부에서 초빙되는 사외이사는 감시자로서의 역할을 얼마나 잘 수행하느냐에 따라 노동시장에서 그들의 능력이 평판이 결정되기 때문에 경영성과와 경영자의 활동을 정확하게 평가, 감독할 유인을 갖게 된다. 외국기업의 경우 사외이사는 의사결정을 인준하고 감시하며, 동시에 최고경영진의 업적을 평가하고 그에 따른 보상과 징계를 하는 법적인 권한을 가지고 있다.

사외이사제도의 효과에 관해서는 많은 연구가 진행되어 왔고, 최근까지도 찬반 논란이 제기되고 있다. 기업과 독립적인 사외이사의 의사결정 행위가 경영활동의 효율성에 도움을 줄 수 있다는 긍정적 기능과 의사결정과정에서 단순한 거수(擧手)기 또는 지배주주의 이익에 오히려 도움을 주는 방향으로 이끌어 간다는 부정적 기능이 동시에 주장되고 있기 때문이다.15)

---

15) 김문현·백재승(2006)은 사외이사의 해임이라는 정보가 주가에 부정적으로 작용한다는 실증연구의 예를 보임으로써 사외이사 기능의 논쟁에 도움이 될 수 있는 자료를 제시하였다.

(4) 감시활동과 장기계약체결

대리인이 그 직위를 이용하여 대리인 자신의 사적 이익을 추구하는 데에서 발생하는 도덕적 해이와 대리인으로서의 책무에 최선을 다하지 않는 노력회피문제는 위임자가 대리인의 행동을 충분히 관찰할 수 있는 경우 어느 정도 해결할 수 있다. 어떤 경우 이러한 관찰은 감시활동(monitoring activities)으로 연결될 수도 있다.

따라서 주주와 경영자 간의 계약관계를 단일 기간에 한정하지 않고 여러 기간에 걸쳐 장기적으로 계속해서 유지하는 한편 경영자로 하여금 임기 후에도 자신의 부주의한 행동에 대해 책임을 지게 하면 이러한 경영자의 도덕적 위해문제와 노력회피문제를 어느 정도 줄일 수 있다.

이상에서 설명한 유형 이외에도 기업내부지배구조의 또 다른 예로는 감사위원회, 주주협의회 및 주주총회의 기능 활성화, 소수 주주의 권리강화 등을 꼽을 수 있다. 감사위원회의 경우 독일의 지배구조시스템에서 중요하게 작동하고 있는 제도이기도 하다.

마지막으로 기업의 최적의 내부지배구조는 특정한 형태가 있는 것이 아니다. 각 기업의 특성에 따라 달라지는 것이 일반적이며, 여러 지배구조형태 간의 상호관계와 기업의 독특한 사업형태(예를 들어 사업위험, 자산형태, 기업규모, 자금흐름)를 고려해서 결정해야 한다.

3) 외부지배구조

내부지배구조가 기업차원에서 수행될 수 있는 시스템이라면 외부지배구조는 경영자로부터 야기되는 대리인문제를 줄이기 위해 기업외부에서 작동하는 제반 장치를 의미한다. 기업외부지배구조의 대표적인 예로는 경영자노동시장, 자본시장(주식시장 및 채권시장), 기업지배권시장(market for corporate control, 즉 M&A시장) 등이 있다.

경영자노동시장(managerial labor market, MLM)에서는 기업 전체의 경영성과에 따라 임금이 결정되므로 각 경영자는 다른 경영자들을 감시할 동기를 가지고 있고 특히 계약에서 벗어나는 행동을 한 경영자에 대해서는 사후적 평가를 통해 이들이 미래에 받게 될 임금을 조정하기 때문에(사후조정기능, ex-post settling up) 경영자의 대리인문제를 통제하는 역할을 수행할 수 있다.[16]

외부 자본시장(capital market)은 기업이 주식 또는 채권을 발행할 때 경영자의 경영능력을 고려하여 그 가격을 결정하게 된다. 예를 들어 외부투자자는 기업가치의 극대화에 충실하지 못했던 경영자가 발행한 증권에 대해서는 그 가격을 할인하게 되며, 이렇게 결정된 증권가격은 기업내부의 의사결정이 올바르게 이루어졌는가에 관한 정보를 외부에 전달하기 때문에 경영자를 평가하기 위한 중요한 정보로 사용될 수 있다. 따라서 자본시장은 경영자노동시장과 함께 경영자의 대리인문제를 통제하는 외부지배구조로서의 기능을 수행한다.

M&A(mergers and acquisitions)는 기업지배구조의 마지막 수단으로서 작동하는 최후의 보루(last resort)의 기능을 수행한다. 대리인문제를 통제하기 위한 기업지배구조가 실패하는 경우 심각한 대리인문제로 인해 기업의 주식가치는 대리인문제가 없을 때의 본질적 가치에 비해 크게 하락하게 된다. 이 경우 다른 기업은 이러한 기업을 인수하여 비효율적인 경영자를 효율적인 경영자로 대체함으로써 대리인문제를 감소시키고 기업가치를 높일 수 있으며, 이를 통해 인수기업은 주식의 시세차익에 따른 이익을 얻을 수 있다.

따라서 M&A는 비효율적인 피인수기업의 경영자를 효율적인 경영자

---

16) 우리나라에도 경영자노동시장이 개설되어 있다. 사외이사인력뱅크(www.outside-director.or.kr), 한국상장회사협의회 경영인 DB(www.klca.or.kr), 한국증권업협회 등록전문인력(www.ksda.or.kr) 등은 경영자노동시장의 예로 볼 수 있다.

로 대체함으로써 대리인문제를 줄이고 기업가치를 제고하는 순기능을 수행할 수 있다. 또한 M&A는 제한된 경제자원의 재분배를 가져온다는 점에서 국민경제에 큰 공헌을 할 수도 있다.

하지만 M&A를 통하여 경영권에 개입하는 것은 그 나름대로의 문제점을 내포하고 있다. 예를 들어, M&A공시에 따라 피인수기업의 주가가 큰 폭으로 상승한다는 사실은 경영권개입으로 인하여 얻게 되는 이익이 상당히 클 경우에만 M&A가 이루어지며, 이것은 피인수기업의 제반 문제를 해결하는 데 있어 M&A가 다소 느린 메커니즘으로 작동하고 있다는 것을 시사한다. 또한 M&A를 시도하는 기업은 막대한 노력과 비용을 소모하게 되는데, M&A로부터의 이득을 다른 일반주주가 향유하게 되는 무임승차문제(free-rider problem)가 발생하여 인수시도기업은 쉽사리 M&A를 수행하지 못하게 되는 단점이 있다.[17]

4) 자본시장 중심 지배구조와 은행 중심 지배구조

세계의 각 나라에서 채택하고 있는 지배구조는 크게 자본시장 중심(capital market based)의 지배구조와 은행 중심(bank centered)의 지배구조로 크게 대별할 수 있다. 자본시장(특히 M&A시장)을 중심으로 한 영미식 앵글로색슨(anglo-saxon) 국가의 기업지배구조와 은행을 중심으로 한 일본, 독일의 기업지배구조는 기업과 그 기업을 감시하는 외부투자자 간에 정보가 어떻게 전달되느냐에 있어 큰 차이를 보이고 있다.

일본이나 독일의 은행을 중심으로 한 기업지배구조에서 은행(일본: Main Bank, 독일: Haus Bank)은 대출과정 등을 통하여 기업과 관련된

---

[17] 부연하면, 무임승차문제란 어떤 외부투자자가 상당한 노력과 비용을 투입하고 기업을 인수하였을 경우 기업인수에 직접 참여하지 않은 다른 주주들이 별다른 비용을 들이지 않고 반사이익을 얻게 됨으로써 발생하는 문제를 의미한다.

정보를 계속하여 획득할 수 있는 위치에 있고 이러한 정보에 기초하여 신속하게 기업의 제반 문제를 해결할 수 있다. 이와 반대로 자본시장을 중심으로 한 기업지배구조하에서 소규모의 개입은 보통 일어나지 않는 경향이 있다. 외부투자자는 위에서 언급한 무임승차문제로 생겨나는 엄청난 비용을 초과하는 이익이 있을 경우에만 다른 기업의 인수를 시도하게 된다. 따라서 외부투자자는 기업인수로부터 이러한 무임승차문제를 상회하는 이익을 획득할 수 있을 때에 한해 인수활동을 수행하게 되고, 그렇지 않은 경우에는 개입을 하지 않게 된다.

또한 외부투자자는 경영자가 보유하고 있는 정보에 접근하기 어렵기 때문에 자본시장 중심의 기업지배구조하에서 정보비대칭은 경영자의 의사결정을 왜곡시키는 문제점을 야기할 수 있다. 정보비대칭이 존재하는 상황하에서 외부투자자는 이미 공개된 정보에 입각하여 경영자를 평가하게 되고 이것은 경영자가 자신이 취한 제반 행동에 대해 외부투자자가 어떻게 해석하느냐에 과도한 관심을 갖도록 만드는 경향이 있다.

하지만 은행 중심의 기업지배구조도 문제점을 지니고 있다. 은행 중심의 지배구조는 기업관련정보를 수시로 수집하여 분석·평가할 수 있는 위치에 있는 은행이 기업과 밀접한 관련을 유지하면서 기업의 제반 문제점을 신속하고 효율적으로 해결할 수 있다는 점에서 긍정적인 면이 있으나 정보독점에 의해 기업을 볼모로 은행이 초과이윤을 추구할 수 있다는 점에서 부정적인 면도 있을 수 있다.

은행 중심의 기업지배구조가 지니고 있는 또 다른 문제점은 은행의 경영성과가 좋지 않고 기업이 은행으로부터 자금을 차입하는 방법 이외에 다른 자금조달방법을 가지고 있지 못한 경우 기업은 우수한 투자안을 가지고 있는 경우에도 이러한 투자안을 채택할 수 없게 된다는 점이다. 예를 들어, 일본기업을 대상으로 연구는 1989년에 은행부채를 많이 사용한 기업일수록 일본의 은행산업 전반에 어려움이 있었던 1990년에서 1993년 사이에 주가가 보다 큰 폭으로 하락하였으며, 투자금액도 큰 폭으로 감소하였다는 사실을 보여주었다(Kang and Stulz, 2000). 우리나라의 외환위기 기간의 은행-기업관계를 대상으로 유사한 결과도 발표되었다(Bae, Kandg and Lim, 2002).

이러한 결과는 은행이 재무적으로 곤경에 빠질 때 은행과 밀접한 관계를 가지고 있는 기업도 자본조달의 애로로 인해 동시에 어려움에 놓일 수 있다는 것을 시사하며, 은행 중심의 기업지배구조가 지니는 문제점을 지적하는 것이라고 볼 수 있다. IMF 위기 동안에 많은 국내기업들이 자본조달에 엄청난 어려움을 겪었던 사실도 우리나라가 전통적으로 은행 중심의 자본조달에 너무 치중하였기 때문에 발생한 것으로 생각할 수 있다.

5) 기업합병 · 인수(M&A)

(1) 개념

기업합병과 인수는 M&A(mergers and acquisitions)라고도 부르며, 기업자원에 대한 경영권 행사를 목적으로 한 기업결합을 의미한다. 기업은 주로 잉여금의 내부유보에 의한 투자 즉 내부확장을 통해 성장을 이룩하지만 때로는 다른 기업을 합병하거나 다른 기업이 보유하고 있는 자산의 전체 또는 일부를 인수함으로써 빠른 성장을 달성할 수도 있다.

기업합병 및 인수는 내부확장의 배타적인 대안이 아니고 기업의 경제적 자원분배과정의 일환으로 내부확장과 함께 이용될 수 있다는 점에서 기업성장을 위한 중요한 전략적 의사결정의 한 방법이 된다. 특히, 기업합병과 인수는 기업의 대표적인 자본예산활동의 한 종류로서 투자활동에서 상당히 큰 비중을 차지하고 있고 기업의 가치에도 지대한 영향을 미친다.

기업합병과 인수는 순기능과 역기능의 상반된 기능을 동시에 가지고 있다. 즉 기업합병과 인수는 기업조직과 주식소유구조에 중요한 변화를 초래하고 기업가치에 직접적인 영향을 미치며 제한된 경제자원의 재분배를 가져온다는 점에서 순기능을 수행할 수 있지만 시장지배력을 집중시켜 독과점을 유발함으로써 공정한 시장경쟁을 저해하고 막대한 거래비용이 소요된다는 점에서 역기능도 무시할 수가 없다.

이러한 M&A는 합병, 주식의 전부 또는 일부 취득, 자산이나 영업(권)의 취득 등을 통해 이루어진다.

합병(merger)은 두 개 이상의 기업이 청산절차를 거치지 않고 한 기업이 다른 기업을 흡수하는 기업 간의 계약으로서 인수기업(acquiring firm, bidder)은 피인수기업(acquired firm, target)의 모든 자산과 부채를 승계하며, 피인수기업은 합병 후 소멸하게 된다(A+B=A의 형태). 이러한 합병을 일반적으로 흡수합병이라고도 한다. 이와 달리 신설합병(consolidation)은 흡수합병과 모든 면에서 동일하지만 인수기업과 피인수기업 모두가 소멸하고 새로운 기업이 설립된다는 점에서 차이가 있다(A+B=C의 형태). 이 경우 신설기업은 합병에 참여하는 모든 기업의 자산과 부채를 승계하게 된다. 일반적으로 합병을 하기 위해서는 주주의 특별다수의결권(super majority rule) 즉 특별결의가 필요하며, 우리나라의 경우 발행주식 총수의 1/3 이상을 가진 주주의 출석과 출석주주 2/3 이상의 찬성을 요구하고 있다(상법 제434조).

기업을 인수하는 또 다른 방법은 인수대상기업이 발행한 주식의 일부 또는 전부를 취득하는 것이다. 주식의 취득방법으로는 피인수기업의 대주주가 소유하고 있는 주식을 매수하는 구주매수, 제3자 배정방식으로 피인수기업이 발행하는 신주를 인수하는 신주매수, 신문지상의 광고 등을 통해 불특정 다수의 피인수기업 주주로부터 장외에서 직접 주식을 매집하는 공개매수(tender offer), 증권거래소에서 이루어지는 일반거래를 통해 주식을 매수하는 공개시장매집(open market purchase) 등이 있다. 이때 합병에 반대하는 주주는 소유하고 있는 주식에 대해 인수기업이 매입해 줄 것을 요청하는 주식매수청구권을 행사할 수 있다.

합병은 인수기업과 피인수기업 경영자 간의 합의에 의해 거래가 이루어지기 때문에 우호적 인수(friendly acquisition)의 성격을 띠게 된다. 하지만 공개매수는 피인수기업 경영자의 의사와 관계없이 직접 주주를 대상으로 거래가 이루어지기 때문에 때로는 적대적 인수(hostile acquisition)의 성격을 띨 수가 있다.[18]

M&A는 다른 기업의 자산을 매입함으로써 이루어질 수도 있다. 일반적으로 자산의 취득은 인수대상기업의 영업 전부 또는 일부 매수, 공장·건물 등 부동산 매수 등을 통해 이루어진다. 합병과는 달리 자산의 매각으로 피인수기업이 소멸되는 것이 아니고 다만 자산의 사용권리와 명의만 인수기업으로 이전된다.

M&A는 인수기업과 피인수기업의 산업연관성에 따라 수평적(horizontal) M&A, 수직적(vertical) M&A, 다각화(conglomerate) M&A로 나눌 수 있다. 수평적 M&A는 서로 경쟁관계에 있고 동일한 산업 내에서 영업활동을 하고 있는 기업 간의 M&A를 의미하며, 주로 대형화의 결과로 나타나게 된다. 1998년 우리나라에서 이루어졌던 한일은행(주)와 상업은행(주) 간의 합병, 이후 대우자동차(주)와 쌍용자동차(주) 간의 합병, 국민은행(주)와 주택은행(주)의 합병이 여기에 속한다. 수직적 M&A는 전·후방 연관산업에 속하는 기업 간의 M&A를 말하며, 1999년에 성사된 LG투자

---

18) 적대적 인수의 또 다른 방법으로 위임장대결(proxy fight)이 있다. 위임장은 주주의 의결권(voting right)을 제3자에게 위임하는 증서를 의미하며, 위임장대결은 외부투자자가 현 경영진을 교체하거나 경영권을 장악하기 위해 경영성과에 불만이 있는 주주를 대상으로 의결권을 위임받아 이를 목적하는 바를 위해 행사하는 행위를 말한다. 2004년 하나로통신(현. 하나로텔레콤)에 대해 외국인투자자와 경영진 간에 위임장대결을 벌인 사건은 좋은 사례가 된다.

증권(주)과 LG종합금융(주) 간의 합병, 이후 동양증권(주)와 동양종합금융(주)의 합병을 그 예로 생각해 볼 수 있다. 다각화 M&A는 서로 아무런 산업연관성이 없는 기업 간의 M&A로 1998년에 있었던 금호타이어(주)와 금호건설(주) 간의 합병이 여기에 속한다.

마지막으로, M&A는 대금지급의 결제수단에 따라 매수대가로 현금을 지급하는 현금매수, 일정 주식을 양도하는 주식매수, 피인수기업의 담보력을 이용하여 매수자금을 외부로부터 차입하는 차입매입(leveraged buyout; LBO)으로 분류할 수 있다. 특히 LBO의 경우 소수의 투자자는 인수하려고 하는 피인수기업의 자산을 담보로 하여 차입한 자금으로 주식을 매입하고 LBO가 성공한 후 차입금을 상환하고, 피인수기업을 자신들이 소유하는 기업으로 사기업화(going private)하는 절차를 따르게 된다.

M&A가 왜 이루어지는가, 즉 M&A를 유발하는 경제적 동기와 M&A를 통한 기업가치의 증대요인이 무엇인가를 이해하는 것은 효율적인 M&A를 수행하는 데 커다란 도움을 줄 수 있다. 미국기업이나 한국기업을 대상으로 한 연구에 따르면 대체로 M&A공시에 따라 관련기업의 주식가격은 일반적으로 상승하며, 특히 피인수기업의 주가상승이 인수기업의 주가상승보다 훨씬 크다는 사실을 보여주고 있다(장영광, 1985 외 다수 연구). 이렇게 피인수기업의 주가가 상대적으로 많이 오른다는 사실은 M&A에 따른 주가 상승이 피인수기업이 재평가되면서 발생한다는 것을 가늠하게 해주는 것이다. 피인수기업의 가치가 대리인문제나 일시적인 주가 하락 등 어떤 연유에서든 저평가되어 있고, 이러한 문제가 치유된다는 기대감에 상승을 가져오는 것으로 볼 수 있다.

국내기업을 대상으로 한 M&A연구에서도 주가상승으로 측정한 합병이익의 배분에 있어서 국내인수기업의 이익이 미국인수기업의 이익보다 크다는 차이가 존재하지만 합병공시시점에서 주주 부가 증가한다는 사실에서는 비슷한 결과를 보이고 있다. 예를 들어, 장영광(1985)은 월별주가수익률을 이용하여 합병공시 전월과 당월에 피인수기업은 각각 17.45%와 9.70%의 누적초과주가수익률을, 인수기업은 각각 평균 5.47%와 4.20%의 누적초과주가수익률을 평균적으로 실현하였다는 사실을 발견하였으며, 강준구(1998)는 1981년부터 1996년까지의 합병공시자료와 일별주가수익률을 이용하여 인수기업의 누적초과주가수익률은 합병공시 전 10일부터 합병공시 후 10일까지의 경우 평균 4.42%, 합병공시전일과 합병공시일까지의 경우 평균 1.34%라는 사실을 보여주었다.

M&A 공시시점에서 관련기업의 주가가 큰 폭으로 상승한다는 사실은 주식시장이 효율적이라는 전제하에 M&A가 인수기업이나 피인수기업의 가치를 증대시킬 수 있다는 것을 의미한다. 따라서 M&A에 따른 기업가치의 증대요인(source of gain)이 무엇인가를 정확히 파악하는 것은 M&A를 이해하기 위한 필수적인 요건이 된다.

한편 M&A의 방어전략에는 다양한 형태가 존재한다.

국가정책적 차원에서는 법률적으로 적대적 M&A에 대한 방어수단을 규정하고 있다. 대량보유신고제도, 의무공개매수제도, 차등의결권제도, 독극약계획, 황금주 등이 그것이다.

대량보유신고제도(일명 5% rule)는 5% 이상의 의결권에 해당하는 주식을 매입할 경우 증권감독당국에 그 보유사실을 신고하는 제도이다. 의무공개매수제도는, 주식 등의 매수 등을 하고자 하는 자는 당해 매수 등을 한 후에 본인과 그 특별관계자가 보유하게 되는 주식 등의 수의 합계가 당해 주식 등의 총수의 100분의 25 이상이 되는 경우(본인과 그 특별관계자가 보유하는 주식 등의 수의 합계가 당해 주식 총수의 100분의 25 이상인 자가 당해 주식 등의 매수 등을 하는 경우를 포함한다)에는 주식 등의 총수의 100분의 50에 1주를 더한 수에서 기보유하고 있는 주식 등의 수를 공제한 수 이상의 주식 등을 시장에서 공개매수해야 한다는 규정이다. 공개적으로 지분을 매입케 함으로써 목표기업의 의사에 반하는 적대적 M&A의 피해를 줄이고자 하는 규정으로 해석할 수 있다. 차등의결권제도는 주주에게 특별배당을 실시하거나 의결권이 차등화된 주식을 발행할 수 있도록 하는 것이며, 독극약계획(poison pill)은 M&A의 대상이 되었을 경우 피인수기업의 모든 부채를 상환하도록 규정하거나 피인수기업의 주주에게 인수기업의 주식을 할인된 가격으로 살 수 있는 권리를 부여함으로써 M&A 시도를 무산시킬 수 있는 전략이다. 황금주(golden share)는 주식 1주로서 대량의 의결권을 행사할 수 있다거나, 특정 의결사항에 대해 거부권을 행사할 수 있는 특권이 주어진 주식을 뜻한다. 예를 들어, 국가 기간산업의 하나인 전력회사를 M&A하려는 세력이 있는 경우 정부가 황금주를 보유하고 있다가 이에 대한 거부권을 행사할 수 있는 것이다.

2007년 10월 현재 국내에 도입된 M&A 방어전략을 해외 주요국가와 비교하면 다음과 같다. 해외에 비해 우리나라의 M&A 방어책이 상대적으로 허술하다는 비판이 지속적으로 제기되고 있다는 점에서 눈여겨 둘 만하다.

<표 4> 국가별 주요 M&A 방어수단

	미국	영국	일본	프랑스	한국
대량보유신고	도입	도입	도입	도입	도입
의무고개매수		도입	도입예정	도입	×
외국인투자 사전규제	도입 (국가안보)	도입 (국익)	도입 (국가안보)	도입 (공공질서)	일부도입 (전기 / 통신)
차등의결권	도입	도입	도입	도입	×
poison pill	도입	×	도입	도입	×
황금주	×	도입	도입	도입	×

이와는 별개로 개별기업차원에서도 외부 다른 기업에 의해 적대적 M&A가 발생할 수 있는 상황에 대비하고 경영권을 보호하기 위하여 잠

재적 피인수기업은 M&A 방어전략을 미리 수립해 놓을 필요가 있으며, 이러한 방어전략으로 인해 피인수기업의 주주는 때로는 높은 인수대금을 지급받을 수 있다.

그 대표적인 수단에는 종업원지주제(employee stock option plan, ESOP)가 있는데, 이는, 원래 사내복지 측면에서 종업원의 사기 향상을 통한 생산성 증대를 목적으로 시작하였으나 M&A 경영권 방어전략 또는 인수자금의 조달수단으로 사용되기도 한다. 일반적으로 ESOP에 가입한 종업원은 개별적으로 주주의 권리를 행사하지 않고 전체의 이익을 대변하는 기구인 사주조합을 수탁기관(trustee)으로 지정하여 주권을 관리하고 주총에서 대표권을 행사한다. 우리나라에서도 종업원지주제가 경영권을 보호하기 위한 장치로 이용된 사례가 있는데 1997년 이전에 기아자동차(주)가 우리사주조합(11.7%)과 우호적인 외국업체(포드자동차 등 23.2%)가 소유하는 지분을 통해 경영권의 안정을 도모하고 적대적 M&A의 방어전략으로 사용한 적이 있다. 또한 KT&G(주)나 POSCO(주), KT(주)처럼 국영기업 또는 공영기업이었다가 민영화가 진행되고 증권시장에 상장되는 과정에서 지분이 다수의 투자자에게 분산된 기업의 경우 M&A의 위협이 존재할 수 있으므로 종업원지주제가 중요한 역할을 수행할 수도 있다.

재무구조개편(liability restructuring) 또한 방어수단이 될 수 있다. 기존 주주에게 프리미엄을 지급하고 자사주를 재매수하거나 주식을 제3자 배정을 통해 우호적인 투자자에게 매각하여 인수기업의 M&A 시도를 저지하는 방법이다. 이 외에도 경영자와 종업원에게 주식매수옵션(stock option)을 부여하여 경영권을 방어할 수 있고, 주주에게 특별배당을 실시하거나 의결권이 차등화된 주식을 발행하여 경영권을 방어할 수도 있다. 대규모 유상증자를 실시하여 경영권을 방어하는 사례가 이에 해당한다.

또한 인수를 당하는 기업은 정관에 매년 전체 이사회 이사의 1/3만

선출하도록 하는 규정을 도입하여 이사의 임기를 서로 교차시키는 교차임기이사제(staggered boards)를 채택할 수 있다. 국내에서는 현대건설(주)에서 교차임기이사제를 최초로 도입하였다. 백기사(White knight)전략도 많이 사용된다. 적대적인 기업인수 시도가 있을 경우 다른 우호적인 제3자에게 기업을 인수시키는 방법으로 적대적인 기업인수자로부터 현재의 경영진을 구한다는 의미에서 우호적인 인수자를 백기사로 비유하는 것이다. 녹색편지(greenmail)는 1990년대 후반 미국기업으로부터의 M&A 공격에 대해 국내 효성그룹이 방어전략으로 사용한 것으로서, 인수를 시도하는 기업으로부터 프리미엄이 붙은 높은 가격으로 자사주식을 재매입하여 인수를 포기하도록 유도하는 것이다.

이와 같은 M&A 방어전략 이외에도 피인수기업은 다양한 방법을 통해 경영권을 보호할 수가 있다. 〈표 5〉는 이러한 기타 M&A 방어전략을 간단하게 요약한 것이다.

〈표 5〉 M&A 방어전략

방어전략	내 용
황금낙하산 조항 (golden parachutes)	기업합병 시 피인수기업의 경영자들에게 거액의 퇴직보상금이나 위로금 등을 지급하도록 하는 규정을 정관에 명시
현상유지협정 (standstill agreements)	인수기업이 일정수준의 주식지분만 매입하겠다는 것을 피인수기업과 약정
안정주주 확보	IR(investors relations) 활동 등을 통해 우호적이고 안정적인 주주를 확보하도록 노력
법적 소송	독점금지법 또는 증권거래법 위반 등을 이유로 소송을 제기
기 타	여론 조성

(2) 시너지효과

아래에서는 기업결합이 가져오는 경제적 가치가 무엇으로부터 나오는가를 크게 시너지효과, 대리인문제, 피인수기업의 저평가, 휴브리스가설

등으로 나누어 정리하였다.

합병의 경제적 가치증대요인 중 가장 중요한 것은 시너지효과(synergy effect)라고 할 수 있다. 두 기업이 합병하여 합병 후의 기업가치가 합병 전의 개별 기업가치의 합보다 클 경우 그 차이를 시너지라고 한다. 1+1=2가 아니라 1+1=5라면 3에 해당하는 부분이 시너지이다.[19]

시너지의 크기는 합병 후에 예상되는 현금흐름의 증가분을 적절한 자본비용으로 할인하여 현재가치화한 값으로 측정할 수 있으며, 합병이 경제성을 가지기 위해서는 시너지효과가 피인수기업에게 제공되는 프리미엄보다 커야만 한다. 합병으로 인한 미래현금흐름의 증가는 다양한 경로를 통해 나타날 수 있다. 규모의 경제(economies of scale)로 인하여 비용을 절감하거나 수익이 증가되어 나타날 수도 있고 수직적 결합(vertical integration)을 통해 협동적인 생산체제를 갖춤으로써 나타날 수도 있으며, 제조기술의 이전 또는 향상에 기인하여 나타날 수도 있다. 이러한 시너지 효과를 일반적으로 영업시너지(operating synergy)라 부른다.

시너지효과는 세금절감, 자금조달에 수반되는 비용 감소 등에 기인하는 재무시너지(financial synergy)로 나타날 수도 있다. 예를 들어, 많은 이익이 발생하여 법인세를 지속적으로 납부해야 하는 기업은 막대한 손실을 기록하여 법인세를 전혀 내지 않는 기업을 인수함으로써 법인세를 절감할 수 있다. 특히 피인수기업이 과거 수년간 손실을 기록하여 상당한 이월결손금이 누적되어 있는 경우 이러한 법인세 절감효과가 합병의

---

19) 두산그룹이 2000년 이후 여러 번의 M&A를 통해 성공적으로 그룹구조를 소비재 산업에서 중공업 중심의 산업재로 개편하면서 성공적인 구조개편을 한 것이나, 금호그룹이 2007년 상반기 M&A를 통해 대우건설(주)을 인수하면서 그룹성과가 대폭 개선된 사례는 M&A를 통한 시너지효과가 얼마나 큰 경제적 가치를 창출할 수 있는가를 단적으로 증명하는 사례이다. 두산그룹의 사례는 제3장에 보다 상세히 기술하였다.

주요한 경제적 동기로 작용할 수 있다. 또한 세금절감효과는 합병으로 인하여 부채가 증가할 때 이자지급의 법인세 절감으로 나타날 수도 있다.

동종산업에 속해 있는 경쟁기업과의 수평적 결합을 통해 시장점유율을 확대시키고 시장지배력을 증가시킴으로써 인수기업은 경쟁력을 강화할 수 있다. 따라서 시너지효과는 이러한 시장 지배력(market power)의 증가로 나타날 수도 있다.

시장지배력의 증가가 합병의 주요 경제적 가치증대요인일 경우 인수기업뿐만 아니라 산업 내 다른 경쟁기업도 제품의 가격상승 등을 통해 독점이윤을 얻게 된다.

(3) 대리인문제

대리인문제(agency problem)는 가치 극대화라는 기업의 목표와는 달리 주주의 대리인(agent)인 경영자가 기업의 외형적 성장, 매출액의 극대화 또는 경영자 개인의 사적 이익을 추구함으로써 발생하게 되는 제반 문제를 말한다. 기업의 주주는 이러한 대리인문제를 줄이기 위해 감시비용(monitoring cost) 등의 비용을 부담하게 되는데 이를 대리인비용이라 부른다. 대리인비용은 기업의 가치를 감소시키며, 대리인문제가 심각한 기업의 경우 대리인비용으로 인해 기업의 시장가치가 잠재적인 실제가치보다 낮게 평가되는 경향이 있다.

이러한 상황에서 M&A는 비효율적인 피인수기업의 경영자를 보다 효율적인 경영자로 대체하여 대리인문제를 줄이고 이에 따라 기업가치가 증가함으로써 경제적 가치를 창출하게 된다. 즉 M&A는 경영권에 대한 위협을 통하여 일반 주주들의 경영진에 대한 감독기능을 대신하는 역할을 수행할 수 있다.

예를 들어, 대리인문제로 인수대상기업의 경영성과가 크게 하락한 경우 M&A는 대리인문제를 해결하는 한 방법이 될 수 있으며, 특히 대리인문제가 너무 크거나 대리인문제를 극소화하기 위해 고안된 기업의 내부메커니즘(사외이사제도, 경영자 보수체계 등)이 그 기능을 제대로 수행하지 못할 경우 외부통제수단으로서의 M&A는 대리인문제를 해결하는 최후의 보루(last resort)로서의 역할을 수행하게 된다(Fama, 1980).

지금까지의 설명은 인수대상기업의 대리인문제를 해결하는 한 방안으로서 M&A가 발생한다고 보고 있으나, 반대로 M&A를 시도하는 기업의 대리인문제 때문에 M&A가 이루어진다는 견해가 있는데 이를 경영자주의이론이라 부른다.

이 이론은 경영자의 보수 및 승진이 기업규모와 연계되어 있는 경우 또는 경영자가 자신들이 보유하는 인적 자원(human capital)의 위험을 분산하려는 유혹이 큰 경우 경영자는 M&A를 통하여 규모의 극대화를 달성하려는 경향이 있다는 사실에 기초하고 있다.

경영자주의이론은 잉여현금흐름(free cash flow)의 개념을 가지고 설명할 수 있다. 잉여현금흐름이란 기업이 순투자가치(투자수익-투자비용)가 양(+)이 되는 모든 투자안을 채택하고도 남는 여유자금을 의미하며, 잉여현금흐름의 처분에 대해서 주주와 경영자는 서로 다른 이해를 가질 수가 있다(Jensen, 1986).

기업이 순투자가치가 양(+)인 투자안을 더 이상 보유하고 있지 않을 경우 주주 부의 극대화를 달성하기 위해 노력하는 경영자는 이러한 잉여현금흐름을 당연히 배당으로 주주에게 지급하여야 한다. 하지만 경영자의 입장에서 볼 때 배당지급은 자신의 통제하에 있는 자원의 감소와 기업내부에서의 영향력 감소를 의미하는 것이기 때문에 배당지급을 꺼리게 된다. 특히 경영자는 자신의 사적 이익을 높이기 위해 기업의 규모를 극대화하려는 경향이 있기 때문에 잉여자금을 주주에게 배당으로 환원하기보다는 M&A와 같은 비효율적인 투자에 자금을 사용하게 된다.

한편 잉여현금흐름을 주주에게 배당으로 지급하지 않고 경제성이 떨어지는 M&A에 사용하는 기업은 대리인문제가 큰 기업으로 볼 수가 있으며, 이러한 기업은 역으로 다른 기업에 인수될 가능성이 높아지게 된다(Mitchell and Lehn, 1990). 즉 M&A는 잉여현금흐름과 관련하여 인수기업 경영자와 주주 사이의 대리인문제로 발생하지만 이러한 문제를 가지고 있는 기업은 역으로 다른 기업의 인수대상이 되기 때문에 M&A는 기업의 경영효율성을 증진시키는 역할을 수행할 수 있다.

잉여현금흐름으로 야기되는 대리인문제를 줄이기 위한 한 방안으로 높은 부채수준의 유지를 고려해 볼 수 있다. 기업이 많은 부채를 사용하게 되면 향후 원리금 지급 부담이 늘어나고 이에 따라 경영자가 사용할 수 있는 잉여현금의 수준이 줄어들기 때문에 높은 부채수준은 잉여자금으로 야기될 수 있는 과잉투자문제를 예방하고 경영자에게 위기의식을 고취시킴으로써 경영의 효율화를 도모할 수 있게 된다. 이러한 주장은 최근 큰 이슈가 되었던 정크본드(junk bond)와 차입매입(LBO) 등을 정당화시키는 하나의 이론적 배경이 되었다.

(4) 피인수기업의 저평가

앞서 KT&G(주)와 POSCO(주)의 M&A보도에서도 거론한 바와 같이 자본시장에서 기업의 가치가 저평가되어 있을 때 M&A 위협이 발생하게 되는데 이런 배경에 근거하여 M&A가 발생하는 것을 피인수기업의 저평가(undervalued target)가설이라고 한다. 이 가설은 정보비대칭(information asymmetry) 이론에 입각하고 있다. 즉 외부투자자는 인수대상기업의 미래현금흐름에 관한 정보를 충분히 가지고 있지 못하기 때문에 피인수기업의 자산가치는 주식시장에서 저평가되어 있는 경향이 있다. 이러한 상황에서 보다 많은 정보를 보유하고 있는 인수기업에 의한 M&A 공시는 피인수기업의 주식가격이 저평가되어 있다는 정보를 외부투자자에게 전달하게 되고, 이에 따라 피인수기업의 주식가격은 상승하며, 피인수기업의 경영자는 기업가치를 증가시키는 경영전략을 수행하게 된다.

이 가설은 피인수기업의 주주가 보유주식을 계속적으로 저평가하고 있다는 사실에 기초하고 있다. 하지만 효율적 자본시장에서 합리적인 주주들이 계속하여 보유주식을 저평가하고 있다는 것은 현실성이 떨어지는 가정이라고 할 수 있다.

따라서 M&A 공시에 따른 피인수기업의 주가상승은 외부투자자가 새로운 정보에 입각하여 피인수기업 보유자산의 가치를 재평가하는 것이라기보다는 M&A 이후에 인수기업이 피인수기업의 과거 영업전략을 수정할 것이라는 기대에서 올 가능성이 높다(Bradley, 1980). 이러한 연유로 앞서 언급한 KT&G(주)에 대한 외국인투자자의 M&A 사건은 이러한 피인수기업의 저평가에 기인한다고 볼 수 있을 것이다.

(5) 자기자만

자기자만(hubris) 가설에 따르면 인수기업의 경영자는 자신의 능력을 과대평가하는 경향이 있기 때문에 다른 기업을 인수할 때 과도한 인수자금을 지불한다고 보고 있다. 특히 과거의 경영성과가 좋은 경우 인수기업의 경영자는 스스로의 능력을 과대평가하는 경향이 있기 때문에 이러한 평가오류를 범할 가능성은 더욱 커지게 된다(Roll, 1986).

이 가설은 기업결합이 가치증대에 아무런 공헌을 하지 못하며 피인수기업의 주주가 실현하는 이익을 새로운 부의 창출이 아니라 인수기업의 주주로부터 이전되는 것으로 보고 있다. 만일 M&A가 자기자만에 의한 것이라면 이러한 M&A는 경제적 가치를 창출하지 못하게 되어 결국 인수기업과 피인수기업의 주가가 모두 하락하는 결과를 가져오게 될 것이다.[20]

---

20) 과거 2000~2001년 소위 '닷컴'주식이 호황을 구가하던 당시(dot com boom), 신생 IT기업들이 공격적인 M&A로 기업자금 특히, 주가상승을 이용한 유상

(6) 위험분산

다각화M&A는 포트폴리오 구성에 의한 위험감소효과에 근거한다. 여러 상관관계가 낮은 여러 가지 자산을 조합하게 되면 하나의 사업을 수행하거나 자산을 매입하는 경우에 비해 동일한 기대수익률하에서 위험을 줄일 수 있다는 점이다. 다각화M&A를 통해 여러 업종으로 사업진출을 모색하면서 기업위험을 분산할 수 있다는 점에서 위험분산(risk diversification)이 M&A를 유발하는 동기로 자주 지적되기도 한다. 하지만 M&A의 위험분산 동기는 다음과 같은 이유에서 그 설명력이 부족하다고 할 수 있다.

첫째, 이론적으로는 다각화 M&A가 기업의 위험을 줄일 소지가 있지만 주주 스스로 여러 가지 자산에 분산투자를 실시하여 이미 상당한 위험을 줄이고 있다는 사실을 고려할 때 기업차원의 다각화 필요성은 줄어들게 된다. 특히, 주주가 수행하는 분산투자는 기업이 수행하는 다각화 M&A보다 훨씬 절차가 간단하고 보다 적은 비용으로 위험분산효과를 달성할 수 있다는 점에서 기업이 다각화를 해야 할 필요성은 거의 없게 된다.

둘째, 기존의 연구는 다각화된 기업의 가치가 업종이 전문화된 기업의 가치보다 유의하게 작고 때로는 기업가치가 심각하게 파괴되어 있다는 사실을 보여주고 있다(Berger and Ofek, 1995, Comment and Jarrell, 1995 외). 이러한 실증연구는 다각화M&A가 기업의 위험을 줄이고 가치를 증대할 수 있다는 주장에 반론을 제기하는 것이라고 볼 수 있다.

이러한 두 가지 사실을 감안할 때 다각화를 통한 M&A의 위험분산효과는 그 경제적 효과가 상당히 미흡한 것으로 평가할 수 있다.

증자를 통해 조달한 자금을 불필요한 투자에 사용함으로써 실패를 자초했던 경험이 이에 해당할 수 있다.

6) 글로벌 스탠더드와 한국적 지배구조

글로벌 추세에 힘입어 국내 기업재무 또한 글로벌 스탠더드에 발맞추어 가야 한다는 주장이 지속적으로 제기되고 있는 반면, 한편으로는 무작정 글로벌 스탠더드를 따르기보다는 한국적이고 자생적인 독특한 기업환경과 재무구조를 이루어야 한다는 반론도 만만치 않다.

이러한 글로벌 스탠더드와 한국적 구조는 최적 기업지배구조 구축에 있어서 더욱 가열된 바 있다. 즉 주주 중심·시장 중심의 미국식 지배구조가 한국의 기업풍토에 적정한 것인가에 대한 논란이다. 미국식 지배구조의 반대편에는 이해관계자(stakeholder) 중심의 지배구조가 있다. 주주뿐만 아니라, 종업원, 하청업자 등 기업과 관계하는 다양한 형태의 이해관계자가 모두 상생할 수 있는 기업체제가 바람직하다는 것이다.

하지만 이러한 주장들에도 불구하고, 결론적으로 볼 때, 미국식 주주 중심의 지배구조냐, 유럽식 이해관계자 중심의 지배구조냐의 논쟁을 벗어나 지배구조는 기업의 가치에 심대한 영향을 줄 수 있다는 점에서 각 기업은 고유의 실정에 맞는 지배구조를 구축함으로써 가치 극대화에 노력해야 할 것이다.

5. 기타 재무정보

1) 다각화

기업의 다각화 수준도 주가 변화와 양면성을 가질 수 있다. 주가 하락기에 다각화에 따른 경비 증가, 여러 사업을 영위함에 따른 위험도 증가, 적대적 M&A에의 노출 등을 반영하여 기업가치에 부정적인 효과를 가져올 수 있다.(Berger and Ofek, 1995; Lins and Servaes, 1999; Rajan, Servaes and Zingales, 2000; 김성표·윤영섭, 1999)

하지만 사업부문 간 이익-결손을 상계함으로써 발생하는 세금절감효과, 경쟁력 우위에 있는 사업부문이 열위에 놓은 사업부문에 대해 자금지원을 함으로써 형성되는 내부자본시장, 분산투자에 따른 포트폴리오효과 등으로 오히려 가치 상승을 유발하거나 가치 하락을 증명할 만한 사실이 존재하지 않는다는 주장(Stulz, 1990; Khanna and Palepu, 2000; Whited, 2001; Graham, Lemmon and Wolf, 2002)도 제기되고 있어 음(-)과 양(+)의 상반된 가설이 가능하다. 주가 상승기에도 위와 같은 가설이 적용될 수 있어 다각화 수준은 두 시기에 주가변화와 양(+), 음(-)의 관계가 혼재될 것으로 기대된다.

2) 현금흐름, 유동성, 기업규모, 위험도, 경영성과

영업이익과 내부 감가상각비 또는 현금성유가증권의 합계 등으로 대변되기도 하는 현금흐름이나 유동성 수준은 주가 상승기의 주가변화에 긍정적으로 작용할 수 있다. 주가가 상승국면에 접어들었을 때 기업들은 시설투자나 확장을 위해 투자자금을 마련하려는 자본조달정책을 사용하게 된다. 이대 상대적으로 현금흐름이나 유동성이 불량한 기업은 투자자금 마련을 위한 자금조달을 위해 빈번하게 유상증자 등을 이용하게 될 것이며, 이 경우 자금조달에 따른 정보비대칭문제로 인해 가치 하락이 클 것으로 예상된다.(Myers and Majluf, 1984; 김성민, 1994; 김석진·변현수, 1998; 고봉찬·박래수, 2001)[21] 그렇지만 과대하게 유동성 확보에

---

21) 여기서, 정보비대칭문제란 일반투자자가 기업내부의 경영진에 비해 기업내용에 관해 상대적으로 정보를 적게 알고 있는 상태에서 유상증자 공시를 하게 되면 이는 주가가 높게 형성되어 있다는 사실을 외부에 신호하는 것으로서, 주가 하락을 유발하게 된다는 것을 의미한다.(Myers and Majluf, 1984) 유상

치중하여 현금보유 등이 지나치게 많은 경우 성장성에 있어서 다른 기업보다 저조할 수 있으므로 이 경우 유동성과 기업가치는 음(-)의 관계를 가질 수도 있다.(Myers와 Majluf, 1984; 강효석·박진우·백재승, 2004)

기업규모는 주가 상승기와 하락기 모두에서 기업가치 변화와 양(+)의 관계를 가질 것으로 기대된다. 대규모 기업일수록 자본적 지출 증가에 소요되는 자금조달능력이 우수할 수 있고 이에 따라 상대적으로 견조한 성장이 예상되고 주가하락에 둔감할 수 있기 때문이다.(McConnell and Muscarella, 1995)

기업가치에 영향을 미칠 수 있는 요인으로 기업의 베타(위험도)와 경영성과지표도 고려할 수 있다. 베타가 상대적으로 클수록 상승기(하락기)에 보다 긍정적(부정적)인 영향을 받게 될 것으로 예상된다.(Bae, Baek and Kang, 2007) 또한 기업의 경영성과가 우수할수록 향후 유입가능한 현금흐름을 증대시킬 수 있기 때문에 상승기와 하락기 모두에서 주식의 현재가치가 보다 높게 형성될 수 있을 것으로 보인다.

마지막으로, 소유구조나 재벌 여부 등의 지배구조 변수와 비교할 때 부채비율, 베타 등의 재무적 특성은 주가 하락기보다는 주가 상승기에 주가에 보다 큰 영향을 미칠 수 있다. 주가가 좋을 때 상대적으로 대리인문제의 가능성이 낮고, 이로 인해 이들 내재가치 관련 변수가 더 중요하게 작용을 할 수 있기 때문이다.

증자를 공시할 때 관찰되는 이러한 주가 하락은 정보비대칭에 의한 비용으로서, 기업이 자금을 조달할 때 정보비대칭이 적은 순서로 자금조달방법을 이용해야 한다는 자금조달순서이론(pecking order theory)의 근간이 된다. 자금조달에 따른 정보비대칭이 적은 순서는 기업내부유보금>은행차입금>채권발행>주식발행이다.

6. 구조조정

2005년 9월 삼성그룹은 삼성전자, 삼성SDI, 삼성전기 등 그룹 전자 계열사들이 수익성 낮은 사업을 접고 성장성이 높은 제품군 위주로 대대적인 구조조정을 추진한다는 발표를 하였다. 이 소식은 주식시장에서 긍정적인 반응을 보였다. 위기가 아니고 기업상황이 좋은데도 불구하고 더 나은 기업체질을 만들기 위해 구조조정에 나선 것으로 받아들여졌기 때문이다. 비슷한 사례는 많이 있다. 1995년 소비재 중심의 기업이었던 두산그룹은 2007년 혁신적인 구조조정 단행을 통해 산업재 중심의 글로벌 산업재 생산 기업으로 성공적인 도약을 하였다. 이처럼 기업구조조정은 과거 기업성과가 부진에 빠진 경우 이를 극복하기 위해 실시하는 것이 대부분이었으나, 최근에는 기업의 체질개선과 성과증진을 위한 전략으로 사용되고 있다.

구조조정은 본래 경기침체, 채산성 악화, 경쟁력 약화 등으로 인해 기업의 경영성과가 좋지 않거나 재무상태가 어려움에 처한 경우, 이러한 부진을 극복하고 기업의 가치를 정상화하기 위해 기업 내부의 조직을 개편하거나 유형·무형의 회사자산을 외부에 매각하는 등의 활동을 수행하는 주요 재무정책이다. 그리고 이러한 구조조정은 기업에 대해 긍정적인 결과를 가져오는 것으로 알려져 있다. 즉 기업 내부 또는 외부 요인에 의해 기업이 성과부진이나 재무적 곤경에 처하는 경우 이를 극복하고 가치 극대화를 모색하기 위해 자산매각, 조직개편 등 구조조정활동을 수행하며, 이러한 구조조정활동은 일반적으로 기업성과를 개선시키게 된다.

기업이 경영성과 부진이나 주가하락 및 외환위기와 같은 경제 전체적인 충격이나 변화에 대응하기 위해 선택할 수 있는 구조조정활동 방안에는 다양한 수단이 있다. 그 주요한 수단으로는 첫째, 자산매각(asset sale), 공장폐쇄 등의 자산감축정책, 둘째, 임직원 감원(layoff), 급여삭감 등의 인력감축정책이 있다. 이 두 가지 정책은 다운사이징(downsizing) 일환으로 실시되며, 특히 자산매각은 다수 연구에서 밝혀졌듯이 기업입장에서 볼 때 실질적인 현금유입 효과가 크기 때문에 빈번하고 유용하게 이용되는 수단이다.(Jain, 1985; Kang과 Shivdasani, 1997 외) 세 번째 수단으로는 신규시장 개척, 전략적 제휴(strategic alliance) 등을 통한 확장정책(expansion policy)을 들 수 있다. 기업이 그가 처한 어려움에 대응하기 위한 기업정책으로서 확장정책을 채택하는 경우는 어렵지 않게 찾아볼 수 있다. 가장 쉬운 예로서, 외환위기 기간 중 상당수 국내기업들이 수익성이 떨어지는 사업을 폐쇄하고 신규 또는 수익성이 높은 영역으로 진출하였던 사례를 들 수 있다. 하지만 이러한 확장정책이 수익성 차원이 아닌 다각화를 지향할 경우 기업가치 감소를 가져올 수 있다는 점에서(Berger와 Ofek, 1999 외) 규모감축정책과는 다른 경제적 시사점을 가지고 있다. 넷째 수단은 조직개편, 자회사 통폐합 등 내부체제 개편정책이고 다섯째 수단은 경영진 경질, 사외이사제도의 도입 및 이사회의 독립성 강화 등 내부지배구조정책이 있다.(Kaplan과 Minton, 1994) 마지막으로는 피인수매각, 부채재조정, 회계처리방법 변경, 사명 변경 등의 기타 구조조정 수단이 있다. 기존연구에 의하면 이들 가운데 확장정책을 제외한 구조조정활동은 위기기간과 회복기간에 있어 기업에 긍정적인 결과를 가져오는 반면 확장정책은 그렇지 않을 것이라고 예상되며, 이러한 효과는 특히 위기기간에 두드러질 것으로 기대된다.

기존의 연구는 구조조정활동이 장·단기 모두에서 기업성과와 기업가치의 개선을 가져온다는 사실을 보여주고 있다. 따라서 경제 전반에 영향을 주는 부정적 외부충격에 대응한 한국기업의 제반 구조조정활동도 이와 유사한 결과를 가져올 것으로 예상된다. 특히 위기상황하에서 불필요한 자산이나 인력을 매각 또는 감축하고 수익성이 없는 한계사업을 정리하는 것은 핵심역량을 강화하고 기업가치를 증가시킬 수 있는 기회를 제공할 수 있기 때문이다.

한편 구조조정을 실시할 가능성, 즉 구조조정 여부는 기업특성에 따라 다르게 나타날 수 있다. 외부 환경변화에 민감한 기업일수록 이를 극복하기 위해 구조조정을 활발하게 수행할 것이며, 이것은 구조조정이 기업가치 하락을 초래한 기업특성변수와도 밀접한 관계를 가지고 있다는 것을 의미한다. 예를 들어, 기업가치의 하락 및 기업성과의 부진이 비효율적인 자산보유 또는 비효율적인 투자정책에 의한 것이라면 기업은 이들 자산을 매각하거나 투자를 감축 또는 연기하는 구조조정 수단을 선택할 가능성이 높다. 이러한 경우 구조조정 실시 가능성은 자산매각과 유의한 양(+)의 관계를 보이게 될 것이고, 이에 따라 투자자의 반응도 긍정적으로 나타날 것이다.

이렇게 기업 구조조정의 실시 여부 또는 구조조정에 영향을 미치는 기업의 특성이 무엇인가를 살펴보는 것 또한 주가 움직임을 파악하는 데 큰 도움이 될 수 있다. 지금까지 살펴본 기업특성을 구조조정 가능성과 그 효과에 비추어 간추려 보기로 한다.

우선 외부충격이 발생하였을 때 기업의 자본구조는 기업가치 변화에 커다란 영향을 미칠 수 있고 외부충격을 극복하기 위해 기업이 수행하는 구조조정의 중요한 결정변수가 된다. 예를 들어 부채수준이 높은 기업은 경제위기에 따라 소요자본조달에 많은 어려움을 겪게 되며, 이러한 어려움은 기업가치에 부정적인 영향을 미칠 수 있다. 특히 1997년 11월에 발생한 경제위기가 환율 및 이자율의 급격한 변화와 경제내부에 신용경색(credit crunch)을 유발하였고 흑자도산 등 기업의 어려움을 가중시켰다는 점을 고려할 때 외부충격에 따른 기업가치의 변화와 레버리지 비율은 음(-)의 관계가 있을 것으로 예상할 수 있다. 즉 부채비율이 높을수록 주가는 더 큰 폭의 하락세를 보일 것이라는 예상이다. 한편 구조조정 측면에서 볼 때 위기상황하에서 높은 부채비율에 따른 원리금 지급부담은 경영자의 위기의식을 고취시켜 경영효율화를 유도하게 되고(Jensen, 1986) 이는 기업의 구조조정을 촉진하는 요인으로 작용하게 된다.(Ofek, 1993) 부채수준이 높을 기업일수록 구조조정활동을 활발하게 수행하게 될 것이라는 것이다.

부채구성항목과 그 구성항목이 전체 부채에서 차지하는 비율은 기업가치의 변화와 구조조정에 상이한 영향을 미치게 된다. 우리나라의 경우 많은 기업들은 오랜 기간 동안 은행으로부터 막대한 자금을 차입하여 왔으며, 주거래은행제도를 통해 은행과 밀접한 관계를 유지하여 왔다. 은행은 기업과의 밀접한 관계를 통하여 채권소유자와 같은 외부대출자에게는 쉽게 알려지지 않는 정보를 쉽게 획득할 수 있기 때문에 정보생산 활동 면에서 다른 금융기관에 비해 비교우위를 가지고 있는 내부대출자이며,(Diamond, 1984) 통상 기업파산 시 기업채무의 후순위채권자가 되므로 기업을 감시할 강한 경제적 동기를 가지고 있다.(Fama, 1985) 따라서 은행과 밀접한 관계를 유지해 온 기업일수록 외부충격이 주어진 상황하에서 은행으로부터 상대적으로 보다 많은 지원을 받을 수 있고(Hoshi, Kashyap과 Sharfstein, 1991) 특히 주거래은행으로부터 수월하게 필요한 자금을 차입할 수 있기 때문에 기업가치의 하락이 적을 것으로 예상할 수 있다. 이러한 은행으로부터의 자금지원은 기업의 자금압박을 줄이기 때문에 자금조달을 위한 구조조정활동을 지체시키는 요인으로 작용할 가능성이 있다.

하지만 경제 전반에 영향을 미치는 위기상황은 기업뿐만 아니라 은행에도 부정적 영향을 미치게 되며, 이러한 은행의 재무적 곤경은 은행의 신용제공능력을 제한하기 때문에 은행으로부터 많은 자금을 차입하여 온 기업일수록 자금조달에 오히려 어려움을 겪을 수 있다.[22] 또한 은행

---

22) 관련연구로 Slovin, Sushka와 Polonchek(1993), Gibson(1995), Kang과 Stulz(2000),

의 대출규모 축소는 은행의존도가 큰 거래기업의 유동성을 감소시켜 투자를 위축시키고 외부투자자는 정보비대칭문제로 인하여 대출금의 축소원인을 제대로 파악할 수 없기 때문에(은행의 문제인지 기업의 문제인지를 알 수 없음) 기업의 자본조달비용을 상승시키게 된다. 이 경우 은행차입금과 은행의 기업주식 소유지분으로 측정한 은행과의 밀접도는 외부충격에 따른 기업가치의 변화와 음(-)의 관계가 존재하게 된다. 특히 기업에 대해 차입금뿐만 아니라 주요 제반 재무서비스를 제공하는 주거래은행과의 관계가 긴밀한 기업일수록 이러한 부정적 영향은 보다 크게 나타날 것으로 예상된다. 반면 주거래은행 의존도가 상대적으로 낮은 기업, 즉 주거래은행 이외의 은행이나 외부자본시장으로부터 쉽게 자본을 조달할 수 있는 기업의 경우 주거래은행의 재무적 곤경으로 야기되는 부정적 파급효과는 적을 것으로 예상할 수 있다. 이 경우 신용경색을 극복하고 대출금을 회수하기 위한 수단으로 주거래은행은 기업의 자산매각과 인원삭감 등 구조조정을 촉진하려는 동기를 가지게 된다.

1997년 11월에 발생한 한국의 경제위기는 외환위기로 특징지을 수 있다. 외환위기 직전(1997년 10월 말) 902원/1$이던 환율은 1997년 12월 말 현재 1,836원/1$로 2개월 사이에 두 배 이상 폭등하였고 이러한 급격한 환율변동은 곧 외화부채의 구성비율이 기업가치 변화에 커다란 영향을 미칠 수 있다는 것을 의미한다. 즉 외화부채비율이 높은 기업일수록 기업가치의 하락 폭이 클 것으로 예상할 수 있으며, 외화부채는 구조조정을 촉진하는 중요한 부채의 통제기능(Jensen, 1986)을 수행할 수 있다. 위기상황을 불러온 부정적 외부충격이 외환위기라는 점을 고려할 때 외화자본조달능력을 나타내는 기업의 특성도 기업가치에 영향을 미칠 수 있다. 즉 해외신주예탁증서(DR)를 발행할 수 있는 능력과 기업의 수출액비중은 기업가치 변화와 양(+)의 관계를 보일 것으로 예상된다.

Bae, Kang과 Lim(2000) 등이 있다.

기업이 보유하고 있는 유동성(현금흐름과 시장성유가증권) 및 기업규모 또한 위기상황하에서 기업가치 변동에 영향을 미칠 수 있다. 유동성이 부족한 기업은 경제위기로 야기된 신용경색 국면에서 자금조달 능력의 부족으로 더욱 어려움을 겪게 된다. 즉 내부현금흐름이나 유동성자산 규모가 작은 기업은 추가자금조달을 위해 외부자본시장을 이용해야 하며, 이 경우 대리인문제와 정보비대칭문제로 인해 외부충격은 기업가치에 부정적 영향을 미친다.(Myers와 Majluf, 1984) 따라서 유동성이 부족한 기업일수록 위기상황하에서 기업가치의 하락이 클 것으로 예상되며, 유동성 확보를 위한 구조조정이 활발하게 수행될 것으로 기대된다.

외부 일반법인이나 외국인, 즉 외부 기관투자가는 경영감시활동을 수행할 경제적 유인이 높고 그들이 보유하고 있는 소유지분의 가치를 방어하려는 동기를 가지고 있기 때문에 이러한 동기는 구조조정을 촉진시키는 요인이 될 수가 있다.(Kang과 Shivdasani, 1997)

또한 우리나라의 경우 오랜 기간 동안 이사회를 비롯한 기업 내부 통제장치의 미성숙, 기업 외부통제 기능을 수행하는 자본시장과 경영자노동시장의 미발달, 기업집단(즉 재벌) 소유경영자를 중심으로 한 독특한 기업지배구조 등 제반 요인은 우리나라 기업의 경영자들을 외부의 영향력으로부터 상당히 격리시켜 왔다고 평가되고 있다. 따라서 우리나라의 경영자들은 기업가치의 극대화를 위한 자발적인 구조조정에 미온적으로 대처하여 왔다는 논의가 적지 않았다. 하지만 대주주에 의한 기업소유권 장악과 이들의 경영참여는 소유와 경영의 분리에서 필연적으로 파생될 수 있는 주주와 경영자 간의 대리인문제를 감소시켜 왔으며, 이 과정에서 대주주경영자에 의한 구조조정활동이 경영 효율성 달성이라는 그 본래의 기능을 수행하여 왔을 가능성도 부인할 수 없다.

기업규모는 부정적 외부충격에 의한 기업가치 변화와 양(+)의 관계를 가질 것으로 기대된다. 즉 대기업일수록 기업가치의 하락이 적다는 것이다. 이러한 가설을 설정한 이유는 대기업일수록 외부자금조달능력이 우수하기 때문에 외부충격에 둔감할 것으로 예상되는 반면 성장성이 큰 중소기업의 경우 경제 전반의 외부충격으로 말미암아 성장기회를 상실할 가능성이 높기 때문이다. 기업규모가 구조조정에 미치는 영향은 명확하지가 않다. 규모가 큰 기업일수록 많은 인력과 자원을 보유하고 있기 때문에 자산감축 또는 종업원 해고 등을 용이하게 수행할 수도 있지만(Ofek, 1993) 외부충격에 상대적으로 영향을 덜 받는다는 점에서 이러한 구조조정이 활발하게 수행되지 않을 가능성도 높다.

소유구조가 기업가치를 결정하는 주요한 요소라는 점에서 소유구조의 분포 또한 구조조정활동 가능성에 영향을 미치게 된다. 구조조정 측면에서도 기업가치 극대화보다는 그룹 전체의 규모극대화를 추구하는 경향이 있는 재벌기업의 소유경영자는 자산매각이나 감원에 소극적인 자세를 보일 가능성이 높지만, 한편으로 큰 폭의 기업가치의 변화는 소유경영자가 구조조정을 활발하게 실시할 유인으로 작용할 수 있을 것이다.

아시아 신흥국가 경제에서 지대한 비중을 차지하고 있는 기업집단의 경우 계열기업이 아닌 기업집단 전체 차원에서 구조조정 계획이 결정되고 실시된다는 점에서 특정 개별기업 차원에서의 구조조정은 미흡할 수가 있다. 하지만 기업집단의 순기능, 재벌의 막대한 자금동원력 및 거대한 규모, 위기상황하에서 재벌이 가지고 있는 보험기능 등을 고려할 때 위와 상반되는 가설도 가능하다.

금융기관, 계열기업이 아닌 법인, 외국인, 즉 외부 기관투자가는 경영감시활동을 수행할 경제적 유인이 높고,(Shlefier와 Vishiny, 1986) 그들이 보유하고 있는 소유지분의 가치를 방어하려는 동기를 가지고 있기 때문에 이러한 동기는 구조조정을 촉진시키는 요인이 될 수가 있다.(Kang과 Shivdasani, 1997)

주가가 하락하는 불황기하에서 기업가치와 구조조정에 영향을 미칠 수 있는 또 다른 요인으로는 기업의 위험과 과거성과를 들 수 있다. 위험(체계적위험과 비체계적위험)이 큰 기업일수록 시장하락에 보다 부정적으로 영향을 받게 될 것으로 예상할 수 있으며, 총자산이익률(ROA)과 주가성과 등으로 측정한 기업성과의 부진은 위기상황으로 인해 기업의 미래수입을 더욱 감소시킬 수 있기 때문에 과거 영업성과와 기업가치 변동도 양(+)의 관계가 있을 것으로 보인다. 구조조정 측면에서는 위험이 높거나 과거성과가 부진한 기업일수록 위기타개를 위해 활발한 구조조정을 실시할 가능성이 높다.

제2장에서 나열한 여러 재무적 정보들이 기업의 실질현금흐름에 영향을 준다면 이는 결국에는 기업가치, 즉 주가의 변동을 가져오게 된다. 본 사례연구에서는 재무정보로서 주가에 영향을 줄 수 있는 사건들이 실제 주식시장에서 어떻게 정보로 활용되어 기업가치의 변동을 가져왔는지를 조사해 보았다. 사례는 모두 8개의 주제로 나누었고, 각각에 대해 서로 다른 기업들의 주가반응을 살펴보았다. 참고로 각 사건이 발생한 시기가 주가 상승기인지, 하락기인지를 구분하기 위해 [그림 7]을 도시하였다.

[그림 7] 1997년 1월 - 2007년 9월까지의 KOSPI 추이

1. 전환사채 발행

전환사채(convertible bond, CB)는 주식으로 전환할 수 있는 권리가 부여되어 있는 채권을 말한다. 그러므로 주가가 오르면 주식으로 전환하여 주가차익을 얻고, 주가가 내리면 채권으로서 이자수입을 얻을 수 있는 증권이다. 즉 만기까지 보유할 경우 채권이자 수입이 발생하고, 주식으로 전환할 경우 매매차익(시장거래가격 - 전환가격)을 낼 수 있는 증권이다. 주가가 오르기는 하지만 주식시장의 변동성(volatility)이 확대되면서 그만큼 투자자에게 있어서 위험한 증권인 주식보다는 상대적으로 안전한 전환사채 투자는 안정성을 기하면서 수익을 거둘 수 있는 증권으로서 투자메리트가 있다.

1997년 3월 27일 한솔그룹의 주력 계열기업인 한솔제지(주)는 시설자금 조달을 위해 300억 원 규모의 무기명식 이권부 사모전환사채를 연 5%의 이율(만기보장수익률 7%, 2000년 12월 31일 만기)로 발행하였다.

주식으로의 전환조건은 전환가격 16,000원, 발행일 다음 날로부터 상환기일 1개월 전까지 전환 청구할 수 있는 것이었다. 전환가격 16,000원은 발행일 전 시장가격 16,800원보다 5.0% 낮은 가격이다. 인수기업은 동일계열에 속하는 한솔화학이며, 300억 원 전액을 인수하였다. 사모전환사채와 공모전환사채의 기준은 50인이며, 50인 이상으로부터 자금을 모집할 경우 공모에 속한다.

흥미로운 사실은, 같은 날 한솔화학(주)과 한솔제지(주)의 사모전환사채를 인수함과 동시에 100억 원 규모의 사모전환사채를 발행하였고, 이를 전량 한솔제지(주)가 인수하였다는 것이다. 한솔제지(주)는 한솔화학(주)의 전환사채 매입과 함께 동일한 조건으로 발행된 한솔CSN(주), 한솔텔레콤(주)의 사모전환사채를 전량 매입하였다.(한솔CSN 50억 원, 한솔텔레콤 50억 원) 이와 같은 계열기업 간 거래를 통해 한솔제지(주)는 100억 원의 순자금을 조달할 수 있게 되었다. 이는 그룹의 주력인 한솔제지(주)로 계열기업의 자금이 이전된 사례로 볼 수 있다.

1996년 말 재무상태를 비교할 때 한솔화학(주)이가 한솔제지(주)보다 우량한 것으로 파악되었다[23]. 하지만 한솔화학(주)이가 발행하고 한솔제지(주)가 인수한 사모전환사채의 발행조건이 한솔제지(주)가 발행하고 한솔화학(주)이가 인수한 사모전환사채의 발행조건에 비해 낮지 않다는 점에서 해당 사모전환사채 발행에서 한솔제지(주)에게 유리한 결과를 가져온 것으로 보인다. 보다 구체적으로 한솔화학(주)과 한솔제지(주) CB의 만기보장수익률은 모두 7%인 데 반해, 한솔화학(주)이가 발행한 CB의 전환가격은 시가의 70% 수준으로 한솔제지(주)가 발행한

---

23) 보다 구체적으로 이의 근거를 설명하면 다음과 같다. 1996회계 연도 말 기준으로 한솔화학(주)의 부채비율은 128%로 한솔제지(주)의 233%보다 낮았고, 자기자본이익률(ROE) 측면에서도 한솔화학(주)은 ROE가 12%인 반면 한솔제지(주)는 8%에 머물러 한솔화학(주)이가 한솔제지(주)보다 우수한 성과를 나타냈기 때문이다.

CB보다 낮았다. 이러한 발행조건은 한솔화학(주)에게 불리한 거래였고, 따라서 한솔화학(주)의 가치 극대화에 역행할 수 있다는 점을 보여준다. 채권발행 공시일 당시 한솔그룹 지배주주 일가는 한솔제지(주)의 12.13%, 한솔화학(주)의 2.63% 지분을 보유하고 있었다.

발행기업인 한솔제지(주)와 인수기업인 한솔화학(주)의 소유구조는 〈표 6〉과 같다. 지배주주 일가의 소유권(cashflow rights)과 지배권(voting rights)을 합산한 지배주주 일가의 대주주총지분은 한솔화학(주) 2.63%, 한솔제지(주) 12.13%로서 한솔제지(주)에 대한 지배권이 훨씬 크다. 시장모형을 이용하여 공시일 주변 −5일~+5일의 누적초과주가수익률을 계산해 본 결과, 〈표 7〉에서와 같이 한솔그룹의 지배주주 일가는 한솔제지(주) 보유지분에서 1,035백만 원의 이득을 올리고, 한솔화학(주) 보유지분에서는 88백만 원의 손실을 시현하여 947백만 원 정도의 차익이 산출되었다.[24]

---

24) 시장모형(market model)은 어떤 기업에 발생한 사건이 공시되었을 때 해당 기업의 주가가 전체 주식시장의 변화와 비교할 때 어떻게 되었는가를 측정하는 것이다. 사건이 호재로 작용할 경우 주가는 전체 주식시장보다 우수한 주가수익률을 보이게 되고, 악재로 작용할 경우 그 반대로 나타나게 될 것이다. 이렇게 전체 주식시장보다 좋거나 나쁜 정도를 비정상초과주가수익률(abnormal return, AR)이라고 하고, 일정 기간 동안의 이 비정상초과주가수익률(AR)을 누적 합산한 값을 누적비정상초과주가수익률(cumulative abnormal return, CAR)이라고 한다. 본문에서의 CAR(−1, 1)은 공시일 직전일, 공시일 그리고 공시일 직후일의 3일 동안의 비정상초과 주가수익률(AR)을 합산한 것이다. 그리고 CAR(−5, 5)은 공시일 전 −5일, 공시일, +5일 동안의 비정상초과주가수익률(AR)을 합산한 것이다.
구체적인 방법은 다음과 같다. 공시일의 비정상초과주가수익률(AR)은 시장모형을 통해 산정한 기대수익률과 실제수익률 간의 차이가 되는데, 기대수익률은 일별산업평균주가수익률을 이용하여 다음과 같이 계산하였다.

$$E(R_{jt}) = \widehat{\alpha}_j + \widehat{\beta}_j R_{mt}$$

여기서, $E(R_{jt})$: t시점에서의 표본기업 j의 기대수익률

〈표 6〉 발행기업과 인수기업의 소유구조

	지배주주 일가 소유권	지배주주 일가 지배권	계열기업 지분
한솔화학 (인수기업)	0%	2.63%	한솔제지 14.05% 우리사주 15.84%
한솔제지 (발행기업)	10.64%	1.49%	삼거실업(비상장) 5.26%

〈표 7〉 CB발행 공시일 주변 비정상누적초과주가수익률 및 시가총액 변화

	CAR(−1,1)	CAR(−5,5)
한솔화학	1.49%	△2.71%
한솔제지	0.51%	2.35%

	시가총액	시가총액 변화 (−1일~1일)	시가총액 변화 (−5일~5일)	지배주주 일가 지분가치 변화 (−1일~1일)	지배주주 일가 지분가치 변화 (−5일~5일)
한솔화학	123,502	1,840	△3,347	48	△88
한솔제지	363,137	1,852	8,534	225	1,035

* 단위: 백만 원.

$\widehat{\alpha}_j, \widehat{\beta}_j$: 시장모형을 이용하여 추정한 표본기업 j의 계수값

R_{mt} : t시점에서의 해당기업이 소속한 일별산업평균주가수익률

다음으로, 사건일 전후 비정상초과주가수익률(AR)은 다음과 같은 식을 이용하여 구하였다.

$$AR_{jt} = R_{jt} - (\widehat{\alpha}_j + \widehat{\beta}_j R_{mt})$$

여기서, AR_{jt} : t시점에서의 표본기업 j의 초과수익률

R_{jt} : t시점에서의 표본기업 j의 주가수익률

$(\alpha_j + \beta_j R_{mt})$: t시점에서의 표본기업 j의 기대수익률$[E(Rjt)]$

그리고 사건기간 동안의 평균비정상누적초과주가수익률(CAR)은 여러 기간에 대해서 AR을 누적적으로 더함으로써 구한다.

이와 비슷한 사례로서, 1997년 3월 17일 한진그룹의 한진(주)은 시설자금 조달을 위해 100억 원 규모의 사모전환사채를 연 8%의 이율(만기보장수익률 11%)로 발행하였다. 사모전환사채의 전환가격은 15,000원(발행 당시 한진(주)의 주당 시장가격은 16,500원)이며, 발행일 다음 날로부터 상환기일 1개월 전까지 전환 청구할 수 있는 조건으로 발행되었다. 그리고 이 사모전환사채는 전량 동일계열에 속하는 한진해운(주)이가 인수하였는데, 발행기업인 한진(주)과 인수기업인 한진해운(주)의 소유구조를 고려하여 사건일 주변 비정상누적초과주가수익률(CAR)과 시가총액 변화를 조사한 결과는 두 기업에 대해 모두 부정적이었지만, 특히 인수기업인 한진해운(주)에게 보다 불리한 결과를 야기하였다.

한진해운(주)이가 인수한 한진(주)의 사모전환사채의 전환가격이 발행 당시 시장가격보다 낮은 가격이었기 때문에 인수기업인 한진해운(주)에게 유리한 주식거래가 될 것으로 보이나, 시장반응은 이와는 반대로 나타났다.

〈표 8〉과 같이 한진해운(주)의 지배주주 일가 현금흐름지분(소유권)은 19.46%인 데 반해 한진(주)에 대한 지배주주 일가 소유권은 24.40%로서 한진(주)에 대한 지배주주 일가의 현금흐름지분(cashflow right) 집중도가 높은 반면, 지배권(voting right)을 합산한 경우에는 한진해운(주)에 대한 보유비중이 컸다. 따라서 소유구조상에서는 어느 기업이 중요도가 높은가에 대한 판단이 어렵다.

하지만 공시일 주변 주가반응과 이를 통한 시가총액 변화는 한진해운(주)에게 상대적으로 더 불리한 상황으로 전개되었다는 것을 〈표 9〉를 통해 알 수 있다. 이는 계열기업 자금조달에 동일 계열기업이 참여하여 전체적으로 양(+)의 주주가치를 창조하지 못하고, 인수기업인 한진해운(주) 주주의 부가 계열 발행기업인 한진(주)으로 이전된 사례로 볼 수 있다.

〈표 8〉 발행기업과 인수기업의 소유구조

	지배주주 일가 소유권	지배주주 일가 지배권	계열기업 지분
한진해운(인수기업)	19.46%	9.51%	한진 26.69%, 대한항공 12.02%, 정석기업 5.62%
한　진(발행기업)	24.40%	0.00%	0.00%

〈표 9〉 CB발행 공시일 주변 비정상누적초과주가수익률 및 시가총액 변화

	CAR(−1,1)	CAR(−5,5)
한진해운	△1.58%	△21.45%
한　　진	△1.78%	△ 2.72%

	시가총액	시가총액 변화 (−1일~1일)	시가총액 변화 (−5일~5일)	지배주주 일가 지분가치 변화 (−1일~1일)	지배주주 일가 지분가치 변화 (−5일~5일)
한진해운	194,380	△3,071	△41,694	△890	△12,079
한　　진	116,797	△2,079	△3,177	△507	△775

* 단위: 백만 원.

　1998년 3월 6일 현대그룹 계열 중 재무상태가 상대적으로 좋지 않은 대한알루미늄(주)이가 운영자금 조달목적으로 사모전환사채 1,000억 원을 발행하여 현대중공업(주), 현대자동차(주), 현대상선(주), 고려산업개발(주), 인천제철(주), 현대산업개발(주), 현대종합상사(주), 현대엘리베이터(주) 등 8개 계열기업에 매각하였다. 발행조건은 만기 1년 9개월(1999년 12월 31일)에 표면금리가 없고 만기보장 수익률은 18%이며, 당시 발행된 대기업 1년짜리 회사채 금리가 연 22% 수준인 것과 비교하면 약 4% 포인트 정도 낮은 금리에 발행되었다. 주식으로 전환하는 가격은 액면가인 주당 5,000원으로, 이 회사의 전일 시장가격 3,850원보다 약 30% 높게 프리미엄 조건으로 발행되었다. 이는 결과적으로 현대중공업(주) 등 비교적 실적이 나은 계열사들이 시중금리보다 낮은 금리에, 그것도 주식투자에는 불리한 조건으로 자금을 빌려준 셈이라고 볼 수 있다.

대한알루미늄(주)은 이와 유사한 형태의 전환사채를 1998년 1월 500억 원을 포함해 1995년 이후 지금까지 총 4,000억 원어치나 발행해 계열사 등에 매각한 바 있다. 이 기업은 1996년과 1997년 2년 연속 자본이 잠식돼 1998년에도 자본잠식에서 벗어나지 못하면 증권거래소 관리종목으로 떨어지게 될 예정이었다. 특히 1997년에는 당기순손실 1,087억 원을 시현하여 누적결손(자본잠식) 규모가 1,470억 원으로 늘어났는데, 이는 영업부문에서는 78억 원의 이익을 냈지만 환차손이 450억 원에 이른데다 차입금 이자 등 금융비용도 크게 늘어났기 때문이었다. 이런 상황에서 계열사들이 전환사채를 매입한 것은 향후 이를 주식으로 전환할 경우 자본금이 늘어나 자본잠식 상태에서 벗어날 수도 있기 때문으로도 해석할 수 있다.

대한알루미늄(주)은 재무구조 개선을 위해 외국자본도입 등을 적극 추진하다가 결국 2000년 미국 알루아社로 역시 사모주식 매각을 통해 현대그룹에서 분리되어 매각되었다.

아래 〈표 10〉에서와 같이 발행기업인 대한알루미늄(주)은 발행 공시일 주변 CAR(-1,1)과 CAR(-5,5)를 이용한 시가총액이 각각 3,047백만 원, 34,861백만 원 증가하였으나, 사모CB를 인수한 계열기업의 기업가치 변동을 시가총액으로 가중하여 측정한 경우 CAR(-1,1)과 CAR(-5,5)에서 각각 △1,604백만 원과 △3,412백만 원으로 산출되었다.

이 사례도 앞서 언급한 한솔그룹이나 한진그룹에서와 같이 재벌구조에서 계열기업이 시장가보다 높은 인수가격으로 사모를 통해 다른 계열기업을 지원하는 경우 이들 인수기업으로부터 발행기업으로 부의 이전현상이 나타날 수 있다는 것이라고 볼 수 있다.

〈표 10〉 CB발행 공시일 주변 비정상누적초과주가수익률 및 시가총액 변화

		CAR(−1,1)	CAR(−5,5)
인수기업	고려산업개발	△8.33%	△10.55%
	인천제철	△1.18%	△2.46%
	현대산업개발	0.45%	△3.37%
	현대엘리베이터	4.31%	5.93%
	현대상선	△2.09%	25.68%
	현대종합상사	2.71%	7.50%
	현대자동차	△6.06%	△16.05%
	인수기업 평균	△1.46%	0.95%
발행기업	대한알루미늄	1.71%	23.08%

	CAR (−1,1)	CAR (−5,5)	인수일 현재 시가총액	시가총액 변화 (−1일~1일)	시가총액 변화 (−5일~5일)
고려산업개발	△8.33%	△10.55%	46,904	△48	△61
인천제철	△1.18%	△2.46%	187,200	△27	△56
현대산업개발	0.45%	△3.37%	325,140	18	△134
현대엘리베이터	4.31%	5.93%	336,168	177	244
현대상선	△2.09%	25.68%	300,300	△77	943
현대종합상사	2.77%	7.75%	286,044	97	271
현대자동차	△6.06%	△16.05%	2,353,541	△1,744	△4,620
평균	△1.46%	0.95%		△1,604	△3,412
대한알루미늄	1.71%	23.08%	176,430	3,047	34,861

* 인수기업 중 현대중공업은 당시 비상장기업으로 주가 측정 제외(1999년에 상장).
** 단위: 백만 원.

2. 유상증자

1998년 1월 3일 한화그룹에서 계열 분리하여 독립한 빙그레(주)는 1998년 11월 27일 제3자배정방식(사모, private securities offering)으로 1,639,344주(기발행주식의 34.82%, 발행금액 100억 원)의 유상증자를 결의했다고 증권거래소에 공시하였다. 신주의 발행가격은 6,100원이며(공시일 전일 종가는 6,910원으로서 13.3% 할인된 가격으로 발행), 사흘 뒤인 11월 30일을 납일일로 최대주주인 김호연 회장에게 전량배정하기로 하였다. 이번 유상증자로 빙그레(주)의 자본금은 225억 원에서 306억 원으로 증가하며, 최대주주 김호연 회장의 지분율도 28.2%에서 46.5%로 증가하였다.

제3자배정방식, 즉 사모에 의한 유상증자는 대규모의 지분이 특정인에게 발행됨으로써 기업의 주주권, 특히 지배권에 있어서 심대한 변화를 가져올 수 있다는 점에서 주요한 재무정책이 될 수 있다. 그럼에도 불구하고, 1999년 10월 사모전환사채의 발행규모와 발행가격 산정에 대한 금융감독위원회의 규제가 있기 전까지는 이사회 결의만 있으면 발행조건에 대해 별다른 제재 없이 사모방식의 유상증자를 실시할 수 있었기 때문에 다수 기업이 사모유상증자를 통해 자본조달을 수행하였다.

주식시장에서 관찰된 주가 추이를 보면, 빙그레(주)의 최대주주에 대한 사모유상증자는 한화그룹 계열기업에서 독립한 후 경영권을 안정적으로 확보하려는 지배주주의 노력으로서 긍정적인 평가를 내린 것으로 판단된다. 이러한 지배주주의 지분율 확대에는 두 가지 상반된 영향이 작용할 수 있다. 하나는 경영권 분쟁 가능성이 낮아짐으로써 경영권 프리미엄의 하락이고, 다른 하나는 기업가치가 과소평가 상태임을 전달하는 효과(Leland and Pyle, 1977)이다. 이 경우는 후자의 영향이 지배적이었던 것으로 추측된다. 유상증자 이전에 지배주주 1인이 이미 28.2%의 지분을 보유하고 있고, 주식시장에서 빙그레(주)의 주가가 상당 폭 저평가되었기 때문이다.

〈표 11〉에서와 같이 공시일 이후 주가는 계속 상승하는 추세를 보여 1999년 1월 말에 12,500원, 2004년 8월에는 22,800원까지 상승하였다. 또한 〈표 12〉와 같이 발행 공시일 주변 단기 비정상초과주가수익률도 가

파른 양(+)의 값을 보여 최대주주로 하여금 경영권 안정을 기하고, 초과수익을 획득한 기회를 제공하였다.

〈표 11〉 빙그레 월별 주가 추이

2004.8	2003.8	2002.8	2001.8	2000.8	1999.8	1999.1
22,800원	13,550원	10,850원	6,800원	8,040원	18,200원	12,500원

* 월말 종가 기준.

〈표 12〉 유상증자 공시일 주변 비정상누적초과주가수익률 및 시가총액 변화

	CAR(−1,1)	CAR(−5,5)	CAR(−10,10)
Market model	9.62%	10.36%	3.93%
KOSPI adjusted CAR	9.95%	18.08%	9.19%
Industry adjusted CAR	10.06%	14.31%	14.79%

	시가총액	유상증자 후 대주주지분 비중	유상증자 후 대주주지분 시가총액	대주주지분 시가총액 변화 (−1일~1일)	대주주지분 시가총액 변화 (−5일~5일)	대주주지분 시가총액 변화 (−10일~10일)
Market model				1,561	1,681	638
KOSPI adjusted	34,900	46.5%	16,229	1,615	2,933	1,491
Industry adjusted				1,633	2,322	2,399

* 단위: 백만 원.

** 여기서, 일별산업조정누적초과주가수익률(Industry adjusted CAR)과 일별시장조정누적초과주가수익률(KOPSI adjusted CAR)은 다음과 같이 기업의 수익률에서 산업수익률(시장수익률)을 차감한 일별산업(시장)조정초과주가수익률(AR)을 계산하였다.

$$AR_{it} = R_{it} - R_{mt}$$

즉 공시일 t일 후 해당기업 i의 일별주가수익률(R_{it})에서 해당일자의 일별산업수익률 또는 일별종합주가지수수익률(R_{mt})을 차감한 값을 공

시기업의 일별산업조정초과주가수익률 또는 일별시장조정초과주가수익률(AR)로 계산하였다. 기업의 공시일 전후 j일 동안의 산업조정누적초과주가수익 또는 시장조정누적초과주가수익률(CAR)은 아래와 같이 계산하였다.

$$CAR(Industry\ adjusted\ or\ KOSPI\ adjusted) = \sum_{t=공시일}^{t\pm j일} AR_{it}$$

2000년 2월 2일 대우그룹 계열 경남기업(주)은 사모유상증자 방식으로 무의결권 우선주 총 7,600,000주를 발행하고, 이를 또 다른 계열기업인 (주)대우가 주당 5,000원, 총 380억 원에 인수하였다. 이때 발행가액 5,000원은 시가 815원에 비해 약 6.13배 높은 가격이다. 자금조달의 목적은 현물출자를 통한 차입금 상환이었다. 따라서 이렇게 출자전환을 통해 취득한 주식은 채권금융기관 상호 간의 매매, 부실전담기구로 이전, 채권금융기관이 제3자에게 일괄 또는 분할양도하는 경우 및 별도로 정하는 경우를 제외하고는 2000년 12월 31일까지 처분이 금지되는 단서조항이 있었다.

소유구조상 발행기업(경남기업)과 인수기업(대우)의 주요 주주를 살펴보면, 경남기업(주)의 경우 계열기업이 주요 주주로서 위치를 차지하고, 지배주주는 간접지분을 포함하여 총 3.1%를 보유하고 있다. 하지만 인수기업인 (주)대우의 경우 UBS(스위스연방은행)이 2.89%를 보유하고 있는 것을 제외하고는 일정 지분 이상의 주요 지분을 보유한 주주는 존재하지 않은 상태로 파악되었다. 발행 공시일 주변 발행기업과 인수기업의 주가 추이는 상당한 차이를 보여 〈표 13, 14〉와 [그림 8]에서와 같이 발행기업의 CAR은 큰 폭의 양(+)의 값을 보인 반면, 인수기업의 CAR은 음(-)의 값을 나타내 인수기업 주주의 부가 발행기업 주주의 부로 이전되었을 가능성이 높음을 알 수 있다.

<표 13> 발행기업과 인수기업의 주요 주주

경남기업(주)		(주)대우	
(주)대우	9.74%	UBS (스위스연방은행)	2.89%
대우중공업(주)	6.05%	지배주주	0.00%
대우통신(주)	3.94%		
대우전자(주)	11.11%		
지배주주 (간접지분)	3.10%		

<표 14> 유상증자 공시일 주변 비정상누적초과주가수익률 및 시가총액 변화

	CAR(−1,1)	CAR(−5,5)
경남기업	1.27%	19.79%
대 우	1.42%	△19.24%

	시가총액	시가총액 변화 (−1일~1일)	시가총액 변화 (−5일~5일)	지배주주 일가 지분가치 변화 (간접지분 포함) (−1일~1일)	지배주주 일가 지분가치 변화 (간접지분 포함) (−5일~5일)
경남기업	32,463	412	6,424	13	199
대 우	58,912	826	△11,196	0	0

* 단위: 백만 원.

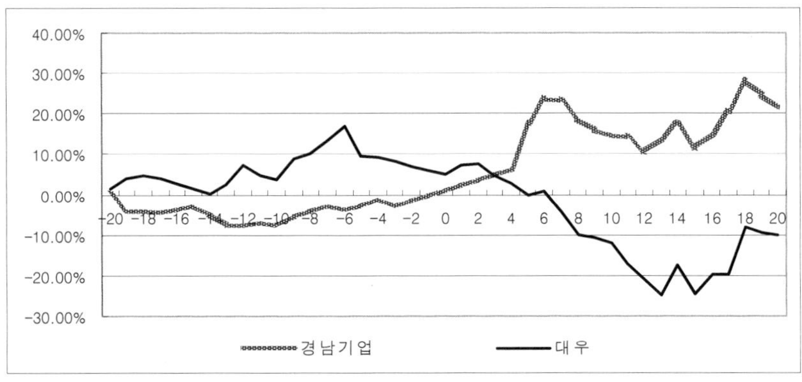

[그림 8] 유상증자 공시일 주변 비정상누적초과주가수익률 추이(공시일=0)

2000년 12월 21일, SK그룹의 SK증권(주)은 총 28,860,000주의 유상증자를 사모방식을 통하여 실시한다고 시장에 공시하였다. 주당 발행가격은 6,930원(당시 시장가격은 1,500원이었으므로 362.0%의 프리미엄부 발행)이었으며, 인수기업은 계열기업인 SK건설(14,430,000주), SKC(5,050,000주), SK에너지판매(4,330,000주), SK옥시케미칼(3,810,000주), 지배주주(최태원 회장, 1,240,000주) 등으로 구성되었다. 계열기업이 발행한 주식을 사모를 통해 동일계열소속 기업이 인수하였다는 점에서 이 사례는 위 1번의 계열기업 지분 고가 매입에도 해당될 수 있다. 인수기업 가운데 SKC(주)를 제외한 계열기업이 비상장기업인 관계로 주가를 측정할 수 없었기 때문에 SKC(주)만을 대상으로 인수기업과 발행기업 주가를 분석한 결과는 〈표 15〉와 같다.

〈표 15〉 유상증자 공시일 주변 비정상누적초과주가수익률 및 시가총액 변화

	지배주주 일가 지분	CAR(−1,1)	CAR(−5,5)	CAR(−20,20)
SKC	8.46%	△2.74%	△5.79%	△17.47%
SK증권	13.62%	0.28%	14.96%	46.78%

	시가총액	시가총액 변화 (−1일~1일)	시가총액 변화 (−5일~5일)	지배주주 일가 지분가치 변화 (−1일~1일)	지배주주 일가 지분가치 변화 (−5일~5일)
SKC	92,588	△2,537	△5,361	△215	△454
SK증권	333,045	△2,631	49,824	127	6,786

* 단위: 백만 원.

발행 공시일 주변 주가추이를 조사한 결과, 인수기업인 SKC(주)의 주가수익률은 하락한 반면, 프리미엄부로 사모주식을 발행한 SK증권(주)의 주가수익률은 상승한 것으로 나타났다. 나아가 SK증권(주)의 시가총액은 발행 공시일 주변에서 단기간에 큰 폭으로 상승하는 양상을 보였는데, (−5일~5일)에는 무려 498억 원이 증가하였다. 결과적으로 볼 때, SKC(주)를 포함한 계열기업의 사모인수를 통해 SK증권(주)에 대한 그룹 및 지배주주의 지분 강화와 경제적 이득이 발생한 사례로 볼 수 있다.

3. 계열분리

2002년 1월 28일 현대중공업(주)의 주가가 현대그룹으로부터 계열분리한다는 소식에 힘입어 52주 신고가를 경신했다. 공정거래위원회로부터 계열분리 승인을 받아 재계 12위의 신설그룹으로 출발하게 된 현대중공업은 전날인 2002년 1월 27일에 2,050원(6.22%) 상승한 데 이어 다음 날인 1월 28일에도 2,150원(6.53%) 올라 35,100원을 기록하였다.

그동안 재무적 부담이 됐던 현대그룹 계열사에 대한 지원은 더 이상 없을 것이고, 악재로 작용했던 계열기업 투자유가증권 손실도 하이닉스반도체를 제외하면 발생할 가능성이 거의 없을 것이라는 기대감이 반영되었기 때문이다. 또한 이들 위험이 줄어든 만큼 정상적인 수익성이 주가에 반영될 것으로 예상되며, 이에 따라 시장의 consensus에 따르면 적정 주가가 상향조정되면서 4만 원 이상으로 평가되었다.

현대중공업(주)은 현대그룹과의 계열분리 과정에서 지급보증을 포함한 계열기업 간 지분 및 채무관계를 정리하면서 재무상태 호전 및 기업지배구조 투명성이 개선된 대표적인 기업으로 거론되고 있다. 〈표 16〉의 공시일 주변 CAR은 이 사건이 기업가치 증진에 기여하였음을 보여주고 있다. 특히, CAR(−20,20)의 경우 25.17%(시가총액 543억 원)의 높은 상승률을 기록하였다. [그림 9]의 단기 비정상(누적)초과주가수익률 추이도 상승하는 추세를 확인시켜 주고 있어 기업지배구조 개선이 기업가치 상승에 직접적으로 기여할 수 있다는 사실을 보여주는 사례이다.

<표 16> 계열분리 공시일 주변 비정상누적초과주가수익률 및 시가총액 변화

CAR(−1,1)	CAR(−5,5)	CAR(−20,20)	시가총액	시가총액 변화 (−1일~1일)	시가총액 변화 (−5일~5일)
1.46%	2.28%	25.17%	23,826	348	543

* 단위: 억 원.

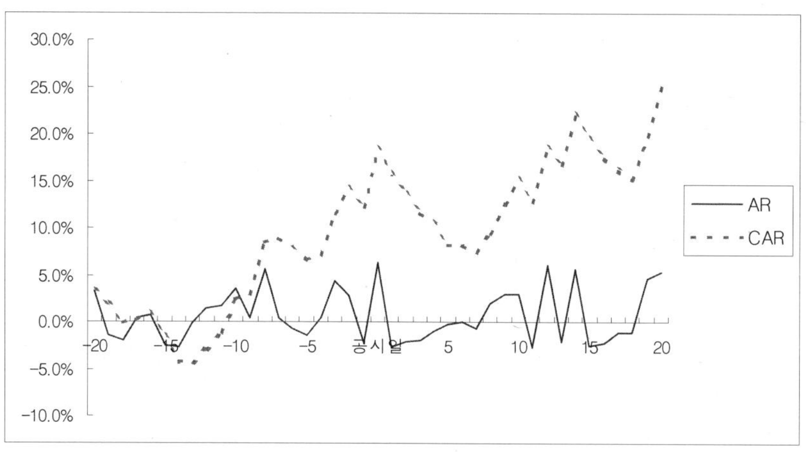

* AR: 비정상초과주가주가수익률. CAR: 비정상누적초과주가수익률.

[그림 9] 계열분리 공시일 주변 비정상누적초과주가수익률 추이

4. 신주인수권

2002년 4월 25일 이재현 제일제당(현. CJ) 회장은 헐값에 사 들였다는 의혹을 받아온 계열기업 CJ엔터테인먼트(주) 발행 신주인수권 6,002,000 주를 전액 무상 소각함으로써 시가 1,100억 원(공시일 당시 시장가격: 주당 16,700원)에 육박하는 재산상의 권리를 포기한다고 발표하였다. 신 주인수권은 기업이 신주를 발행할 때 이를 인수할 권리가 부여된 증권 을 말한다. 이 사건은 대주주가 스스로 기업의 지배구조 위험을 감소시

키려는 노력을 행함으로써 장기적으로 기업의 가치에 도움을 줄 수 있는 사례로 평가받을 수 있는 것으로서 시장의 반응도 상당히 호의적으로 나타났다.

주식시장(코스닥시장)에서는 이러한 재벌 대주주경영자(owner manager)의 신주인수권 자진 소각조치에 대해 물량압박에 의해 발생할 수 있는 주가하락으로부터 야기될 수 있는 소수주주 부의 손실을 보호함으로써 경제적인 혜택을 줄 수 있는 것으로 간주되어 긍정적인 반응이 연이어 관찰되었다. 그리고 재벌 대주주경영자와 외부투자자 간의 불신을 해소하고, 정보불균형(information asymmetry)으로부터 야기될 수 있는 대리인비용을 감소시켜 경영활동의 투명성과 책임성을 높이는 사건으로 인식하였다. 이에 따라 〈표 17〉, [그림 10]에서와 같이 포기 발표일 이전 지속적인 하락세를 보이던 주가도 거래량 증가와 함께 큰 폭으로 상승(2002년 4월 25일 종가 16,700원→2002년 4월 30일 종가 20,100원으로 사흘 만에 20.4%의 주가수익률 상승을 기록)하였다. CAR로 계산한 발표일 주변 시가총액 또한 상당한 증가세를 시현하였다. 이는 주주의 부를 보호하는 기업지배구조 정책이 시장에서 어떻게 평가되는가를 잘 보여주는 사례로 평가된다.

〈표 17〉 권리포기 공시일 주변 비정상누적초과주가수익률 및 시가총액 변화

CAR(−1,1)	CAR(−5,5)	CAR(−20,20)	시가총액	시가총액 변화 (−1일~1일)	시가총액 변화 (−5일~5일)
5.14%	10.31%	6.19%	2,394	123	247

* 단위: 억 원.

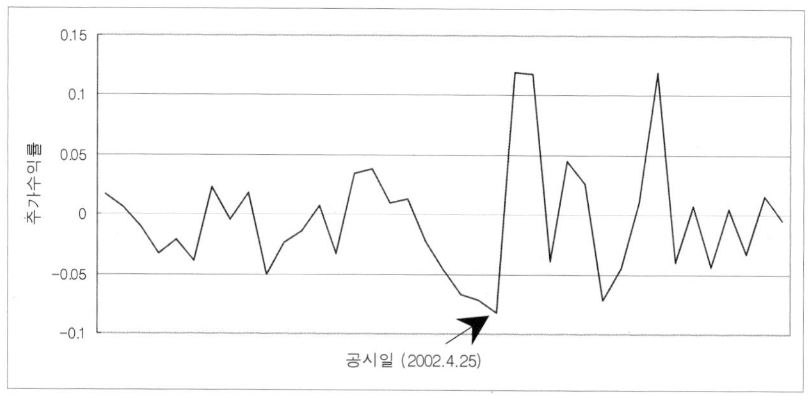

[그림 10] 공시일 전후 1개월간 CJ엔터테인먼트 일별주가수익률 변화

5. 계열기업 간 거래

국내 주식시장이 닷컴버블의 붕괴로 시작된 주가하락에서 벗어나 일시적 상승기를 보이기 시작한 2002년 4월 24일 국내 주식시장에서 LG그룹 상장계열기업인 LG화학(주)이가 비상장계열기업인 LG석유화학(주)의 경영권을 확보하는 차원에서 보유하고 있던 LG투자증권(주) 지분 4.5%를 대주주와 특수관계인에게 매각하고, 그 매각대금으로 LG석유화학(주) 지분 13.98%를 역시 대주주와 특수관계인으로부터 주당 15,800원에 사 들여 LG석유화학(주)에 대한 지분을 40%까지 높이기로 했다는 이사회 결정이 알려지면서 주가가 하한가로 떨어졌다. 뿐만 아니라 LG그룹 계열 상장종목 중 LG상사(주), LG생활건강(주) 등 2개 종목만 상승했을 뿐 19개 종목이 동반 하락하면서 무더기로 약세를 나타냈다. 이러한 주가하락은 대주주와 계열기업 간의 불투명한 내부 연계거래(related party transaction) 때문인 것으로 평가된다.

실제로 LG화학(주)은 1999년 당시 비상장기업이던 LG석유화학(주)

에 대한 보유지분(100%) 가운데 70%를 대주주와 특수관계인에게 주당 5,500원에 매각했고, 그로부터 3년이 지난 2002년 4월에 위와 같이 동일한 주주로부터 주당 15,800원에 매입함으로써 대주주와 특수관계인에게 막대한 시세차익을 발생시켰다. 또한 2000년 4월에는 대주주와 특수관계인으로부터 비상장회사인 LG칼텍스정유(주) 주식과 LG유통(주) 주식을 매입했다. 이때 주식시장에서는 LG석유화학(주) 주식의 매각가격과 LG칼텍스정유(주) 주식의 매입가격에 대한 적정성 논란이 일면서 LG화학(주) 주가가 크게 하락한 바 있다.

이러한 동일인에 대한 지분 매각·매입은 그룹 내 대주주 간 경영권 재편을 위한 지분이동이라고 하지만 이 과정에서 막대한 시세차익이 발생하고 이러한 시세차익은 대주주 개인이 아닌 계열기업의 자금이 원천이 되어 발생한다는 점에서 계열기업 주식을 소유하고 있는 다수 소수주주의 부에 상당한 악영향을 가져올 수 있게 된다. 예를 들어, 구본준 LG필립스LCD(주) 사장은 2002년 들어 수차례에 걸쳐 총 5,762,800주(12.75%)의 LG석유화학(주)의 주식을 매도함으로써 13.88%였던 지분율이 1.13%(509,000주)으로 낮아졌는데 이러한 주식 매도량은 총 973억 원에 해당하는 금액으로 LG석유화학(주) 매입단가가 5,500원임을 감안할 때 총 660억 원 상당의 시세차익을 거두었다. 이 매각대금을 이용해 구본준 사장은 다른 계열기업인 LG투자증권(주) 주식 304만 주(720억 원)를 사 들여 지분율을 2.43%까지 늘렸다.[25]

이에 대해 외국계 증권사들은 LG화학(주)에 대해 기업지배구조에 대한 불신을 근거로 투자의견을 낮추고 매도 의견을 쏟아냈다. 골드만삭스증권은 다음 날인 2002년 4월 25일 LG화학(주)의 LG석유화학(주) 지분 매입 결정은 수익 차원에선 이득일지 몰라도 LG그룹의 기업지배구조에

---

25) 대주주와 대주주 일가 및 특수관계인을 통칭하여 '지배주주(controlling shareholder)' 또는 '지배주주 일가(controlling family)라고도 한다.

대한 의문을 부각시켰다는 점에서 부정적(negative)인 사건이라고 밝히면서 LG화학 주가는 단기적인 추가 약세가 예상된다고 하였다. 또한 LG화학(주)의 지분 매입이 석유화학 계열사에 대한 지배력 강화를 위한 조치였다는 LG화학(주) 경영진의 논리에 대해 골드만삭스측은 정면으로 반박했다. LG화학(주)이가 매입 이전에 이미 LG석유화학(주) 지분의 26.02%를 보유한 최대주주일 뿐만 아니라 원재료 수급 구조상 안정적인 관계를 유지하고 있어 LG석유화학(주) 지분 13.98% 추가 인수로 LG화학(주)과 LG석유화학(주)의 관계에 중요한 변화가 생길 수 없다고 강조했다. 또한 1999년 6월 LG화학(주)으로부터 LG석유화학(주) 주식을 5,500원에 2,740만 주를 인수한 지배주주가 이득을 볼 수 있도록 한 조치로 해석될 수 있다고 분석했다. HSBC증권도 LG화학(주)의 매입 가격산정이 잘못됐다고 공박하고 기업지배구조 위험 증가에 따라 '매도'로 투자의견을 하향조정하고, 목표가격을 52,000원에서 35,000원으로 대폭 낮추었다.

　시장모형(market model)으로 측정한 주식매입 공시일 주변 LG화학(주)의 CAR(-1,1)는 〈표 18〉에서와 같이 △9.88%(시가총액 손실 2,775억 원)로 측정되었다. 이는 전체 주식시장 주가지수보다 9.88% 하락하였다는 것으로, 계열기업 주식의 고가매입이 LG화학(주)의 주식을 보유하고 있는 주주의 부에 커다란 손실을 입히게 되었다는 사실을 알 수 있다. 또한 [그림 11]에서도 알 수 있듯이 공시일 전후 LG화학(주)의 -20일~+20일간의 CAR(-20,20) 추이는 하락세를 시현하고 있어 계열기업 간 불투명한 주식거래 행위가 상당한 부의 훼손을 초래할 수 있다는 증거를 제시해 주고 있다.

　LG화학(주)이 LG석유화학(주)의 지분 13.98%를 지배주주 일가로부터 매입하겠다는 이사회 결정 이후 LG그룹 상장계열사들의 시가총액은 약 3조 4천억 원이 하락한 것으로 평가되었다.(매일경제신문, 2002년 5

월) 2001년 말 기준으로 LG그룹 지배주주 일가의 LG그룹 전체 계열사에 대한 지분은 약 4%이므로 LG그룹 지배주주 일가는 1,300억 원 이상의 금전적 손실을 보았다고 볼 수 있다. 따라서 LG그룹 지배주주 일가가 LG석유화학(주) 주식의 매도로 약 660억 원의 매매차익을 얻었다 하더라도 그룹 전체적으로 볼 때 LG그룹 지배주주 일가는 내부 연계거래를 통해 금전적 손실을 보았다고 평가할 수 있다.

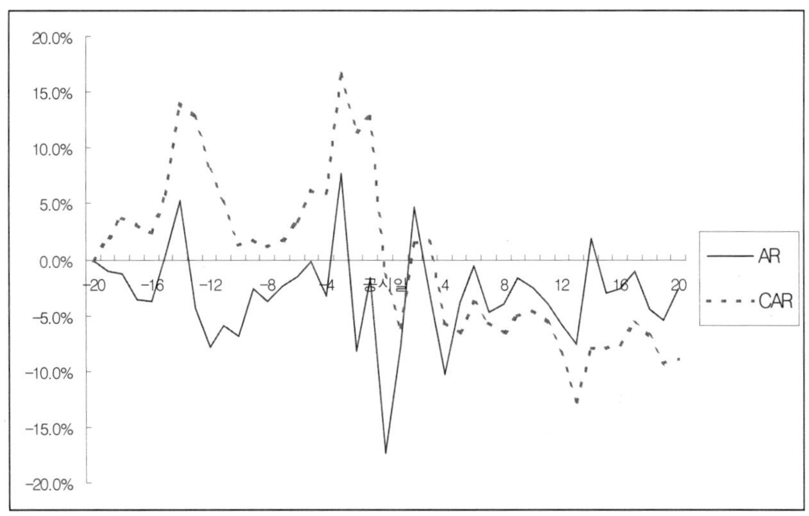

[그림 11] 주식매입 공시일 주변 비정상누적초과주가수익률 추이

〈표 18〉 주식매입 공시일 주변 비정상누적초과주가수익률 및 시가총액 변화

CAR(−1,1)	CAR(−5,5)	시가총액	시가총액 변화 (−1일~1일)	시가총액 변화 (−5일~5일)
△9.88%	△2.69%	28,089	△2,775	△756

* 단위: 억 원.

6. 해외증권 발행

　2003년 7월 23일 현대산업개발(주) 이사회와 정몽규 회장은 보유하고 있는 리픽싱옵션(refixing option, 주가하락에 따른 신주인수권 행사가격 조정가능 조항)이 첨부된 83회 사모신주인수권부사채(1999년 5월 발행)의 신주인수권 행사가격을 리픽싱 이전의 수준으로 환원하며, 리픽싱옵션이 없는 86회 사모신주인수권부사채(1999년 8월 발행)의 신주인수권은 전량 무상소각 조치한다고 밝혔다. 이 발표가 있기 두 달 전인 2003년 5월 27일 참여연대가 각 언론의 발표를 통해 정몽규 회장이 해외발행 리픽싱옵션부BW의 신주인수권을 대량보유하고 있어, 지배권 확대를 위해 편법 또는 불법으로 발행한 것이 아니냐는 의혹이 제기된 지 만 2개월 만에 나온 결정이다.[26]

　이 사례는 정 회장과 현대산업개발(주)이가 리픽싱옵션을 삭제하여 신주인수권 행사가격을 올리고 사외이사 과반수 선임 및 보상위원회 설치 등 지배구조 개선조치를 취하겠다고 하여 시장에 긍정적인 정보를 전달한 사건으로 볼 수 있다. 즉 1999년 5월과 8월 각각 1억 달러씩 총 2억 달러의 BW를 발행하고 대주주일가가 각각 85%와 50%를 취득하였는데,

---

[26] 대표적인 해외증권에는 신주인수권부사채(BW)와 전환사채(CB)가 있다. 신주인수권부사채는 채권이면서 신주를 인수할 권리가 부여된 증권이고, 전환사채는 채권이지만 주식으로 전환할 수 있는 권리가 첨가된 증권이다. 기업이 국제금융시장에 대해 해외 신주인수권부사채, 해외 전환사채 등의 해외증권 발행을 선택하는 대표적인 이유는 만기가 길어(유로달러표시발행인 경우 통상 15년) 장기간 동안 사채상환의 부담 없이 자금운용이 가능하다는 점, 국내증권 발행 시 10% 내외의 발행가격 할인이 대부분이나 해외증권 발행 시에는 시가(市價) 이상으로 할증 발행(프리미엄부 발행)된다는 점, 투자설명회(road show) 등을 통해 기업의 대외 이미지를 제고함으로써 세계 속의 기업이라는 홍보효과가 구축된다는 점, 국제금융시장에서의 신용도가 높아져 다양한 자금조달에의 접근 가능성을 높이고, 노하우(know-how)를 축적할 수 있다는 점 등의 장점이 있기 때문이다.

앞서 설명한 두산(주)과는 달리 신주인수권의 권리행사와 잠재이득를 포기함으로써 기업지배구조위험이 감소하여 주가가 상승한 경우이다.

해외BW 발행 공시일 주변 CAR은 CAR(-1, 1)과 CAR(-5, 5)가 양($+$)과 음($-$)으로 혼재된 양상을 나타냈다. 하지만 언론의 공식적인 문제 제기일과 정몽규 회장의 포기 발표일 주변의 CAR은 매우 대조적인 주가반응을 보였다. 〈표 19〉, [그림 12, 13]에서와 같이 문제 제기일 주변 CAR과 주가는 상당한 규모의 음($-$)의 값을 보이다가, 포기 발표일 주변 CAR과 주가는 그보다 큰 상승 폭을 그렸다. 하락규모보다 상승규모가 상대적으로 크다는 사실은 지배구조 개선에 대한 기대감이 더 크게 작용한다는 점을 시사해 주고 있다.

〈표 19〉 사건일 주변 비정상누적초과주가수익률 및 시가총액 변화

	CAR($-1,1$)	CAR($-5,5$)	CAR($-20,20$)
해외 BW 발행 공시일 (1999. 5.20)	7.25%	0.47%	32.31%
공식적인 문제 제기일 (2003. 5.27)	△9.75%	△9.83%	1.21%
정몽규 회장 포기발표일 (2003. 7.23)	15.49%	19.26%	28.49%

	시가총액	시가총액 변화 (-1일~1일)	시가총액 변화 (-5일~5일)	시가총액 변화 (-20일~20일)
해외 BW 발행 공시일	6,873억 원	498억 원	32억 원	2,221억 원
공식적인 문제 제기일	6,370억 원	△621억 원	△626억 원	△77억 원
정몽규 회장 포기발표일	6,144억 원	952억 원	1,183억 원	1,750억 원

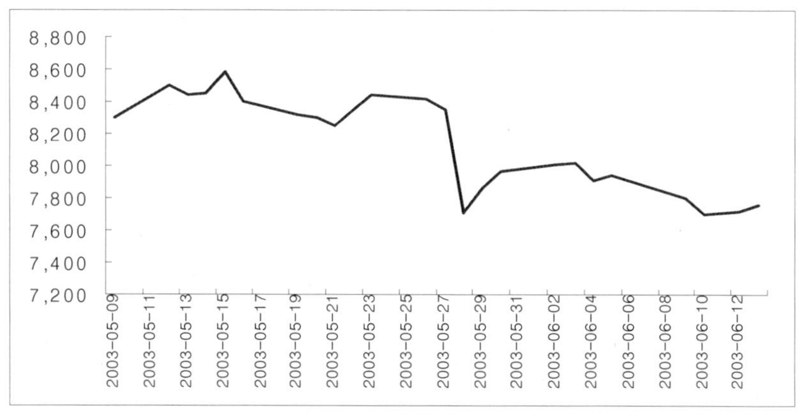

[그림 12] 문제 제기일 주변 현대산업개발 주가 추이

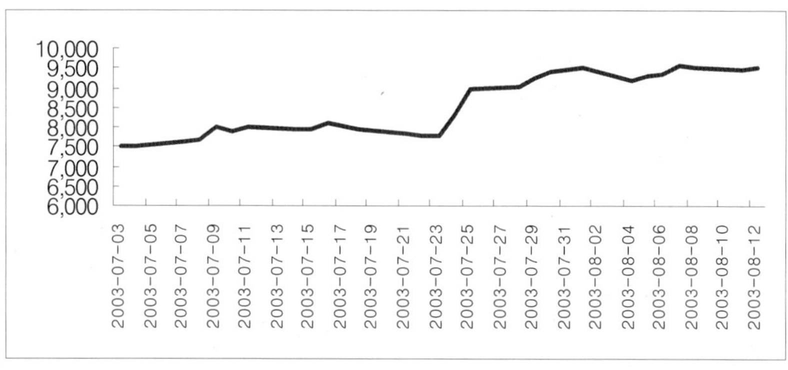

[그림 13] 포기 발표일 주변 현대산업개발 주가 추이

7. 지주회사

지주회사(holding company)를 통한 투명성 확보는 증권시장에서 이슈로 등장하기도 한다. 흔히 계열기업 간 복잡한 출자구조는 가공자본을 양산하고 출자단계가 많아질수록 지배주주의 의결권이 부풀려져 지배주

주의 소유-지배권 간에 괴리도가 커지게 된다. 이에 대한 기업지배구조의 대안으로 지주회사를 통한 출자구조의 투명성 확보가 제시되고 있다. 정부는 우리나라에서 지주회사 구축을 권고하는 방안으로, 지주회사 요건을 자산규모 1,000억 원 이상, 자기자본 대비 부채비율 100% 이하이던 것을 2006년 4월 21일에 자산규모 1,000억 원 이상, 자기자본 대비 부채비율 200% 이하로 완화하는 방침을 추진한다고 발표하였다.

지주회사 체제는 원칙적으로 각 계열기업이 지주회사의 지배권하에서 계열기업 간 채무보증 없이 독립기업으로서 독자경영을 수행하는 구조이다. 따라서 계열기업의 지원 없이 생존해야 하는 독립·책임경영이 강화되고, 이에 따라 주주의 신뢰를 강화 또는 회복할 수 있는 기업시스템이다. 또한 소유구조 측면에서는 계열사 간 순환출자(circular ownership)가 없어 가공자본에 의한 계열 확장이 어렵게 되어 대주주가 지배권을 위해 자회사에 대한 지분을 유지해야 하는 부담을 지니므로, 외형 추구를 지향하는 형태의 경영활동이 어렵다는 경영정책상의 변화 또는 결과를 가져온다. 이와 더불어 지주회사의 주(主) 수입원은 자회사로부터의 배당금이므로 자회사의 배당지급 증가를 유도함으로써 주주권에 대한 현금흐름이 우량해지는 효과가 있다.

2003년 6월 23일 이수그룹은 공정공시를 통해 지주회사로의 전환을 발표하였다. [그림 14]와 같이 지주회사 이전에 이수건설(주), 이수화학(주), 이수시스템(주)을 중심으로 순환출자를 통해 계열기업의 소유구조를 형성하던 이수그룹은 이수(주)를 중심으로 소유구조를 개편함으로써 지주회사 체제를 구축하게 되었다.

지주회사 전환 발표에 대한 주식시장의 반응은 대체로 긍정적으로 나타났는데, 이러한 주가반응은 지주회사 전환에 따라 계열기업 간 지배구조가 투명해지는 개선효과에 대한 기대감으로 평가되었다. 그리고 CAR로 측정된 시가총액도 증가세를 보였다(표 20). 또한 [그림 14]의 하단은 이수그룹의 상장기업인 이수페타시스(주)의 주가 추이를 나타낸 것인데, 2003년 6월 23일 1,790원을 보인 이 회사의 주가는 2주 후인 2003년 7월 14일에는 1,920원(수익률 7.26%)을 기록하면서 지속적인 상승세를 시현하였다.

이수그룹과 유사하게 풀무원(주), 농심(주) 등도 지주회사 전환을 발표하였는데, 역시 시장의 반응은 호의적이었다.[27]

〈표 20〉 지주회사 공시일 주변 비정상누적초과주가수익률 및 시가총액 변화

CAR(−1,1)	CAR(−5,5)	CAR(−20,20)	시가총액	시가총액 변화 (−1일∼1일)	시가총액 변화 (−5일∼5일)
0.79%	1.15%	1.68%	55,490	438	638

* 단위: 백만 원.

SK그룹도 2007년 4월 그룹의 대표기업인 SK(주)를 분할하여 지주회사인 SK(주)와 사업 자회사인 SK에너지(주)로 분할하는 방안을 발표하였다. 그룹 내 얽혀 있는 순환출자구도를 해소하고 SK(주)가 지주회사로서 주요 사업 자회사를 거느리는 구조였다. SK(주)가 SK홀딩스(주)로 사명을 변경하고, 지주회사 아래 SK에너지화학(17% 보유), SK텔레콤(22% 보유), SK네트웍스(41% 보유), SKC(44% 보유), SK E&S(72% 보유), SK해운(72% 보유), K−Power(65% 보유)의 7개 사업 자회사를 둔다는 것이다. 그리고 각각의 사업 자회사는 손자회사로서 SK에너지화학(주)은 SK인천정유, 대한송유관공사, 엔카 등 석유화학계열의 기업을, SK텔레콤

---

27) 비금융 일반지주회사는 이외에도 녹십자(주), 대교네트워크(주), 대우통신(주), 대웅(주), 세아홀딩스(주), SK엔론(주), LG(주) 등이 있다. 또한 금융지주회사로는 우리금융지주(주), 세종금융지주(주), 신한금융지주(주), 동원금융지주(주), 하나금융지주(주) 등이 설립되었다. 현행 법률상 금융·비금융기업을 동시에 소유한 지주회사 설립은 금지되어 있다. 2007년 10월 현재 CJ그룹과 SK그룹이 지주회사 전환을 마무리하였고, 두산그룹도 지주회사 전환을 추진한다는 발표를 하였다.

(주)은 텔링크, 커뮤니케이션즈, TU미디어 등 전자통신계열의 기업을, SK E&S(주)는 SK가스, 대한가스, 부산가스, 청주가스 등 가스에너지계열의 기업을 각각 보유케 함으로써 지주회사구조를 구축하게 되었다.

이를 안건으로 한 임시주주총회에서는 전체 주주가 만장일치로 이를 통과시켰는데, '순환출자구조 해소'와 '지주회사 전환'을 근간으로 하는 지배구조 개선안에 대한 주주들의 지지였다. 이로써 2004년 SK그룹의 도약을 위한 재무구조 개선, 지배구조 개선, 사업구조 개선의 3대 구조개선이 이행되어 제3의 창업을 도모하였다.

[그림 14] 지주회사 전환에 따른 이수그룹 지배구조 변화 및 상장 계열기업 주가 추이

- **지주회사 이전**

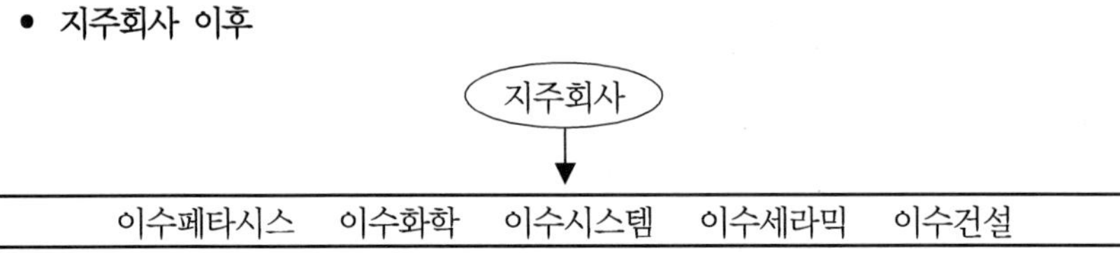

- **지주회사 이후**

- 공시일 (2003.6.23) 이후 상장계열기업(이수페타시스) 주가 추이

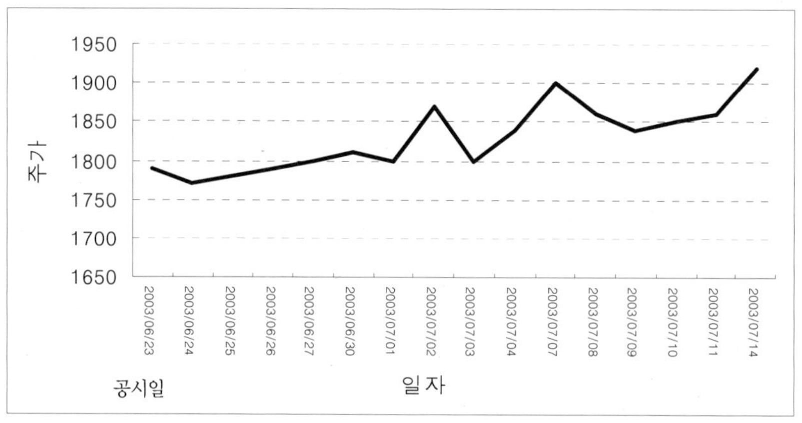

사업 자회사						
SK에너지화학 (17%)	SK텔레콤 (22%)	SK네트웍스 (41%)	SKC (44%)	SK E&S (51%)	SK해운 (72%)	K-Power (65%)
손자 회사						
SK인천정유 대한송유관공사 엔카 SKME 등	텔링크 커뮤니케이션즈 YU미디어 와이번스 등	MRO코리아 등	텔레시스 SKC미디어 등	SK가스 부산가스 대한가스 청주가스 등	스텔라 해운	

* (   ) 안은 지분율임.   〈머니투데이 참고〉

[그림 15] 지주회사 전환에 따른 SK그룹 지분구조 변화

8. 구조조정 · M&A

1990년대 이후 2000년대 초까지의 장기불황을 극복하고 부활하고 있는 일본경제의 원동력은 경제 전체의 거시적 처방보다는 기업부문의 구조조정과 현금흐름 개선이 근원이 되고 있다. 구조조정의 중요성이 국가경제에서 차지하는 비중이 막대하다는 것을 알 수 있는 대목이다.

우리나라에서 발 빠른 구조조정과 후속 M&A로 기업구조를 재편하고 경영성과가 획기적으로 개선된 대표적인 사례는 SK그룹, 효성그룹, 두산그룹 등에서 찾아볼 수 있다.

SK그룹은 2001년부터 에너지와 정보통신을 주축으로 성장기반을 강화하는 내용의 구조조정에 주력한 결과 계열기업 수가 2001년 64개에서 2005년 52개로 줄어들었다. 반면 순이익은 2조 5,000억 원에서 5조 원으로 두 배 증가하는 실적을 시현하였다. 매출액은 53조 원에서 56조 원으로 증가하였고, 이러한 성공적인 사업구조조정으로 위기상황에서 벗어나 재도약의 궤도에 오른 것으로 평가받고 있다. 이는 계열사 수의 감소에도 불구하고 인력은 2001년 2만 4,000명에서 2004년 3만여 명으로 늘어나 인력구조조정이 아닌 사업구조조정으로 효율적인 구조개편이 이루어졌다는 데 기인하기도 한다.

효성그룹도 2006년 11월 보유하고 있던 SK텔레콤과 KTF 주식을 처분하고, 서울과 울산 등지의 보유 부동산을 처분하는 등 자산매각(asset sale)을 통해 600억 원 이상의 자금을 확보하고 이를 부채상환 및 수익성이 높은 사업을 인수하고 성장동력을 찾아가는 데 사용한다는 계획을 발표하여 시장의 긍정적인 반응을 얻었다.

두산그룹의 구조조정과 M&A는 보다 두드러진다. 2001년 두산그룹은 그룹의 상징이었던 OB맥주(주) 지분(45%)을 매각하고 매각대금으로 총 18억달러를 조달하였다. 그뿐만 아니라 이보다 훨씬 이전이던 1996년에는 3M, 코닥, 네슬레 등에 대한 보유지분을 모두 매각했고, 전국에 소재한 주요 공장 부지 처분, 음료사업 영업권 매각, 사옥 매각 등으로 자금을 마련하였다. 1997년 말에는 미국 시그램사로부터 9,000만 달러, 벨기에 인터브루사에서 2억 7,000만 달러 등 총 3억 6,000만 달러의 외자를 유치하는 성과도 거두었다.[28]

이렇게 다각도로 조달한 자금으로 두산은 우량하지 못한 것으로 평가받던 그룹의 재무구조를 개선하는 구조조정을 단행함과 동시에 미래성장엔진이 될 기업들을 매입하기 시작하였다. 이렇게 매입한 기업의 대표적인 것에는 인수 당시 담수 분야에서 세계시장의 20%를 보유하고 있던 옛 한국중공업(현 두산중공업)과 옛 대우그룹 계열의 대우종합기계(현 두산인프라코어)였다. 한국중공업은 인수 이후 꾸준히 실적이 개선되어 2007년에는 세계시장의 40%를 점유하는 글로벌 선도기업이 되었다. 또한 대우종합기계(주)는 중국시장 점유율 1위를 기록하는 기업으로서 두산중공업의 플랜트 사업에 사용되는 건설중장비와 기계류를 공급하며 성공적인 수직적 M&A를 수행한 사례가 되었다. 두산중공업(주)과 두산인프라코어(주)를 인수한 이후 시장환경도 호의적이었다. 오일머니로 자금이 풍부해진 중동 산유국들이 대형 발전소와 담수시설을 대규모로 건설하기 시작하였고, 중국경제가 급성장하면서 중국 내 건설장비 시장이 크게 성장하였기 때문이다.

이러한 구조조정활동은 2006년까지 이어져 종가집김치를 매각하며 그룹의 선택과 집중을 통해 핵심역량을 재창출(refocusing)하고 있다. 나아가 2007년에 두산그룹은 두산(주)을 중심으로 지주회사로의 전환을 추진하고 있는데, 구조조정을 추진하면서 확보한 자금은 M&A에 필요한 투자자금을 활용되거나 부채상환 등을 통해 지주회사 요건을 갖추는 데 쓰이는 것으로 분석되었다.

---

28) 두산그룹 사례는 머니투데이(2007년 5월 23일자)의 주요 내용을 참고함.

<table>
<tr><td>1995년
- 소비재 중심
- 매출 3조9,678억 원
- 해외매출 20%
- 시장지배력 약화</td><td>▶</td><td>2006년
- 산업재 중심
- 매출 14조2,000억 원
- 해외매출 50%
- 주가 큰 폭 상승</td><td>▶</td><td>2015년
- 세계적 글로벌 중공업 그룹
- 매출 100조 원 목표
- 해외매출 90% 목표
- 영업이익 10조원 목표</td></tr>
</table>

[그림 16] 구조조정과 M&A를 통한 두산그룹의 체제개편

두산그룹이 이렇게 성공적인 기업이 되기까지는 부단한 구조조정을 실시하고, 그룹 내 상시 M&A팀을 두고 M&A를 거행함으로써 오랜 기간 동안 이루어졌다. 1995년 말 두산그룹은 간판기업이었던 OB맥주가 경쟁기업인 하이트(주)에 뒤처지는 등 시장점유율 하락과 수익성 악화 등으로 그룹 전체의 현금흐름이 악화된 상태였다. 하지만 꾸준히 구조조정을 수행하고, 이후 미래가치가 우수하고 원천기술을 확보한 기업에 대해 공격적인 M&A를 함으로써 소비재 중심의 그룹체제에서 중공업 중심의 글로벌 그룹으로 거듭나고 있는 것이다. 주식시장에서도 이러한 구조조정과 M&A활동을 반영하여 2006년 이후 폭발적으로 상승한 국내 주식시장에서 두산중공업(주)과 두산인프라코어(주)는 아래 〈표 21〉에서와 같이 주가수익률에서 최상위를 기록하는 성적을 보이고 있다.

〈표 21〉 두산중공업과 두산인프라코어의 주가 추이

	2006.1.2	2007.1.2	2007.10.31
두산중공업	34,850	44,600 (28.0%)	174,000 (290.1%)
두산인프라코어	16,000	19,200 (12.8%)	39,350 (104.9%)
KOSPI	1,389.27	1,435.26 (3.3%)	2,064.85 (43.9%)

* ( ) 안은 직전기간 대비 상승률임.

　본 장에서는 지금까지 주식시장 변화에 따른 개별기업의 주가와 재무정보의 관계에 관해 설명한 것을 토대로 학문적 관점에서 실증연구를 통해 살펴본다. 주가 상승기와 하락기라는 상반된 주가상황에서 소유구조(대주주지분율, 소유－지배권 괴리도, 외국인지분율, 기관투자가지분율), 재벌 여부, 은행과의 관계 등의 지배구조 특성 및 부채수준, 다각화, 유동성, 경영성과, 위험도 등의 지배구조를 제외한 다른 주요 재무적 특성이 주가변화에 어떠한 영향을 미치는가에 관하여 크게 세 가지의 실증연구를 소개하였다. 즉 실제 기업의 주가수익률 변화와 재무정보의 관계를 조사함에 있어 실증연구를 통해 검증하였다.

구체적으로 [그림 17]은 실증연구를 어떻게 설계하였는가를 도식하고 있다. [그림 17]과 같이 먼저 주식시장의 변화 상황을 주가가 상승한 시기와 하락한 시기로 구분하였다. 다음으로 주가 하락(상승)기에 어떤 기업이 더 하락(상승)하는가? 더 하락(상승)하는 이유는 무엇인가? 더 하락(상승)한 결과는 어떤 형태로 나타나는가? 그리고 기업지배구조 요인을 비롯한 기업의 재무적 특성이 이러한 하락(상승)의 요인으로 작용하는가? 등의 질문에 관해 순차적으로 실제 데이터를 적용하여 조사하였다.

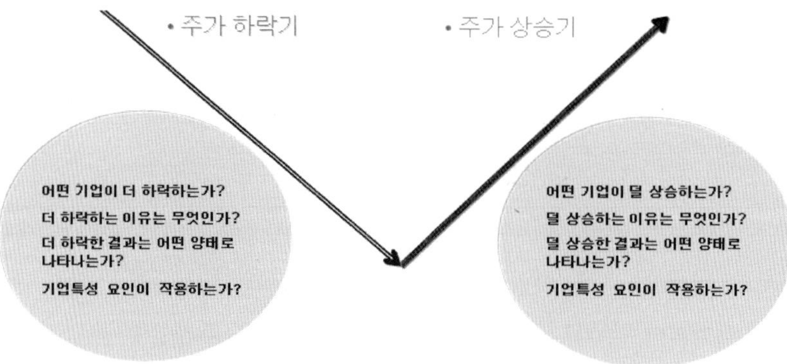

[그림 17] 실증연구 설계

1. 실증연구 A

1) 연구가설

주가 상승기와 하락기에 기업의 재무정보와 주가변화의 관계를 고찰함에 있어 제2장의 내용으로부터 가설을 설정하고, 그에 상응하는 적절한 실증분석 변수를 다음과 같이 선정하였다.

(1) 소유구조와 주가변화

● *가설 1.1*

대주주지분율은 주가 상승기와 하락기의 주가변화와 양(+) 또는 음(−)의 관계를 보인다.

● *가설 1.2*

외국인 또는 기관투자가가 대량의 지분을 보유한 기업일수록 주가 상승기와 하락기에 주가성과가 우수하다.

● *가설 1.3*

해외주식(DR) 발행으로 경영 투명성이 우수한 기업은 주가 상승기와 하락기에 주가성과가 우수하다.

● 실증분석 변수

소유구조−기업가치 분석과 관련된 실증분석변수로서 대주주지분율(개인대주주지분율, 계열기업지분율, 소유권과 지배권 및 그 괴리도), 외국인 소유지분, 금융기관을 포함한 국내 기관투자가 소유지분(일반법인지분율) 등을 이용하였다. 현금흐름지분과 통제권은 각 기업의 사업보고서를 통하여 계산하였다. 경영 투명성과 관련한 변수는 주식예탁증서(DR)를 발행한 기업인가의 더미변수로 대용하였다.

(2) 기업집단구조와 주가변화

● *가설 2*

기업집단구조는 주가 하락기와 주가 상승기 모두에서 주가변화에 양(+) 또는 음(−)의 관계를 보인다.

- 실증분석 변수

재벌효과를 살펴보기 위해 공정거래위원회가 연도별로 발표하는 대규모기업집단 현황을 기준으로 대규모기업집단에 속한 기업을 재벌기업(더미변수 '1'), 그렇지 않은 기업을 비재벌기업(더미변수 '0')으로 구분하여 가변수를 부여하였다. 그리고 추가분석에서 사용한 100대재벌의 기준은 한국신용평가(주)에서 자산총액을 기준으로 발표하는 기업순위를 이용하였다.

(3) 은행관계 또는 자본구조와 주가변화

- *가설 3.1*

은행과의 밀접도는 주가 상승기에 주가변화와 양(+)의 관계, 주가 하락기에는 음(-)의 관계를 보인다.

- *가설 3.2*

부채비율은 주가 상승기와 하락기 주가변화와 각각 양(+), 음(-)의 관계가 존재한다. 부채 가운데 회사채가 차지하는 비율은 주가 하락기와 상승기 주가변화와 양(+)의 관계를 보인다.

- 실증분석 변수

실증분석 방법론상에서 자본구조와의 관련성을 측정하기 위해 부채비율(총부채÷총자산)과 회사채의존비율(회사채발행금액÷총부채)을 설명변수로 사용하였다. 은행과의 밀접도는 총부채에서 국내외 은행으로부터 차입한 장·단기 차입금이 차지하는 비중을 이용하였다. 여기서 은행차입금 관련 자료는 각 기업의 감사보고서에 첨부되어 있는 부속명세서의 차입금명세서를 세밀하게 검토하여 구하였다.

(4) 기타 기업특성과 주가변화

- *가설 4.1*

다각화 수준은 주가 상승기와 하락기에 주가변화와 양(+) 또는 음(-)의 관계가 혼재한다.

- *가설 4.2*

기업의 다른 재무적 특성, 즉 현금흐름, 유동성 확보 수준, 기업규모, 위험도(베타), 경영성과와 같은 변수들도 주가 상승기와 하락기에 따라 주가변화에 양(+) 또는 음(-)의 상이한 영향을 준다.

- *가설 5*

다른 지배구조 변수와 비교할 때 부채비율, 베타 등의 재무적 특성은 주가 하락기보다는 주가 상승기에 주가에 더 큰 영향을 미친다.

- 실증분석 변수

다각화 효과를 살펴보기 위해 다각화더미변수를 포함하였다. 다각화더미변수는 Lins and Servaes(1999)에서 사용한 방법론을 원용하여 사업보고서에서 매출액 가운데 90% 이상이 하나의 산업(표준산업분류 중분류)에서 이루어지면 '0', 그렇지 않으면 '1'로 부여하였다. 현금흐름과 유동성 수준을 분석에 이용하기 위해 현금흐름비율(현금흐름÷총자산)과 유가증권보유비율(현금, 예금 및 기타 유가증권÷총자산)을 계산하였다. 현금흐름은 세후영업이익(net EBIT)과 감가상각비를 이용하여 계산하였다. 기업의 위험도는 시장모형에 의해 산출된 체계적위험(베타계수)을, 기업규모는 자산총액을 이용하였다. 경영성과지표(성장성)는 토빈's Q를 이용하였고, 각 산업이 가지는 독특한 효과를 통제하기 위해 소속산업가변수를 어업·광업, 제조업, 건설업, 기타산업으로 나누어 모든 회귀식에 포함시켰다. 여기서, 토빈's Q는 (부채 장부가치＋자기자본 시장가치)÷(총자산 장부가치)로 계산하였고, 자기자본의 시장가치는 결산기말 주가를 이용하였다. 자세한 내용은 Lindenberg and Ross(1981)의 알고리듬을 참고할 수 있다.

2) 표본 및 연구방법

(1) 표본

연구목적을 달성하기 위한 주가 상승기와 하락기를 1997년부터 1999년까지로 설정하고 당시 증권거래소에 상장된 비금융 상장기업을 표본으로 선정하였다. 분석대상인 비금융기업 표본의 재무적 특성을 조사한 요약 재무 통계량은 〈표 22〉에 기재되어 있다. 요약 재무 통계량은 국내 재벌과 비재벌의 재무구조적 차이를 살펴본다는 견지에서 전체표본 및 공정거래위원회 분류에 따른 재벌(대규모기업집단)과 비재벌로 구분하여 기술하였다.

먼저 〈표 22〉의 Panel A 통계량 Ⅰ(1996년~1998년)에서 각 변수별로 살펴보면 소유·지배구조와 관련하여 친족, 계열기업 및 특수관계인 지분을 포함한 국내 상장 제조기업의 평균 대주주지분율은 30% 내외로 측정되었다. 하지만 재벌과 비재벌로 구분한 소유구조는 이들 두 집단 간에 상당한 차이를 보인다. 대주주지분율은 재벌기업이 비재벌기업보다 낮은 비율을 보여 재벌의 대주주가 비재벌에 비해 적은 지분을 보유하고 있었다. 대주주지분율을 개인대주주지분율과 계열기업지분율으로 나누었을 때 이러한 차이는 더욱 명확해진다.[29] 재벌기업의 개인대주주지분(1996년 9.0%, 1997년 8.8%, 1998년 8.1%)은 비재벌기업(1996년

---

29) 특수관계인이 개인일 경우 개인대주주지분율로, 법인일 경우 계열기업지분율로 산출하였다.

23.5%, 1997년 22.5%, 1998년 23.5%)보다 유의하게 상당히 낮은 수준을 보인 반면 계열기업지분율의 경우 재벌기업(1996년 17.5%, 1997년 20.5%, 1998년 23.6%)이 비재벌기업(1996년 6.5%, 1997년 8.2%, 1998년 9.1%)보다 크다. 이러한 차이는 재벌기업 대주주가 기업 경영에 대한 지배력을 강화 또는 유지하는데 개인소유지분과 아울러 계열기업 지분을 이용하고 있다는 사실을 간접적으로 보여주는 것이다. 외부 기관투자가 지분을 측정한 은행, 일반법인, 외국인의 소유지분은 비재벌기업보다 재벌기업이 큰 것으로 조사되었다. 즉 은행, 일반법인, 외국인은 평균적으로 비재벌기업에 비해 재벌기업의 주식을 2배 가까이 더 많이 보유하고 있었던 것으로 나타났다.

자본구조와 은행관계 특성으로서 표본 전체의 평균 부채비율(총부채÷총자산)은 평균 72%~77%이고 재벌기업(평균 71%~82%)이 비재벌기업(평균 70%~72%)에서 보다 높은 수준으로 재벌기업의 부채사용비중이 다소 높다는 것을 보였다. 또한 은행관계를 보면 은행차입금 비중이 회사채의존비율보다 높아 알려져 있는 바와 같이 국내기업이 과거 은행에 의존한 자금조달비중이 중요한 위치를 점하였다는 사실을 확인시켜 주고 있다. 재벌기업과 비재벌기업으로 구분한 총부채 대비 은행차입금 평균비율은 비재벌기업이 재벌기업보다 크게 나타나 비재벌기업의 은행의존도가 더 높은 것으로 측정되었다. 이러한 조사결과는 재벌의 경우 비재벌에 비해 은행차입금 이외의 자본조달이 보다 용이하게 수행될 가능성이 크다는 사실을 암시해 주고 있다. 다음으로 총자산 대비 현금흐름 비율의 경우 1996년과 1997년에 재벌기업과 비재벌기업이 큰 차이를 보이지 않았지만(1998년은 재벌이 비재벌보다 유의적으로 높음), 유동성 측정지표로서 현금, 예금 및 유가증권 비율이 자산규모에서 차지하는 비율은 대체로 재벌에 비해 비재벌기업이 더 높아 일본의 경우와 유사하게 재벌기업이 유동성 부문에 덜 민감할 수 있다는 사실을 시사하고 있다.(Hoshi, Kashyap과 Scharfstein, 1991) 기업규모를 나타내는 총자산은 재벌소속기업이 비재벌기업보다 약 4~5배 정도 큰 것으로 나타났다. 기업의 경영성과지표 또는 성장기회를 나타내는 변수로 이용한 토빈's Q는 1996년을 제외하고 비재벌기업이 통계적으로 유의한 수준에서 재벌기업보다 좋은 성과를 나타냈다.

〈표 22〉의 Panel B. 통계량 Ⅱ는 2000년 이후 주가변화와 기업특성의 관계를 관찰하기 위해 1999년부터 2001년까지의 재무통계량을 요약한 것이다. 2000년 이후 재무통계량은 추가분석의 기간확장 분석에 사용되었다. 분석에 사용된 각 설명변수는 장기 주가변화 측정을 시작한 개시연도의 직전 회계연도 말 설명변수를 이용하였다(예를 들어, 1998년 7월부터 1999년 12월까지의 주가 상승기 주가변화에 대한 설명변수는 1997회계연도 말 변수를 설명변수로 사용). 이전의 Panel A에서 측정된 지표와 비교할 때 두드러진 점을 살펴보면, 소유구조의 경우 대주주지분율이 전체적으로 증가하였으나 이러한 증가는 계열기업이 보유한 지분의 증가에 기인한 것으로 개인대주주지분율은 그대로이거나 소폭 감소하였다. 이는 2000년대 들어서면서 대주주가 계열기업을 통해 소유권 구조를 강화하였음을 보여주는 것이다. 기관투자가의 경우 이전의 1996년, 1997년과 비교할 때 국내법인의 보유지분은 크게 감소한 반면, 외국인투자자의 투자비중은 늘어났다. 이러한 추이는 국내 자본시장에서 외국인투자가가 기업의 주요한 재무정책 대상이 되고 있음을 반증하는 것으로 볼 수 있다. 다른 재무적 특성의 경우 부채비율, 은행차입금비율, 회사채의존도 등 레버리지관련비율과 기업위험도(베타)가 이전에 비해 상당 폭 축소되었다.

(2) 연구방법

가설검증을 위해 먼저 주가 상승기와 하락기 동안의 장기 주가변화를 측정하였다. 주가변화는 다음과 같이 주가 상승기과 하락기의 일별주가수익률을 이용한 보유기간수익률(*buy-and-hold return, HPR*)을 계산하여 분석에 이용하였다. 여기서, 보유기간수익률(holding period return)이란 기업의 주식을 매수한 상태에서 일정 기간 동안 보유하였을 때 계산되는 주가수익률을 뜻한다. 아래와 같이 주식을 매수한 t1시점부터 t2까지 매일의 주가수익률을 복리로 계산하여 산출한다.

$$보유기간수익률(HPR_{t,\,T}) = \left\{ \prod_{t=\text{상승기 또는 하락기 시점}}^{T=\text{대상기간말 시점}} \right.$$

$$(1 + weekly\ returnt, T) - 1 right\}\ TIMES\ 100\%$$

이때 1997년 1월부터 1998년 6월까지를 주가 하락기, 1998년 7월부터 1999년 12월까지를 상승기로 분류하였다.[30] 분석기간을 상승기와 하락기로 구분한 기준은 1997년 1월 말 898pt이던 증권시장의 종합주가지수(KOSPI)가 1997년 1월 한보그룹 사태, 같은 해 7월 기아자동차 사태 및 11월의 외환위기 등으로 촉발된 경제위기와 관련하여 급격히 하락하기 시작하여 1998년 6월 말 280pt로 최저점을 기록한 이후 1999년 12월 말 1,225pt까지 'V'자 형태의 양상을 보이며 상승하였기 때문이다. 여기서, 부연할 사실은 이 기간 동안 경기종합지수와 종합주가지수는 유사한 형태의 움직임을 보여 경제상황 변화를 종합주가지수로 측정할 수 있었다는 점이다.

실증분석에 필요한 기업의 재무자료 및 주가수익률은 한국신용평가주

---

30) 여기서, 주가 상승기와 하락기를 다음과 같은 기간으로 대체하여도 결과는 달라지지 않았다.
　　－대체기간 1: 상승기 (1998년 10월－1999년 12월), 하락기 (1997년 1월－1998년 9월)
　　－대체기간 2: 상승기 (1998년 7월－1999년 9월), 하락기 (1997년 7월－1998년 6월)

식회사에서 제작한 KIS-SMAT, 한국상장회사협의회에서 발행한 상장
회사 데이터 파일(TS-2000), 한국증권거래소 및 금융감독원에서 보관
하고 있는 사업보고서, 각 기업의 감사보고서를 이용하였다.

　다음으로, 주가변화가 기업특성에 의해 어떻게 설명될 수 있는지를 분
석하기 위해 횡단면(cross sectional) 회귀분석을 이용하였다. 횡단면회귀
분석은 아래와 같이 장기 주가변화(보유기간수익률)를 종속변수로 하였
고, 제2절에서 설명한 바와 같이 소유구조 변수를 포함한 기업특성을 설
명변수로 하여 실시하였다.

　　　주가 상승기와 하락기의 장기 주가변화(HPR)
　　　= f(소유구조, 기업집단여부, 부채비율, 은행관계, 및 기타 기업특성)

3) 분석결과

(1) 주가 상승기와 하락기의 주가변화

　〈표 23〉는 주가 상승기(1998년 7월~1999년 12월)와 하락기(1997년 1
월~1998년 6월) 동안 표본기업의 장기 주가변화, 즉 보유기간수익률을
정리한 것이다.

　〈표 23〉의 Panel A에서 대주주지분율이 높을수록 주가 상승기에 주가
상승률이 작지만 하락기에서는 크게 나타났다. 주가 하락기에 따른 주가
하락에도 불구하고 대주주가 지분을 많이 소유하는 경우 기업가치에 대
한 긍정적인 신호효과로 작용할 수 있으며, 이와 함께 대주주지분율의
수준이 상승기와 하락기의 주가변화에 대해 상이한 영향을 줄 수 있다
는 것으로 소유구조와 기업가치의 비선형관계를 일부 뒷받침하는 결과
로도 해석할 수 있다.(Stulz, 1988; La Porta, Lopez-de-Silanes and
Shleifer, 1999; Johnson, Boone, Breach and Freidman, 2000; 김주현,

1992; 김우택·장대홍·김경수, 1993; 김영숙·이재춘, 2000; 김지수·정기웅, 2000; 박경서·백재승, 2001; 이해영·이재춘, 2003 외) 즉 소유구조는 주가변화에 대하여 긍정·부정의 양면성을 지닐 수 있으며, 개별기업의 절대적 지분구조뿐만 아니라, 주가상황에 따라서 각 기업에 적합한 소유구조를 갖추지 못할 경우 기업가치에 부정적인 영향을 미칠 수 있다는 것이다.

재벌 여부로 구분한 〈표 23〉 Panel B의 결과에서는 주가 상승기의 주가수익률이 재벌기업에게 유리하게 작용한다는 사실을 보여주고 있다. 즉 1998년 7월부터 1999년 12월까지의 기간까지의 상승기간 동안 재벌과 비재벌을 포함한 표본기업 전체에서 평균 143.7%(중앙값: 65.3%)의 주가수익률 상승을 기록하였으며, 재벌소속기업(평균 180.7%, 중앙값 117.2%)의 상승이 비재벌기업(평균 130.9%, 중앙값 51.4%)보다 높았다. 그리고 재벌과 비재벌의 차이 값은 통계적으로도 유의한 것으로 나타났다. 경제가 호전되는 상황에서 장기적으로 재벌기업의 주가상승이 비재벌기업보다 우수할 수 있다는 것을 보여주는 결과이다. 한편 1997년 1월부터 1998년 6월까지의 주가 하락기 동안에는 평균적으로 -57.4%(중앙값: -67.4%) 정도로 큰 폭의 주주 부의 감소를 유발하였으며, 재벌기업(평균 -56.4%, 중앙값 -67.0%) 감소 폭이 비재벌소속기업(평균 -59.4%, 중앙값 -69.2%)보다 약간 적은 것으로 측정되었다. 하지만 재벌과 비재벌의 차이는 통계적으로 유의하지는 않았다.

이와 같은 〈표 23〉의 장기 주가변화에서 볼 때 주가 상승기와 하락기에 소유구조와 같은 지배구조 변수의 영향이 다르게 나타난다는 점을 알 수 있다. 주가변화에 따라 소유구조-기업가치의 관계가 달라지고, 주가 하락기의 주가 하락은 기업집단인 재벌에 소속된 기업과 비재벌기업 간에 차이를 보이지 않지만 주가 상승기 동안의 장기적인 주가 상승 폭은 재벌기업이 비재벌기업보다 크게 나타날 수 있다는 것이다.

(2) 주가 상승기와 하락기의 장기 주가변화와 기업특성

이번 절에서는 주가 상승기와 하락기의 장기 주가변화(HPR)가 지배구조를 포함한 기업특성과 어떠한 관계를 맺고 있나에 관한 회귀분석 결과를 요약한다. 회귀분석은 먼저 주요 개별 특성변수별로 실시한 다음 이들을 한 회귀식에 종합하여 기업가치 변화와 어떠한 관계를 보이는가를 조사하였다. 여기서, 제반 특성변수는 크게 세 가지의 범주 i) 재벌 여부 및 대주주지분율, ii) 부채비율, 은행관계, 외국인의 지분보유 및 경영 투명성, iii) 현금흐름 및 기타 특성으로 구분하여 주요 변수별로 살펴본 다음 이를 한 회귀식에 포함시켜 그 영향을 측정하였다.[31]

〈표 24〉은 먼저 주요 변수별로 개별분석을 한 결과이다. Panel A의 (1), (2), (3), (4) 회귀식은 주가상승기에 재벌 여부와 대주주지분율의 영향을 살펴본 것이다. 회귀식 (1)에서 재벌 여부는 보유기간수익률과 1% 수준에서 유의한 양(+)의 관계, 대주주지분율은 1% 수준에서 유의한 음(-)의 계수 값을 보였다. 재벌소속이거나 대주주지분율이 낮을수록 주가 상승기하에서 가치 증가가 크다는 것을 의미한다. 이렇게 경제 상황이 상승 국면에 접어들었을 때 개별기업의 주가수익률 변화에 대해 대주주지분율의 계수 값이 음(-)으로 산출된 것은 대주주의 소유지분이 클수록 기업가치에 부정적인 영향을 미친다는 안주가설로 설명될 수 있다. 하지만 재벌더미변수와 대주주지분율의 상호작용변수(재벌더미×대주주지분율)를 포함한 회귀식 (2)에서 대주주지분율은 유의적인 음(-)의 값을 지속한 반면 상호작용변수는 유의한 양(+)의 계수 값으로 관찰되었다. 세 번째 회귀식 (3)은 대주주지분율을 개인대주주지분율과 계열기업지분율로 구분하여 살펴본 것으로 개인대주주지분율율 계수 값의

---

31) 변수 간 상관분석결과 보고는 본문에서 생략하였으나, 각 상관계수 값이 분석결과에 영향을 미치지 않는 것으로 측정되었다. 또한 변수 간 다중공선성 검정결과도 다중공선성이 존재하지 않는 것으로 나타났다.

유의성이나 크기가 계열기업보다 큰 값으로 개인대주주지분율의 영향이 상대적으로 더 큰 것으로 나타났다. 재벌의 대주주지분율이 가지는 효과를 측정하기 위해 재벌더미변수와 개인대주주지분율 및 계열기업지분율의 상호작용변수 (재벌더미×개인대주주지분율)와 (재벌더미×계열기업지분율)을 포함한 회귀식 (4)에서 개인대주주지분율의 상호작용변수는 10% 수준에서 유의한 양(+)의 계수 값을 나타내고 있다. 이전에 음(−)의 값을 보이던 개인대주주지분율 계수 값이 상호작용변수에서 이렇게 양(+)의 관계를 보인다는 사실은 재벌의 개인대주주지분율이 기타 표본기업과 비교할 때 기업가치에 대조적인 효과를 미친다는 것으로 해석할 수 있다.

〈표 24〉 Panel A의 (5), (6), (7), (8) 회귀식은 주가 하락기의 보유기간수익률을 종속변수로 한 결과인데 대주주지분율이 상승기에서와 상반된 값을 보이고 있다. 즉 대주주지분율, 개인대주주지분율 및 재벌더미변수와 이들 간의 상호작용변수가 모두 상승기에서와 반대의 부호를 보이고 있음을 알 수 있다. 따라서 주가 하락기에는 주가 상승기와 달리 대주주지분율이 낮을수록 개별주가는 하락하는 한편 재벌기업인 경우 대주주지분율이 클수록 기업가치에 부정적이라는 것을 나타내는 결과이다. 이와 더불어 상승기에서와 달리 대주주 소유지분과 기업가치 간에 양(+)의 계수 값이 관찰된 것(기업가치증가가설)은 불황기에 소유구조 측면에서 대주주 소유지분이 높은 기업일수록 가치하락을 유발할 수 있는 대리인비용이 감소하였거나 보다 보수적인 경영을 수행하였기 때문으로 해석할 수 있다.

이와 같은 결과에서 볼 때 대주주지분율이 주가 상승기와 하락기에 주가변화에 대해 서로 다른 작용을 하는 비선형함수가 될 수 있다는 점이 판명되고 있다. 또한 주가 하락기에 기업의 현금흐름이 악화될 경우 소유구조 측면에서 대주주지분율이 높은 기업일수록 가치하락을 유발할 수 있는 대리인비용이 감소함을 암시하는 것으로 판단된다.

〈표 24〉의 Panel B의 주가 상승기를 대상으로 한 회귀식 (1)에서 (총부채÷총자산)으로 측정한 부채비율의 계수 값은 유의한 양(+)의 관계를 보여 부채의 레버리지(세금)효과, 기업가치 신호 및 대리인문제 감소 가설이 성립할 수 있음이 관찰되었다.(Ross, 1977; DeAngelo and Masulis, 1980; Jensen, 1986) 회귀식 (2)에서 은행과의 밀접도를 표시하는 (은행차입금÷총부채)비율은 유의하지 않은 양(+)의 계수 값을 보였다. 회귀식 (3)과 같이 은행과의 밀접도를 주거래은행과 기타은행 밀접도로 구분한 경우 주거래은행차입금비율의 계수 값과 기타은행차입금비율의 계수 값이 모두 비유의적인 양(+)의 관계로 나타나 경제 전반적인 상승기의 경우 차입을 통한 은행의 역할이 기업가치에 별다른 영향을 미치지 않을 수 있다는 점을 암시해 주고 있다. 회귀식 (4), (5)에서 외국인지분율과 경영 투명성이 우수한 기업 그리고 기관투자가지분율이 높은 기업은 유의한 양(+)의 계수 값으로 산출되어 주가 상승기하에서 이들 기업이 가치 상승을 더 크게 경험한 것을 알 수 있다.

〈표 24〉 Panel B의 (5), (6), (7), (8) 회귀식은 주가 하락기 동안의 보유기간수익률을 종속변수로 한 결과인데 상승기와는 다른 양상을 보이고 있다. 부채비율은 상승기에서와 달리 음(−)의 값을 보였고 은행차입금비율은 관련 변수 모두가 유의한 음(−)의 관계를 나타내어 은행과의 밀접도가 상승기보다 하락기에 기업과 유의적인 관계를 가질 것이라는 점을 시사해 주고 있다. 외국인지분율은 유의하고 비교적 큰 양(+0.418)의 계수 값으로 측정되어 경제상황이 어려운 시기에서도 외국인이 스스로 기업가치의 상승을 가져올 수 있는 감시활동을 수행할 수 있다는 기존의 주장을 뒷받침하고 있다.(Shleifer and Vishny, 1986) 또한 DR발행더미가 유의적인 양(+)의 계수 값을 보여 외국인의 지분보유와 함께 경영 투명성과 같은 지배구조 변수가 상승기와 하락기 모두에서 주가에

긍정적으로 작용하였다.

〈표 24〉 Panel C의 (1)~(8) 회귀식은 기업규모, 현금흐름, 유동성, 다각화 수준 등 기타 특성이 미친 영향을 측정하고 있는데 상승기와 하락기에서 서로 다른 결과를 보여주고 있다. 주가 상승기를 대상으로 한 결과에서 현금흐름 및 유동성 변수의 계수 값이 모두 유의적이지 않아 상승기하에서 이들 재무변수가 기업가치 변화와 무관하다는 것을 알 수 있다. 이와 달리 하락기에서는 이 두 변수들이 모두 유의한 양(+)의 관계를 보여 주가 하락국면에서는 상승기와 다르게 기업의 현금흐름 수준이나 유동성이 가치 상승을 유발하는 요소가 된다는 점을 보여준다. 다각화 수준 또한 상승기와 하락기에 상이한 양상을 보였다. 즉 상승기에 유의적인 양(+)의 값을 보이다가 하락기에는 음(−)의 값이 산출되어 다각화가 호황기의 가치상승에는 유리하지만 불황기에는 기업가치 하락을 유발한다는 사실을 확인할 수 있다.

〈표 25〉는 〈표 24〉에서 주가변화에 영향을 미친 변수를 개별적으로 살펴본 데 이어 이들 변수를 종합하여 살펴본 것으로 대체로 이전의 결과를 지지하고 있다. 회귀식 (1)~(4)는 주가 상승기의 주가변화를 종속변수로 하고 지금까지의 주요 변수를 종합하여 설명변수로 사용한 결과이다. 상승기에 부채비율, 외국인 소유지분, 다각화 수준, 경영성과, 위험도는 주가변화와 양(+)의 관계, 대주주지분율은 음(−)의 관계를 나타냈다. 회귀식 (5)~(8)은 주가 하락기의 주가변화를 대상으로 한 것이다. 대주주지분율, 외국인 소유지분, DR발행더미, 보유유가증권비율(유동성) 변수는 유의한 양(+)의 계수 값을 보인 반면 총부채에서 주거래은행차입금이 차지하는 비율, 총부채에서 회사채가 차지하는 비율 등은 유의한 음(−)의 계수 값으로 측정되었다. 개인대주주지분율은 유의하지 않은 양(+)의 값을 보였다. 주가 상승기에 계열기업지분율 변수가 유의적인 음(−)의 값을 보인 것은 하락기와 대조적인 것으로서 계열기업지분을

이용한 소유구조가 불황기의 주가변화 부정적으로 작용할 수 있다는 사실을 암시하고 있다.

지금까지의 제반 결과에 비추어 볼 때 주가 상승기와 하락기의 주가변화가 몇 가지 주요 기업특성에 따라 대조적 양상을 보인다는 사실을 알 수 있다. 이는 하락기의 영향이 상승기까지 연계 · 지속되지 않고 경제상황이 변화함에 따라 지배구조를 포함한 기업특성 변수가 주가변화에 미치는 영향도 다르게 나타날 수 있다는 점을 보여주는 것이라고 할 수 있다.

(3) 추가분석

① 100대재벌 분석

국내재벌의 분류는 5대, 10대, 30대, 70대, 100대 등 연구에 따라 각기 다른 기준을 사용하고 최근에는 자산총액을 기준으로 대규모기업집단을 구성하는 등 재벌 여부의 사용이 다소 자의적이라는 논란이 있어 왔다.(Joh, 2003; Baek, Kang and Baek, 2004)[32] 이러한 견지에서 본 연구에서는 재벌의 기준이 다를 때 지금까지의 결과가 어떤 양상을 보이는가, 즉 결과가 달라지지 않는가의 강건성(robustness) 검증을 실시하였다.

이를 위해 〈표 26〉의 회귀분석에서는 〈표 24〉과 〈표 25〉에서 사용한 재벌 여부를 30대재벌에서 한국신용평가(주)에서 자산총액기준으로 순위를 매긴 100대재벌로 대체하여 살펴보았다. 주가 하락기는 1996년 말, 주가 상승기는 1998년 말 기준으로 사용하였다. 그 결과 〈표 26〉에서와 같이 이전과 크게 달라진 결과는 발견되지 않았다. 즉 회귀식 (1)~(8)의 모형에서 대부분 〈표 3〉과 〈표 25〉의 결과를 지지하고 있어 본 연구

---

32) Joh(2003)의 연구에서는 70대재벌, Baek, Kang and Park(2004)의 연구에서는 30대, 50대, 70대, 100대재벌의 범주로 나누어 분석을 하였는데 그 결과는 대동소이하다.

에서 재벌에 관한 연구결과를 해석하는 데 일관성이 있고 재벌―비재벌의 인위적 구분이 가져올 수 있는 오류가 크지 않음을 확인할 수 있다.

② 표본기간 확장

앞서 논의한 바와 같이 본 연구에서는 지금까지의 분석을 2000년 이후 2002년까지로 기간을 확장하여 동일한 분석을 실시하였으며, 이에 관한 결과는 〈표 27, 28〉에 설명하였다.

〈표 27〉은 〈부록〉의 그림에서 보여준 바와 같이 2000년부터 2002년까지의 기간을 주가 상승기와 하락기로 구분하여 양 기간 동안의 주가변화를 측정한 결과이다. 주별보유기간수익률로 측정한 장기 주가변화는 주가 상승기(2001년 10월~2002년 12월)의 경우 평균 38.85%(중앙값: 20.74%), 주가 하락기(2000년 1월~2001년 9월)에는 평균 -39.63%(중앙값: -56.10%)를 나타냈다. 이러한 변화는 이전 표본기간(1997년 1월~1999년 12월)의 상승·하락 폭과 유사한 규모로서 이 기간 동안에도 상당히 큰 폭으로 국내 주식시장 여건이 변화하였음을 보여주는 것이라고 할 수 있다.

〈표 28〉은 주가 상승기와 하락기에 따른 주가변화와 기업특성을 회귀분석한 결과이다. 〈표 24, 25, 26〉과 비교할 때 주가 상승기에 개인대주주지분율의 영향이 감소한 것이 관찰되었다. 또한 주가 하락기의 경우 은행차입금의 영향이 미미해지고 계열기업지분율의 영향이 감소하였다는 것이다. 이는 1999년 이후 2000년대에 들어서 국내기업의 외부자금 차입구조 및 대주주지분구조가 상당히 변화하고 외환위기 이후 대주주의 도덕적 해이를 완화하기 위한 획기적인 기업지배구조 개선 조치들을 많이 도입하였기 때문에 그 결과로서 대주주지분율과 기업가치의 관계가 약화된 것으로 보인다.

③ 소유-지배권 및 괴리도 분석

추가분석의 마지막으로, 1997년 1월~1999년 12월까지의 표본기간에 대해 현금흐름지분(소유권)과 통제권(지배권) 및 그 괴리도를 이용한 분석을 실시하였다.[33] 이를 통해 주가 상승기와 하락기라는 대조적 경제상황에서 소유-지배권의 괴리도가 기업가치에 미치는 영향을 살펴봄으로써 괴리도와 기업가치의 관계에 관한 논쟁에 유용한 실증결과를 추가로 제시할 수 있을 것이다.

대주주와 계열기업 간의 복잡한 지분구조는 소유-지배권 괴리도를 확대하고, 특히 주가가 상승하는 주가 호황기보다는 주가침체로 주가가 부진을 면치 못하고 있을 때 지배구조를 취약하게 하여 투자자들의 부정적인 반응이 부각될 수 있다. 주가가 좋지 않을 때 투자자들이 가치하락의 이유로서 소유-지배권 구조의 취약성을 제기하는 경향이 크기 때문이다.(Claessens, Djankov and Lang, 2000; Mitton, 2002; Joh, 2003; Baek, Kang and Park, 2004; Baek, Kang and Lee, 2005)

한편으로 최근의 연구(강원·신현한·장진호, 2005)는 이러한 소유-지배권 괴리도가 기업가치와 무관하다는 견해도 제시하고 있어 소유-지배권 괴리도와 기업가치의 관계는 논쟁의 여지가 많은 실정이다. 본 연구

---

33) 분석에 사용된 데이터는 다음과 같다. 위 수치는 평균이고, 아래 [ ]안의 수치는 중앙값이다.

	표본전체			재벌소속여부					
				재벌소속 표본			비재벌 표본		
	1996년 (n=644)	1997년 (n=625)	1998년 (n=653)	1996년 (n=148)	1997년 (n=154)	1998년 (n=152)	1996년 (n=496)	1997년 (n=471)	1998년 (n=501)
현금흐름지분: Cashflow rights (%)	21.797 [21.772]	24.441 [24.744]	24.902 [23.870]	11.245 [6.843]	13.981 [8.810]	13.784 [10.442]	25.152 [25.279]	28.364 [28.075]	28.297 [26.750]
통제권: Voting rights (%)	24.833 [24.511]	27.728 [27.080]	29.781 [27.650]	17.805 [16.771]	20.884 [16.890]	26.648 [23.150]	26.695 [26.657]	30.652 [29.735]	30.738 [29.210]
괴리도: (Voting÷Cashflow rights)	3.853 [1.000]	1.525 [1.000]	1.903 [1.000]	5.831 [1.554]	2.514 [1.605]	3.671 [2.121]	1.269 [1.000]	1.209 [1.000]	1.364 [1.000]

에서는 이에 관한 추가적인 분석결과를 제시하였다.

〈표 29〉의 회귀식 (1)~(8)은 Cashflow rights(소유권)과 Voting rights(지배권)이 주가변화에 가지는 의미를 살펴보고 있다. 주가 상승기 동안의 주가변화에 대하여 Cashflow rights과 Voting rights 변수는 모두 유의한 음(-)의 계수 값을 보인 반면, 하락기의 주가변화에서는 모두 양(+)의 계수 값으로 산출되었다. 회귀계수의 유의성은 하락기에서 컸지만 계수 값의 크기는 상승기에서 크게 나타났다.

주목할 만한 점으로, (Voting rights÷Cashflow rights)으로 측정한 두 지분 간의 괴리도는 주가 상승기에는 유의하지 않았고, 하락기에서만 유의한 음(-)의 계수 값으로 측정되었다. 괴리도 변수에서 발견된 이 같은 결과는 경제상황이 좋을 때나 정상적일 때에는 이들 지배구조변수가 기업가치에 별다른 영향을 미치지 않고, 경제상황이 좋지 않아 기업이 어려움을 겪고 있을 때 괴리도가 지배구조상 취약점으로 작용한다는 시사점을 제공한다.

요약할 때 이들 괴리도 변수도 주가 상승기에 하락기와는 다른 영향을 미치며, 주가가 상승하는 시기에는 별다른 영향을 미치지 못하지만 주가가 좋지 않은 상황에서는 이들 두 지분 간의 괴리가 클수록 기업가치가 더 크게 하락한다는 사실이 판명되고 있다. 따라서 강원·신현한·장진호(2005)의 연구와 같이 국내기업의 소유-지배권 괴리도가 반드시 기업가치에 부정적으로 작용하는 요소가 아니며, 경제여건이 악화되어 기업들의 주가성과가 부진한 시기에만 유의적으로 작용할 수 있다는 점을 확인할 수 있다.[34]

---

34) 별도로 본문에 보고하지는 않았지만, 국내에서 사외이사제도가 활성화된 2000년대 이후 기간을 대상으로 총이사수 대비 사외이사의 비중을 장기 주가변화에 대한 설명변수로 회귀분석을 실시하였다. 그 결과, 주가 상승기에서 사외이사비중변수와 장기 주가변화 사이에 유의한 양(+)의 계수 값이 산출되었다. 이는 2000년대 이후 사외이사 비중을 제고한 재무정책이 양호

지금까지의 분석을 통해 살펴본 경기 상승기와 하락기의 주가변화와 재무정보의 관계를 정리하면 다음과 같다.

재무정보		주가 상승기 주가변화	주가 하락기 주가변화
1. 소유구조	대주주 소유지분	−	+
	개인대주주 보유지분	−	+
	계열기업 보유지분	−	·
	외국인소유지분	+	+
	해외증권(DR) 발행	+	+
2. 기업집단	대규모기업집단 (재벌)	·	·
	대주주 소유지분	+	−
	개인대주주보유지분	+	−
	계열기업보유지분	+	·
	다각화수준	·	−
3. 자본구조 및 은행관계	은행차입금비율 (은행밀접도)	·	−
	부채비율	+	−
4. 기타 특성	다각화수준	+	·
	현금흐름 및 유동성	·	+
	기업규모	·	+
	경영성과	+	·
	위험도 (베타)	+	·

4) 요약

지금까지는 주가 상승기와 하락기라는 상반되는 경제상황에서 소유구조, 재벌 여부, 부채비율, 은행관계 등의 재무정보가 주가변화에 어떠한 영향을 미치는가에 관하여 분석하였다.

주가 상승기에 개인대주주지분율과 계열기업보유지분율을 망라한 대주주지분율은 주가변화와 음(−)의 관계를 가진 것으로 나타났다. 이렇게 한 주가반응을 유발하였음을 뒷받침하는 결과이다.

게 거시경제상황이 상승 국면에 접어들었을 때 개별 기업의 주가변화에 대해 대주주지분율의 계수 값이 음(-)으로 산출된 것은 대주주의 소유지분이 클수록 기업가치에 부정적인 영향을 미친다는 안주가설로 설명될 수 있다. 안주가설(entrenchment hypothesis)란 대주주지분이 일정비율 이상일 경우 대주주가 경영활동에 안주하여 기업가치에 반하는 의사결정을 하거나 시도할 수 있기 때문에 이러한 행동이 주가를 하락시키는 것을 의미한다. 또한 대주주지분율이 높을수록 주가 호전에 의한 추가적인 효용은 체감하지만 주가 하락에 의한 추가적인 효용감소는 급격히 증가하기 때문으로도 해석된다. 대주주지분율을 개인대주주지분율과 계열기업지분율로 구분한 경우 개인대주주지분율이 상대적으로 가치변화에 미치는 영향력이 크게 나타났다. 다른 기업특성 가운데 부채비율이 높거나, 경영성과가 우수하고, 외국인보유지분과 위험도 및 다각화 수준이 높은 기업일수록 주가상승이 컸다.

　주가 하락기에는 대주주지분율, 외국인 소유지분, 경영 투명성, 유동성, 현금흐름, 기업규모 등이 기업가치에 긍정적으로 작용한 반면 부채비율, 은행과의 밀접도, 다각화 수준, 위험도 등은 부정적인 관계를 보였다. 주가 하락기에 대주주지분율과 기업가치 간에 양(+)의 계수 값이 관찰된 것(기업가치증가가설)은 불황기에 소유구조 측면에서 대주주지분율이 높은 기업일수록 가치하락을 유발할 수 있는 대리인비용이 감소하였거나 보다 보수적인 경영을 수행하였음을 암시하는 것으로 판단할 수 있다. 이상의 결과는 경제환경이 변화함에 따라 기업가치-기업특성의 관계가 달라질 수 있다는 사실을 보여주는 것이라고 할 수 있다.

　재벌소속기업의 경우 주가 상승기에 개인대주주지분율이 기업가치 상승에 긍정적으로 작용한 반면, 하락기에서는 부정적으로 작용하는 관계를 보여 재벌의 소유구조가 기업가치에 미치는 영향이 비재벌과 다르며, 경제상황에 따라서 상이하게 나타날 수 있다는 사실을 보여주었다. 재벌의 기준을 100대재벌로 확대하여 분석을 실시한 경우에도 결과는 대동소이하였다.

주가 상승기와 하락기에서 주가변화에 대한 재무요인의 영향도를 비교하면 하락기에 상대적으로 더 크게 나타났다. 이는 주가가 오르는 시기보다는 주가가 떨어져 부진을 면치 못하는 시기에 투자자들이 기업의 소유구조나 다른 재무적 특성에 보다 민감하게 반응함을 의미하는 것으로 파악된다. 이와 더불어 부채비율이나 경영성과, 베타 등의 내재가치 관련 변수가 주가 하락기보다 주가 상승기에 기업가치에 더 큰 영향을 준다는 사실을 발견할 수 있었다.

표본기간을 2000년 이후로 확장한 추가분석에서도 결과는 유사하였다. 하지만 이전 기간(1997년~1999년)에 비해 소유구조상 대주주지분율(특히 재벌)의 경우 주가변화와의 유의성이나 크기가 감소하였고, 자본구조상 은행차입금 비중과 주가변화의 관계도 많이 축소되었다. 이는 2000년 이후 수행된 국내기업의 기업지배구조 개선 조치와 대주주지분구조 변화 및 외부로부터의 자금차입구조 변화로 말미암아 소유구조와 기업가치, 은행관계와 기업가치의 관계가 약화되었음을 의미하는 것으로 판단된다.

마지막으로, 지배구조상 소유-지배권 괴리도는 주가 하락기에 주가에 부정적으로 작용한 것과 달리 주가 상승기에는 주가에 유의적인 영향을 미치지 못했다. 이렇게 소유-지배권의 괴리도가 주가 하락기에만 기업가치에 부정적이라는 사실은 소유-지배권 괴리도에 대한 시장의 부정적 평가가 일부 시기에 한정될 수 있음을 보여주는 것이다.

이상과 같은 연구결과는 전반적인 거시경제 상황이 상승과 하락을 보이는 과정에서 지배구조를 위시한 기업특성이 기업가치에 미치는 영향이 서로 다르게 나타날 수 있다는 사실을 보여주는 것이며, 경제상황이 변화함에 따라 각 기업은 최적재무구조를 지속적으로 모색해야 한다는 시사점을 제시하고 있다.

〈표 22〉 표본의 요약 재무 통계량

각 통계량은 평균값이며, 평균 아래 [ ]은 중앙값이다. 차이값 검정은 재벌과 비재벌의 차이에 대한 것이며, 위 수치는 평균을 이용한 t-검정의 p-값이고, 아래 ( ) 안의 수치는 중앙값을 이용한 Wilcoxon-검정의 p-값을 나타낸다.

Panel A. 통계량 Ⅰ(1996년-1998년)

		표본 전체			재벌소속 여부					
		1996년 (n=644)	1997년 (n=625)	1998년 (n=600)	1996년		1997년		1998년	
					재 벌 (n=148)	비재벌 (n=496)	재 벌 (n=154)	비재벌 (n=471)	재 벌 (n=139)	비재벌 (n=461)
Panel A. 통계량 Ⅰ (1996년-1998년) 대주주 1인지분율 (%)					소유·지배구조					
	개인대주주 보유지분율	20.241 [20.022]	20.034 [19.044]	20.029 [19.415]	9.032 [4.926]	23.498 [23.836]	8.774 [3.962]	22.495 [23.825]	8.140 [2.020]	23.510 [22.915]
					차이값 검정	0.001 (0.001)	차이값 검정	0.001 (0.001)	차이값 검정	0.001 (0.001)
	계열기업 보유지분율	9.002 [0.000]	11.102 [4.031]	12.410 [4.915]	17.529 [15.601]	6.527 [0.000]	20.451 [17.052]	8.201 [0.000]	23.609 [21.285]	9.063 [1.050]
					차이값 검정	0.001 (0.001)	차이값 검정	0.001 (0.001)	차이값 검정	0.001 (0.001)
	대주주 지분율 계	29.243 [28.093]	31.136 [29.064]	32.439 [30.450]	26.551 [24.678]	30.025 [28.787]	29.225 [26.015]	31.696 [30.505]	31.749 [28.170]	32.617 [31.115]
					차이값 검정	0.001 (0.060)	차이값 검정	0.071 (0.001)	차이값 검정	0.116 (0.054)

					소유·지배구조					
외부 기관투자가 지분율 (%)	은행 보유지분율	8.225 [5.971]	6.412 [3.625]	5.907 [1.385]	13.593 [12.644]	6.621 [4.612]	9.624 [6.923]	5.360 [2.703]	7.085 [2.210]	5.833 [0.770]
					차이값 검정	0.011 (0.021)	차이값 검정	0.033 (0.017)	차이값 검정	0.068 (0.072)
외부 기관투자가 지분율 (%)	일반법인 보유지분율	16.825 [12.435]	18.896 [12.805]	16.954 [11.721]	26.170 [24.886]	14.033 [9.951]	28.041 [24.287]	15.899 [10.542]	26.932 [24.800]	15.403 [10.460]
					차이값 검정	0.001 (0.001)	차이값 검정	0.001 (0.001)	차이값 검정	0.001 (0.001)
	외국법인 보유지분율	4.820 [1.491]	4.599 [0.900]	5.536 [1.885]	7.206 [4.083]	4.106 [1.035]	6.596 [3.087]	3.944 [0.642]	9.330 [3.055]	5.676 [0.825]
					차이값 검정	0.094 (0.076)	차이값 검정	0.074 (0.082)	차이값 검정	0.069 (0.052)
					다른 기업특성					
레버리지(부채)비율: 총부채÷총자산		0.721 [0.699]	0.745 [0.717]	0.766 [0.654]	0.775 [0.784]	0.705 [0.661]	0.818 [0.815]	0.721 [0.674]	0.708 [0.644]	0.694 [0.565]
					차이값 검정	0.001 (0.001)	차이값 검정	0.001 (0.001)	차이값 검정	0.001 (0.001)
은행차입금구성비율: 은행차입금÷총부채		0.334 [0.319]	0.403 [0.408]	0.329 [0.305]	0.314 [0.315]	0.340 [0.321]	0.393 [0.409]	0.405 [0408]	0.226 [0.183]	0.421 [0.345]
					차이값 검정	0.059 (0.147)	차이값 검정	0.001 (0.001)	차이값 검정	0.001 (0.001)

다른 기업특성									
회사채의존비율: 회사채÷총부채	0.206 [0.1834]	0.185 [0.172]	0.194 [0.172]	0.223 [0.199] 차이값 검정	0.201 [0.178] 0.089 (0.094)	0.223 [0.208] 차이값 검정	0.172 [0.152] 0148 (0.001)	0.141 [0.112] 차이값 검정	0.107 [0.109] 0.066 (0.075)
현금흐름비율: 현금흐름÷총자산	0.052 [0.054]	0.047 [0.052]	0.034 [0.050]	0.054 [0.055] 차이값 검정	0.051 [0.053] 0.189 (0.205)	0.053 [0.053] 차이값 검정	0.045 [0.051] 0.115 (0.368)	0.059 [0.057] 차이값 검정	0.033 [0.045] 0.001 (0.067)
유동성비율: (현·예금, 유가증권)÷총자산	0.095 [0.069]	0.085 [0.060]	0.102 [0.070]	0.055 [0.034] 차이값 검정	0.107 [0.084] 0.001 (0.001)	0.063 [0.050] 차이값 검정	0.105 [0.080] 0.001 (0.001)	0.035 [0.021] 차이값 검정	0.073 [0.043] 0.001 (0.001)
기업규모: 총자산 (단위: 억 원)	6,108.3 [1,567.8]	7,916.6 [1,767.5]	8,476.6 [1,917.4]	16,423.0 [7,760.8] 차이값 검정	3,030.5 [1,133.8] 0.001 (0.001)	20,618.8 [9,177.4] 차이값 검정	3,763.5 [1,268.3] 0.001 (0.001)	23,860.1 [9,358.3] 차이값 검정	5,332.4 [1,332.8] 0.001 (0.001)
경영성과: 토빈's Q	1.099 [0.998]	0.956 [0.887]	1.016 [0.889]	1.023 [0.961] 차이값 검정	1.122 [1.020] 0.187 (0.124)	0.916 [0.898] 차이값 검정	0.968 [0.879] 0.072 (0.042)	0.888 [0.768] 차이값 검정	1.067 [0.870] 0.001 (0.055)
기업위험도: 베 타	0.852 [0.915]	0.893 [0.938]	0.784 [0.803]	0.919 [0.971] 차이값 검정	0.830 [0.896] 0.001 (0.001)	0.962 [0.986] 차이값 검정	0.870 [0.924] 0.001 (0.001)	0.763 [0.750] 차이값 검정	0.632 [0.651] 0.001 (0.001)

Panel B. 통계량 Ⅱ (1999년 – 2001년)

구분	항목	표본 전체			재벌소속 여부					
					1999년		2000년		2001년	
		1999년 (n=620)	2000년 (n=606)	2001년 (n=623)	재 벌 (n=123)	비재벌 (n=497)	재 벌 (n=131)	비재벌 (n=475)	재 벌 (n=134)	비재벌 (n=489)
		소유 · 지배구조								
대주주 1인지분율 (%)	개인대주주 보유지분율	18.743 [19.075]	19.552 [18.931]	21.264 [19.052]	8.323 [1.910]	22.253 [22.030]	7.687 [1.355]	22.798 [22.970]	7.908 [1.415]	24.950 [23.015]
					차이값 검정	0.001 (0.001)	차이값 검정	0.001 (0.001)	차이값 검정	0.001 (0.001)
	계열기업 보유지분율	12.063 [5.000]	14.669 [7.080]	15.030 [7.725]	22.420 [20.345]	11.003 [2.840]	25.085 [22.086]	11.818 [3.777]	25.449 [22.086]	12.116 [3.777]
					차이값 검정	0.001 (0.001)	차이값 검정	0.001 (0.001)	차이값 검정	0.001 (0.001)
	대주주 지분율 계	30.806 [28.310]	34.221 [32.830]	36.294 [33.639]	30.743 [28.000]	32.0873 [31.750]	32.773 [31.415]	34.616 [34.240]	33.357 [31.350]	37.066 [35.950]
					차이값 검정	0.078 (0.064)	차이값 검정	0.169 (0.070)	차이값 검정	0.030 (0.048)
외부 기관투자가 지분율 (%)	은행 보유지분율	5.907 [1.385]	4.354 [1.122]	3.882 [0.440]	7.085 [2.210]	5.833 [0.770]	6.055 [1.605]	3.878 [0.160]	5.445 [1.460]	3.459 [0.270]
					차이값 검정	0.008 (0.003)	차이값 검정	0.010 (0.019)	차이값 검정	0.024 (0.001)

소유 · 지배구조										
외부 기관투자가 지분율 (%)	일반법인 보유지분율	16.954 [11.721]	19.224 [12.240]	22.083 [17.550]	26.932 [24.800]	15.403 [10.460]	28.809 [26.260]	16.574 [10.235]	29.578 [29.410]	20.027 [14.940]
					차이값 검정	0.001 (0.001)	차이값 검정	0.001 (0.001)	차이값 검정	0.001 (0.001)
	외국법인 보유지분율	5.676 [1.885]	5.339 [1.270]	5.544 [1.240]	9.330 [3.055]	5.536 [0.825]	10.310 [1.950]	3.981 [0.160]	10.372 [1.580]	4.252 [0.150]
					차이값 검정	0.001 (0.001)	차이값 검정	0.001 (0.001)	차이값 검정	0.001 (0.001)
다른 기업특성										
레버리지(부채) 비율: 총부채÷총자산		0.719 [0.603]	0.712 [0.578]	0.669 [0.557]	0.674 [0.624]	0.708 [0.565]	0.694 [0.644]	0.717 [0.548]	0.719 [0.639]	0.656 [0.521]
					차이값 검정	0.001 (0.001)	차이값 검정	0.001 (0.001)	차이값 검정	0.001 (0.001)
은행차입금구성비율: 은행차입금÷총부채		0.342 [0.345]	0.292 [0.271]	0.272 [0.259]	0.275 [0.243]	0.421 [0.345]	0.226 [0.183]	0.309 [0.306]	0.219 [0.196]	0.289 [0.292]
					차이값 검정	0.071 (0.009)	차이값 검정	0.001 (0.001)	차이값 검정	0.527 (0.654)
회사채의존비율: 회사채÷총부채		0.121 [0.079]	0.105 [0.072]	0.095 [0.000]	0.177 [0.182]	0.107 [0.019]	0.141 [0.112]	0.095 [0.012]	0.150 [0.121]]	0.081 [0.014]
					차이값 검정	0.083 (0.001)	차이값 검정	0.001 (0.001)	차이값 검정	0.212 (0.408)

다른 기업특성

현금흐름비율: 현금흐름÷총자산	0.035 [0.045]	0.042 [0.051]	0.028 [0.035]	0.043 [0.046] 차이값 검정	0.033 [0.045] 0.108 (0.212)	0.059 [0.057] 차이값 검정	0.036 [0.048] 0.365 (0.481)	0.037 [0.041] 차이값 검정	0.017 [0.022] 0.001 (0.009)
유동성비율: (현·예금, 유가증권)÷총자산	0.067 [0.038]	0.051 [0.034]	0.063 [0.058]	0.041 [0.024] 차이값 검정	0.073 [0.043] 0.089 (0.229)	0.035 [0.021] 차이값 검정	0.055 [0.037] 0.001 (0.507)	0.053 [0.048] 차이값 검정	0.066 [0.065] 0.416 (0.001)
기업규모: 총자산 (단위: 억 원)	9,880.7 [2,300.3]	8,934.0 [1,811.5]	8,620.1 [1,809.7]	23,113.8 [9,914.9] 차이값 검정	5,332.4 [1,332.8 0.001 (0.001)	23,860.1 [9,358.3] 차이값 검정	4,935.3 [1,349.5] 0.001 (0.001)	20,818.7 [8,246.3] 차이값 검정	5,451.9 [1,363.4] 0.001 (0.001)
경영성과: 토빈's Q	0.924 [0.878]	0.948 [0.781]	0.843 [0.686]	0.965 [0.848] 차이값 검정	1.067 [0.870] 0.014 (0.038)	0.888 [0.768] 차이값 검정	0.964 [0.782] 0.005 (0.016)	0.919 [0.767] 차이값 검정	0.824 [0.656] 0.001 (0.027)
기업위험도: 베 타	0.662 [0.683]	0.562 [0.561]	0.594 [0.587]	0.810 [0.801] 차이값 검정	0.632 [0.651] 0.001 (0.001)	0.763 [0.750] 차이값 검정	0.504 [0.522] 0.001 (0.001)	0.744 [0.712] 차이값 검정	0.523 [0.541] 0.093 (0.154)

<표 23> 주가 상승기와 하락기의 주가변화

주가 하락기는 1997년 1월부터 1998년 6월까지, 상승기는 1998년 7월부터 1999년 12월까지의 기간으로 하였다. 이 기간 동안의 주가변화는 보유기간수익률(HPR)을 이용하여 계산하였다. 각 수치는 평균값이며, 평균 아래 [   ] 안은 중앙값이다. 재벌과 비재벌의 차이값 검정은 평균을 이용한 t-검정과 중앙값을 이용한 Wilcoxon-검정을 병행하였다. 차이값 검정의 위 수치는 t-검정의 p-값이고, 아래 수치는 Wilcoxon-검정의 p-값이다. ***, **, *은 각각 1%, 5%, 10% 유의수준을 나타낸다.

Panel A. 대주주지분구조에 따른 주가 상승기와 하락기의 보유기간수익률				Panel B. 재벌 여부에 따른 주가 상승기와 하락기의 보유기간수익률			
	평 균				평 균		
구 분	표본 전체 (n=608)	대주주지분율 중앙값 이상 (n=304)	대주주지분율 중앙값 이하 (n=304)	차이값 검정 (p-value)	구 분	표본 전체 (n=608)	재 벌 (n=146)	비재벌 (n=462)	차이값 검정 (p-value)
주가 상승기 (1998.7~1999.12)	143.68%*** [65.32%]***	122.77%*** [55.18%]***	158.46%*** [67.25%]***	0.001*** (0.001)***	주가 상승기 (1998.7~1999.12)	143.68%*** [65.32%]***	180.68%*** [117.17%]***	130.92%*** [51.42%]***	0.034** (0.001)***
주가 하락기 (1997.1~1998.6)	−57.39%*** [−67.37%]***	−46.12%*** [−62.64%]***	−67.21%*** [−70.03%]***	0.002*** (0.015)**	주가 하락기 (1997.1~1998.6)	−57.39%*** [−67.37%]***	−56.37%*** [−66.96%]***	−59.35%*** [−69.21%]***	0.252 (0.164)
전체 기간	54.05%*** [−1.75%]***	49.21%*** [−3.45%]***	158.46%*** [−0.84%]***	0.001*** (0.097)*	전체 기간	54.05%*** [−1.75%]***	72.01%*** [12.90%]***	42.96%*** [−15.76%]***	0.001*** (0.046)**

〈표 24〉 주가 상승기와 하락기 주가변화와 재무적 특성: 주요 변수별 개별분석

주가 상승기는 1998년 7월부터 1999년 12월까지, 경기 하락기는 1997년 1월부터 1998년 6월까지의 기간을 이용하였다. 주가변화는 보유기간수익률(HPR)을 이용하여 계산하였다. ( ) 안의 수치는 t-값이다. ***, **, *은 각각 1%, 5%, 10% 유의수준을 나타낸다.

Panel A. 재벌 여부 및 대주주지분구조

	주가 상승기의 HPR				주가 하락기의 HPR			
	(1)	(2)	(3)	(4)	(5)	(6)	(7)	(8)
절 편	3.505***	3.455***	3.636***	3.512***	−0.746***	−0.756***	−0.770***	−0.766***
	(4.55)	(4.40)	(4.67)	(4.43)	(−7.73)	(−7.69)	(−7.91)	(−7.73)
재벌(더미) (A)	0.752***	0.882*	0.638***	0.939**	0.072***	0.099*	0.093***	0.092
	(3.53)	(1.96)	(2.73)	(2.05)	(2.70)	(1.76)	(3.18)	(1.60)
대주주1인지분율 (B)	−1.916***	−1.815***			0.243***	0.264***		
	(−3.53)	(−2.92)			(3.58)	(3.38)		
개인대주주지분율 (C)			−2.381***	−2.143***			0.327***	0.318***
			(−3.56)	(−2.97)			(3.91)	(3.53)
계열기업지분율 (D)			−1.534**	−1.406*			0.173**	0.194**
			(−2.44)	(−1.84)			(2.19)	(2.01)
(E) = A × B		0.413*				−0.135*		
		(1.72)				(−1.85)		
(F) = A × C				1.803*				−0.200*
				(1.91)				(−2.04)
(G) = A × D				0.561				−0.052
				(0.41)				(−0.31)
산업더미	포함	포함	포함	포함	포함	포함	포함	포함
Adjusted R^2	0.050	0.048	0.051	0.049	0.047	0.046	0.050	0.048
F-value	7.27	6.06	6.29	4.81	6.96	5.84	6.30	4.77
관찰표본 수	598	598	598	598	598	598	598	598

Panel B. 부채비율, 은행관계, 외국인의 지분보유, 경영 투명성 및 일반법인의 지분보유

	주가 상승기의 HPR					주가 하락기의 HPR				
	(1)	(2)	(3)	(4)	(5)	(6)	(7)	(8)	(9)	(10)
절 편	0.722*** (2.80)	0.910*** (2.63)	0.909*** (2.62)	1.351*** (3.47)	1.508**** (3.82)	−0.546*** (−8.51)	−0.442*** (−10.71)	−0.435*** (−10.48)	−0.629*** (−34.52)	−0.592*** (−8.82)
총부채 / 총자산	1.148*** (2.88)					−0.239*** (−3.27)				
은행차입금 / 총부채		0.632 (1.09)					−0.163** (−2.37)			
회사채 / 총부채		1.241* (1.71)	1.235* (1.70)				−0.438*** (−5.09)	−0.456*** (−5.27)		
주거래은행차입금 / 총부채			0.585 (0.93)					−0.214*** (−2.84)		
기타은행차입금 / 총부채			0.663 (1.11)					−0.155** (−2.16)		
외국법인지분율				1.622* (1.79)					0.418** (1.99)	
DR발행더미 (경영 투명성)				1.308* (1.68)					0.185* (1.87)	
일반법인지분율					0.013** (2.26)					0.001* (1.87)
산업더미	포함	포함	포함	포함	포함	포함	포함	포함	포함	포함
Adjusted R^2	0.031	0.007	0.007	0.017	0.023	0.033	0.047	0.052	0.019	0.023
F−value	5.83	1.38	1.04	1.45	4.62	6.19	9.37	7.84	3.61	4.26
관찰표본 수	603	569	569	599	599	603	569	569	599	599

Panel C. 기업규모, 현금흐름, 유동성, 다각화, 경영성과 및 위험도

	주가 상승기의 HPR					주가 하락기의 HPR				
	(1)	(2)	(3)	(4)	(5)	(6)	(7)	(8)	(9)	(10)
절 편	−1.454*** (7.70)	1.471*** (8.03)	1.422*** (7.46)	1.066*** (7.04)	1.203*** (7.22)	−0.875*** (−4.62)	−0.657*** (−6.95)	−0.709*** (−7.43)	−0.541*** (−5.20)	0.591*** (−6.25)
기업규모 (＝로그(총자산))	0.212*** (3.16)					−0.017 (−1.38)				
현금흐름 / 총자산		0.285 (0.18)					0.542** (2.48)			
유동성비율		−1.438 (−0.94)					0.516*** (3.72)			
다각화(더미)			0.454** (1.99)					−0.057** (−2.39)		
토빈의 Q				0.347* (1.71)					−0.016 (−0.51)	
위험도(베타)					0.319** (2.12)					−0.079** (−2.23)
산업더미	포함	포함	포함	포함	포함	포함	포함	포함	포함	포함
Adjusted R^2	0.029	0.022	0.025	0.014	0.026	0.020	0.026	0.038	0.017	0.027
F−value	5.46	3.05	4.82	3.16	3.84	3.94	5.02	6.98	3.61	4.94
관찰표본 수	603	603	574	603	603	603	603	574	603	603

〈표 25〉 주가 상승기와 하락기의 주가변화와 재무적 특성: 종합

주가 상승기는 1998년 7월부터 1999년 12월까지, 주가 하락기는 1997년 1월부터 1998년 6월까지의 기간을 이용하였다. ( ) 안의 수치는 t-값이다. ***, **, *은 각각 1%, 5%, 10% 유의수준을 나타낸다.

	주가 상승기의 HPR				주가 하락기의 HPR			
	(1)	(2)	(3)	(4)	(5)	(6)	(7)	(8)
절 편	1.256 (0.95)	1.251 (0.95)	1.303 (0.97)	1.228 (0.94)	−0.441* (−1.87)	−0.440* (−1.87)	−0.440* (−1.87)	−0.438* (−1.86)
재벌더미 (A)	0.119 (0.35)	0.096 (0.28)	0.503 (0.81)	0.669 (1.05)	0.094*** (2.84)	0.096*** (2.86)	0.051 (0.82)	0.053 (0.84)
대주주1인지분율 (B)	−0.259*** (−3.52)		−0.230*** (−2.73)		0.178** (2.35)		0.155* (1.91)	
개인대주주지분율 (C)		−0.279*** (−3.00)		−0.234** (−2.35)		0.201** (2.12)		0.181* (1.79)
계열기업지분율 (D)		−0.243*** (−2.73)		−0.217** (−2.14)		0.158* (1.76)		0.105 (1.00)
총부채 / 총자산	0.926* (1.80)	0.908* (1.75)	0.935* (1.81)	0.945* (1.82)	−0.112** (−2.20)	−0.109** (−2.14)	−0.112** (−2.20)	−0.107** (−2.09)
회사채 / 총부채	−0.361 (−0.52)	−0.383 (−0.55)	−0.341 (−0.49)	−0.373 (−0.54)	−0.306*** (−4.34)	0.304*** (−4.29)	−0.309*** (−4.38)	−0.306*** (−4.32)
주거래은행차입금 / 총부채	0.638 (1.12)	0.635 (1.11)	0.646 (1.13)	0.632 (1.10)	−0.194*** (−3.42)	−0.193*** (−3.41)	−0.195*** (−3.43)	−0.194*** (−3.42)
기타은행차입금 / 총부채	0.722 (1.33)	0.726 (1.34)	0.724 (1.33)	0.703 (1.19)	−0.185*** (−3.14)	−0.186*** (−3.14)	−0.185*** (−3.12)	−0.187*** (−3.15)
외국법인지분율	0.059* (1.83)	0.055* (1.79)	0.049* (1.75)	0.047* (1.72)	0.569*** (3.32)	0.558*** (3.21)	0.569*** (3.32)	0.560*** (3.20)
DR발행더미 (경영 투명성)	0.162 (1.22)	0.172 (1.23)	0.153 (1.07)	0.136 (1.06)	0.181** (2.42)	0.180** (2.39)	0.192** (2.51)	0.190** (2.47)
일반법인지분율	0.011 (1.50)	0.009 (1.10)	0.011 (1.56)	0.009 (1.07)	−0.076 (−0.80)	−0.065 (−0.33)	−0.078 (−0.85)	−0.068 (−0.39)
로그(총자산)	0.082 (0.65)	0.086 (0.68)	0.076 (0.60)	0.077 (0.61)	−0.006 (−0.49)	−0.006 (−0.53)	−0.005 (−0.43)	−0.006 (−0.50)
현금흐름 / 총자산	−0.270 (−0.12)	−0.191 (−0.08)	−0.293 (−0.13)	−0.173 (−0.07)	0.448** (2.09)	0.438* (1.90)	0.449* (1.96)	0.437* (1.89)
유동성비율	−0.311 (−0.87)	−0.329 (−0.88)	−0.335 (−0.88)	−0.344 (−0.89)	0.456*** (3.07)	0.459*** (3.08)	0.460*** (3.09)	0.465*** (3.11)
다각화 더미	0.374* (1.78)	0.372* (1.77)	0.376* (1.77)	0.360* (1.72)	−0.048** (−2.02)	−0.047** (−2.01)	−0.047** (−2.02)	−0.047** (−2.01)
토빈의 Q	0.049** (2.10)	0.055** (2.49)	0.037** (2.03)	0.035** (2.00)	−0.010 (−0.30)	−0.009 (−0.27)	−0.012 (−0.34)	−0.020 (−0.42)

	주가 상승기의 HPR				주가 하락기의 HPR			
	(1)	(2)	(3)	(4)	(5)	(6)	(7)	(8)
위험도(베타)	0.277*** (2.68)	0.280*** (2.69)	0.309*** (2.74)	0.286*** (2.71)	-0.157 (-1.63)	-0.175* (-1.83)	-0.166* (-1.71)	-0.170* (-1.74)
(E) = A × B			0.200 (1.13)				-0.183* (-1.71)	
(F) = A × C				0.423* (1.79)				-0.391* (-1.86)
(G) = A × D				0.186 (0.89)				-0.166 (-0.96)
산업더미	포함	포함	포함	포함	포함	포함	포함	포함
Adjusted R2	0.056	0.057	0.055	0.054	0.159	0.158	0.160	0.156
F-value	2.95	2.79	2.81	2.60	7.18	6.78	6.81	6.13
관찰표본 수	564	564	564	564	555	555	555	555

〈표 26〉 주가 상승기와 하락기의 주가변화와 재무적 특성: 100대재벌

주가 상승기는 1998년 10월부터 1999년 12월까지, 주가 하락기는 1997년 1월부터 1998년 9월까지의 기간을 이용하였다. 100대재벌소속 여부는 1999년 자산총액기준으로 상위 100대 대규모기업집단(재벌)과 비기업집단(비재벌)을 기준으로 분류하였다. ( ) 안의 수치는 t-값이다. ***, **, *은 각각 1%, 5%, 10% 유의수준을 나타낸다.

	주가 상승기의 HPR				주가 하락기의 HPR			
	(1)	(2)	(3)	(4)	(5)	(6)	(7)	(8)
절 편	2.057 (1.29)	2.065 (1.30)	2.006 (1.27)	2.094 (1.30)	-0.576** (-2.43)	-0.575** (-2.42)	-0.574** (-2.41)	-0.565** (-2.37)
100대재벌더미 (A)	0.216 (0.69)	0.258 (0.80)	0.477 (0.82)	0.404 (0.68)	0.062** (2.03)	0.053* (1.92)	0.024 (0.80)	0.022 (0.78)
대주주1인지분율 (B)	-0.261*** (-3.54)		-0.286*** (-3.27)		0.176** (2.32)		0.150* (1.89)	
개인대주주지분율 (C)		-0.294*** (-3.15)		-0.295*** (-2.85)		0.180* (1.90)		0.167* (1.77)
계열기업지분율 (D)		-0.233*** (-2.62)		-0.275** (-2.48)		0.171* (1.89)		0.132 (1.38)
총부채/총자산	0.959* (1.86)	0.931* (1.79)	0.956* (1.85)	0.938* (1.80)	-0.111** (-2.17)	-0.110** (-2.15)	-0.110** (-2.16)	-0.109** (-2.13)
회사채/총부채	-0.425 (-0.62)	-0.464 (-0.67)	-0.433 (-0.63)	-0.445 (-0.64)	-0.319*** (-4.49)	0.318*** (-4.46)	-0.320*** (-4.51)	-0.321*** (-4.49)
주거래은행차입금/총부채	0.626 (1.10)	0.623 (1.09)	0.615 (1.08)	0.618 (1.08)	-0.201*** (-3.51)	-0.200*** (-3.51)	-0.202*** (-3.53)	-0.202*** (-3.53)

	주가 상승기의 HPR				주가 하락기의 HPR			
	(1)	(2)	(3)	(4)	(5)	(6)	(7)	(8)
기타은행차입금 / 총부채	0.738 (1.36)	0.747 (1.37)	0.730 (1.34)	0.735 (1.35)	−0.187*** (−3.43)	−0.187*** (−3.43)	−0.188*** (−3.44)	−0.188*** (−3.44)
외국법인지분율	0.059* (1.81)	0.057* (1.81)	0.053* (1.78)	0.054* (1.79)	0.516*** (3.01)	0.514*** (2.95)	0.515** (3.00)	0.501*** (2.86)
DR발행더미 (경영 투명성)	0.192 (1.26)	0.212 (1.28)	0.254 (1.34)	0.242 (1.32)	0.181** (2.38)	0.181** (2.38)	0.187** (2.44)	0.188** (2.45)
일반법인지분율	0.014* (1.84)	0.011 (1.26)	0.013* (1.81)	0.011 (1.25)	−0.088 (−1.19)	−0.084 (−0.97)	−0.090 (−1.22)	−0.078 (−0.91)
로그(총자산)	0.123 (0.98)	0.132 (1.04)	0.127 (1.00)	0.137 (1.07)	−0.001 (−0.06)	−0.001 (−0.05)	−0.001 (−0.09)	−0.001 (−0.04)
현금흐름 / 총자산	−0.301 (−0.13)	−0.184 (−0.08)	−0.287 (−0.12)	−0.168 (−0.07)	0.448** (2.09)	0.467** (2.02)	0.471** (2.04)	0.465** (2.00)
유동성비율	−0.496 (−0.99)	−0.540 (−1.01)	−0.472 (−0.97)	−0.455 (−0.95)	0.469** (2.03)	0.434*** (2.88)	0.437*** (2.90)	0.434*** (2.86)
다각화 더미	0.395** (1.98)	0.391* (1.95)	0.357* (1.80)	0.379* (1.86)	−0.043* (−1.82)	−0.043* (−1.82)	−0.043* (−1.83)	−0.042* (−1.79)
토빈의 Q	0.037* (1.92)	0.035* (1.91)	0.030* (1.88)	0.030* (1.87)	−0.004 (−0.12)	−0.004 (−0.11)	−0.005 (−0.15)	−0.005 (−0.15)
위험도(베타)	0.306*** (2.74)	0.315*** (2.75)	0.282*** (2.68)	0.273*** (2.64)	−0.158 (−1.62)	−0.177* (−1.84)	−0.169* (−1.79)	−0.163* (−1.71)
(E) = A × B			0.182 (1.04)				−0.186* (−1.77)	
(F) = A × C				0.337* (1.71)				−0.290* (−1.76)
(G) = A × D				0.089 (0.48)				−0.184 (−1.09)
산업더미	포함	포함	포함	포함	포함	포함	포함	포함
Adjusted R2	0.057	0.055	0.055	0.052	0.148	0.147	0.147	0.145
F − value	2.97	2.82	2.82	2.56	6.68	6.30	6.32	5.68
관찰표본 수	564	564	564	564	555	555	555	555

〈표 27〉 주가 상승기와 하락기의 주가변화: 기간확장

표본기간을 2000년 이후 2002년까지로 확장하여 주가 변화와 장기 주가변화를 측정한 결과이다. 주가 상승기는 통계청이 발표한 주가종합지수에 따라 2001년 10월부터 2002년 12월까지, 주가 하락기는 2000년 1월부터 2001년 9월까지의 기간으로 설정하였다. [ ] 안의 수치는 중앙값이다. 이 기간 동안의 장기 주가변화는 주별보유기간수익률(weekly HPR)을 이용하여 계산하였다. ***은 1% 유의수준을 나타낸다.

구 분	평균 및 중앙값	
	주가 상승기 (2001.10~2002.12)	주가 하락기 (2000.1~2001.9)
보유기간수익률	38.85%*** [20.74%]***	−39.63%*** [−56.10%]***

〈표 28〉 주가 상승기와 하락기의 주가변화와 재무적 특성: 기간 확장

표본기간을 확장하여 주가변화(보유기간수익률, HPR)를 회귀분석한 결과로서 2001년 10월부터 2002년 12월까지를 주가 상승기로, 2000년 1월부터 2001년 9월까지를 주가 하락기로 이용하였다. ( ) 안의 수치는 t-값이다. ***, **, *은 각각 1%, 5%, 10% 유의수준을 나타낸다.

	주가 상승기의 HPR				주가 하락기의 HPR			
	(1)	(2)	(3)	(4)	(5)	(6)	(7)	(8)
절 편	0.233 (0.33)	0.250 (0.39)	0.261 (0.42)	0.250 (0.39)	0.885** (2.53)	0.678** (2.01)	0.886** (2.54)	0.672** (2.00)
재벌더미 (A)	0.019 (0.18)	0.025 (0.13)	0.019 (0.17)	0.025 (0.13)	−0.067 (−1.22)	−0.047 (−0.90)	−0.081 (−0.78)	−0.050 (−0.49)
대주주1인지분율 (B)	−0.271* (−1.95)		−0.277** (−2.01)		0.266** (2.03)		0.275* (1.90)	
개인대주주지분율 (C)		−0.153 (−1.50)		−0.166 (−1.58)		0.349** (2.24)		0.379** (2.16)
계열기업지분율 (D)		−0.444** (−2.09)		−0.489** (−2.37)		0.072 (0.49)		0.055 (0.34)
총부채 / 총자산	0.244*** (2.89)	0.288** (3.20)	0.254*** (3.11)	0.291*** (3.33)	−0.070*** (−3.78)	−0.064*** (−3.50)	−0.070*** (−3.76)	−0.061*** (−3.47)
회사채 / 총부채	0.339 (1.40)	0.351 (1.48)	0.341 (1.44)	0.366 (1.54)	−0.137 (−0.99)	−0.089 (−0.68)	−0.138 (−1.00)	−0.093 (−0.70)
주거래은행차입금 / 총부채	0.137 (1.34)	0.106 (1.22)	0.141 (1.36)	0.099 (1.25)	−0.022 (−0.30)	−0.025 (−0.47)	−0.011 (−0.20)	−0.025 (−0.47)

	주가 상승기의 HPR				주가 하락기의 HPR			
	(1)	(2)	(3)	(4)	(5)	(6)	(7)	(8)
기타은행차입금 / 총부채	0.087 (1.48)	0.075 (1.02)	0.097 (1.51)	0.084 (1.25)	−0.014 (−0.37)	−0.009 (−0.23)	−0.014 (−0.36)	−0.010 (−0.27)
외국법인지분율	0.187 (1.62)	0.230* (1.77)	0.191 (1.65)	0.230* (1.77)	0.510*** (2.67)	0.607*** (3.29)	0.506*** (2.62)	0.600*** (3.22)
DR발행더미 (경영 투명성)	−0.197 (−0.90)	−0.271 (−1.12)	−0.201 (−0.92)	−0.267 (−1.04)	0.414*** (3.22)	0.412*** (3.36)	0.419*** (3.17)	0.412*** (3.27)
일반법인지분율	0.570** (2.38)	0.635** (2.41)	0.537** (2.27)	0.628** (2.35)	0.355*** (2.75)	0.416*** (2.82)	0.353*** (2.71)	0.418*** (2.82)
로그(총자산)	0.133 (1.03)	0.132 (1.04)	0.127 (1.00)	0.137 (1.07)	−0.069* (−1.78)	−0.051 (−1.50)	−0.067* (−1.70)	−0.053 (−1.55)
현금흐름 / 총자산	−0.072 (−1.33)	−0.084 (−1.40)	−0.079 (−1.37)	−0.081 (−1.38)	0.918*** (3.71)	0.929*** (3.95)	0.919*** (3.71)	0.932*** (3.95)
유동성비율	0.494 (0.98)	0.330 (0.71)	0.502 (0.99)	0.618 (1.21)	0.797** (2.95)	0.659** (2.56)	0.794** (2.93)	0.670** (2.58)
다각화 더미	0.094 (1.12)	0.099 (1.30)	0.097 (1.26)	0.109 (1.42)	−0.017 (−0.40)	−0.015 (−0.35)	−0.023 (−0.57)	−0.015 (−0.37)
토빈의 Q	0.022** (2.19)	0.020** (2.18)	0.022** (2.21)	0.020** (2.18)	0.109*** (2.65)	0.089** (2.24)	0.109*** (2.65)	0.089** (2.24)
위험도(베타)	0.111* (1.88)	0.093* (1.77)	0.112* (1.89)	0.094* (1.77)	−0.213** (−2.43)	−0.233*** (−2.79)	−0.212** (−2.42)	−0.232*** (−2.78)
(E) = A × B			0.128 (0.89)				−0.125 (−1.16)	
(F) = A × C				0.177 (1.54)				−0.222 (−1.33)
(G) = A × D				0.012 (0.10)				−0.085 (−0.32)
산업더미	포함	포함	포함	포함	포함	포함	포함	포함
Adjusted R2	0.077	0.081	0.078	0.085	0.141	0.142	0.139	0.139
F−value	2.47	2.42	2.36	2.28	5.97	5.71	5.63	5.14
관찰표본 수	512	512	512	512	518	518	518	518

〈표 29〉 소유 - 지배권 및 괴리도 분석

주가변화 분석은 보유기간수익률(HPR)을 종속변수로 이용하였다. 주가 상승기는 1998년 10월부터 1999년 12월까지, 주가 하락기는 1997년 1월부터 1998년 9월까지로 설정하였다. ( ) 안의 수치는 t - 값이다. ***, **, *은 각각 1%, 5%, 10% 유의수준을 나타낸다.

	주가 상승기의 HPR				주가 하락기의 HPR			
	(1)	(2)	(3)	(4)	(5)	(6)	(7)	(8)
절 편	1.715*** (6.27)	1.782*** (6.05)	1.325*** (9.11)	1.317*** (8.77)	−0.683*** (−20.33)	−0.669*** (−18.40)	−0.596*** (−33.60)	−0.598*** (−32.571)
재벌더미 (A)	0.168 (0.36)	0.141 (0.25)	0.649** (1.99)	0.670* (1.96)	0.086 (1.53)	0.076 (1.11)	−0.025 (−0.63)	−0.019 (−0.47)
Cashflow rights (B)	−1.776* (−1.88)				0.351*** (3.05)			
Voting rights (C)		−1.901** (−1.97)				0.275** (2.32)		
Voting rights ÷ Cashflow rights (D)			0.019 (1.57)	0.015 (1.22)			−0.003* (−1.91)	−0.002 (−0.58)
(E) = A × B	0.021 (0.87)				−0.007** (−2.29)			
(F) = A × C		0.018 (0.82)				−0.005* (−1.75)		
(G) = A × D				0.006 (0.22)				−0.001 (−0.45)
산업더미	포함	포함	포함	포함	포함	포함	포함	포함
Adjusted R^2	0.015	0.021	0.009	0.009	0.022	0.014	0.011	0.011
F - value	2.14	2.22	1.51	1.44	3.11	1.96	1.62	1.42
관찰표본 수	555	555	555	555	559	559	559	559

2. 실증연구 B

1) 연구가설

기업지배구조가 기업의 가치와 성과에 유의적인 영향을 미치는 요소인가는 기업재무 분야의 주요 연구주제가 되어 왔다. 지금까지 발표된 다수의 연구에 의하면 기업성과와 지배구조변수 간에 대체로 양(+)의 관계, 즉 우수한 지배구조를 구축한 기업일수록 기업가치나 성과가 우량하다는 사실이 꾸준히 제기되어 왔다.

Johnson, Boone, Breach, and Friedman(2000)은 처음으로 금융위기가 지배구조 연구에서 지니는 중요성을 연구주제화하여 기업가치와의 상관관계분석을 시도하였다. 이들은 세계 25개국의 신흥주식시장 표본을 이용하여 투자자 보호 지표, 관련 법령의 효과적 실행 여부 등의 지배구조변수가 금융위기 기간 중 각 시장 간의 변동성 또는 주가수익률의 차이를 설명하는 데 유용하다는 결과를 제시하였다. Johnson et al.(2000)의 연구를 확장하여 Mitton(2002)은 동아시아 5개국의 기업표본을 수집하여 국가별 차원이 아닌 개별기업 수준에서, 아시아 금융위기 기간 중 기업지배구조가 기업성과에 유의적인 영향을 주었다는 분석결과를 보고하였다. 비슷한 표본을 이용하여 Lemmon and Lins(2002)도 유사한 결과에 도달한 바 있다. 한국주식시장에서의 상세한 지배구조변수를 이용한 Baek, Kang, and Park(2004)은 Mitton(2002)의 연구를 한층 확장시켜 아시아 금융위기 기간 중 기업지배구조와 오너경영자(owner-manager) 인센티브의 차이가 기업성과에 주요한 함수관계를 맺고 있다는 점을 보였다. 나아가 이들의 연구에서는 경영활동에 의한 소수 투자자(주주와 채권자 모두를 포함)의 부에 대한 침해행위(the expropriation of minority investors)가 지배구조와 기업가치의 관계를 연계하는 핵심요소라는 점을 실증분석결과로 제시하였다.

실상 세계 여러 국가에서 공개기업의 소유구조는 분산형 소유구조보다는 일부 소수의 지배대주주(controlling shareholder, 이하 '지배주주'라고 함)에게 집중되어 형성된 경향이 있다. 그리고 이러한 지배주주들은 자신들의 이익을 확고하게 유지하려 하고 이 때문에 경영자 선임에 개입하고 경영자의 경영활동을 통제하려는 유인을 가지게 된다. 특별히 이들은 자신이 실질적으로 보유한 소유권 또는 소유지분(cash flow rights)을 초과하여 기업에 영향력(voting rights)을 행사할 수 있다. 이러한 지배구조로 인하여 지배주주는, 경우에 따라서 소액주주의 부를 침해하면서 자신들의 이익을 극대화하는 행태를 보이기도 한다. La Porta, Lopez-de-Silanes and Shleifer(1998)는 그들의 연구에서 "the central agency problem in large corporations around the world is that of restricting expropriation of minority shareholders by controlling shareholders, ……." 이라고 함으로써 소액주주 보호가 지배구조상 핵심적인 위치에 있다는 결론을 내리기도 하였다. 이러한 점을 고려할 때, 기업지배구조는 지배주주의 침해행위로부터 소액주주를 보호하는 수단이라고도 볼 수 있다. 이를 본 연구에서는 '침해효과'('expropriation effect')라고 설정한다.

● *주주 부의 보호 효과인가, 지배구조의 정보효과인가*

또한 지배구조는 평상시보다 위기국면(주가 하락기)에 접어들었을 때 보다 중요한 이슈가 될 수 있다. 즉 예기치 못한 기업활동 주변의 위기상황이 지배주주로 하여금 침해행위 유인을 더 크게 가져다 줄 수 있다는 것이다. 왜냐하면 기대투자수익률이 하락할 것이 예상됨에 따라 침해행위에 대한 인센티브가 커질 것이기 때문이다. 다시 말하면, 위기라는 외부충격이 기업의 수익성 좋은 우수한 프로젝트로부터 발생 가능한 한계비용을 증가시키게 되고, 이에 따라 지배주주의 대리인문제가 발생할 여지가 커진다는 것이다.(Johnson et al., 2000) 이를 본 연구에서는 기업지배구조가 주주의 부를 보호하여 기업가치 상승을 유도한다는 측면에서 '기업지배구조효과'('corporate governance effect')라고 설정한다.

침해효과에 의하면 주가 하락기 중 기업지배구조가 우수할수록 주가가 상승한다는 지배구조-기업가치 간 양(+)의 관계가 성립한다. 하지만 이러한 침해효과와 대립되는 설명도 가능하다. 이를 본 연구에서는 '정보효과'('information effect')이라고 한다. 예를 들어, 대형 투자자가 어떤 자본시장에서 지배구조와 같은 금융하부구조에서의 취약성을 발견하게 되고, 이러한 사실이 위기기간 중 지배구조와 기업가치 간의 연계성을 강화한 주요 요인으로 작용할 수 있다는 것이다. 동아시아국가에서 경제가 호황일 때는 이러한 연계성이 잘 부각되지 않지만, 위기에 접어들었을 때 이러한 점들이 두드러지게 표출되었기 때문이다. 또는 이들 투자자들이 그들의 투자자금이 적정하게 분산투자 되었는지의 여부에 관해 충분한 정보를 가지고 있지 않았을 수도 있다.

이 같은 정보효과에 관하여 좀 더 부연하여 설명하면, 시장의 정보가 충분하지 않은 상태에서 닥쳐온 금융위기는 아시아 각국의 지배구조시스템에 내재된 취약성을 노출시키게 되었고, 이들 시장에 투자하고 있는 투자자들로 하여금 이를 인지토록 함으로써 정확한 정보가 알려지게 되고, 이에 따라 투자자금의 회수와 주가 하락을 불러왔다는 것이다.(Rajan and Zingales, 1998) 이러한 측면에서, 지배주주의 침해행위 수준이 지배구조가 취약한 기업의 저성과를 설명한다기보다는 투자자들이 기업 저변에 숨겨져 왔던 지배구조문제를 금융위기로 인해 직시함으로써 생겨났다는 해석이 가능해진다. 이를 본 연구의 연구내용의 하나로서 정보효과로 설정한다는 것이다.

● *기타의 설명: 베타효과, 과민반응효과*

침해효과와 정보효과 이외에도 기업지배구조와 기업가치의 관계를 설명할 수 있다. 그 첫 번째의 가능성으로는 지배구조변수가 단순히 기업의 민감도(sensitivity)를 반영하는 수단일 뿐이라는 것이다. 실제로 본 연구에서 조사한 표본기업에 의하면 지배구조와 시장모형의 베타(beta)로 추정한 기업위험도 간에 강한 양(+)의 상관관계가 존재하였다. 지배구조가 우량한 기업은 낮은 베타, 지배구조가 불량한 기업은 높은 베타로 측정되었다. 따라서 위기로 인해 경제상황이 어려워지고 주식시장이 부진을 면치 못할수록 지배구조가 열악한 기업의 가치나 성과가 저조할 것이라는 예상이 가능하다. 이를 본 연구에서는 기업의 민감도를 의미하는 '베타효과'('beta effect')라고 설정한다.

또 다른 가설도 예상할 수 있다. 투자자들이 위기 또는 주식시장 하락에 대해 과도하게 반응한다는 것이다. 투자자들의 과민반응의 수준과 열악한 지배구조 특성 간에 체계적인 관계가 존재하여 투자자들이 경제위기 또는 주식시장 하락기에 지배구조가 좋지 않은 기업의 주가는 더욱 하락한다는 것이다. 반대로 주식시장이 원래대로 회귀하거나 상승한다면 이들 열위기업의 주가는 가파르게 상승할 것이다. 이를 본 연구에서는 '과민반응효과'('overreaction effect')이라고 설정한다.

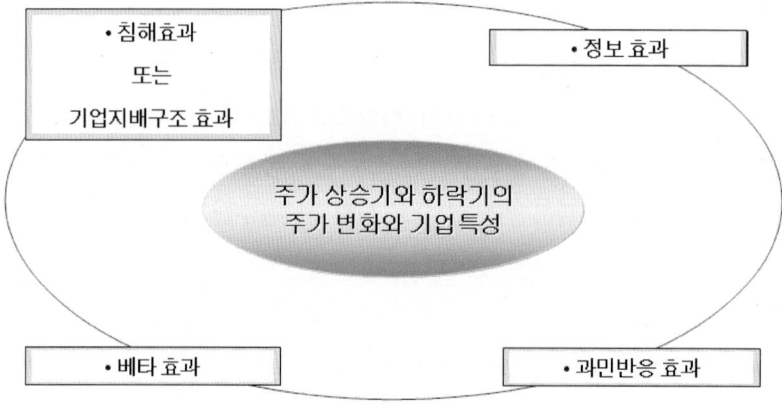

[그림 18] 네 가지의 연구 가설

본 장에서는 지금까지 설정한 네 가지의 가설에 대해 '침해효과'를 중심으로 기업지배구조 및 기타 재무적 특성이 기업가치에 중대한 영향을 미치는가에 관해 조명코자 한다. 이러한 연구를 통해서 위기기간 그리고 위기에서 회복하여 투자기회와 전망이 다시 밝아지는 기간 중 기업성과에 기업특성이 미치는 영향력을 평가할 수 있을 것이다.

여기서 분명한 점은, 주가 하락기에는 네 가지의 가설이 모두 지배구조와 기업가치 간에 양(+)의 관계라는 동일한 예상을 하고 있다는 것이다. '침해가설'에 의하면 주가 하락에 따라 지배주주가 자신의 부를 방어하기 위해 기업자산을 침탈할 가능성이 높아지고, 이는 주가 하락을 부추길 수 있다. 또한 이런 기업은 시장에 보다 민감하게 반응하여 투자자들의 매도를 가속화함으로써 주가가 보다 가파르게 하락할 것이다. 따라서 결과적으로 볼 때, 위기기간에 있어서 지배구조상 열위에 있는 기업이 성과가 저조할 것이라는 기존연구의 설계 또는 전망은 본 연구에 적용되지 않는다. 본 연구는 기업지배구조의 중요성을 '침해효과'를 중심으로 한 네 가지 가설로 설명할 것이기 때문이다.

하지만 위기 이후 주가가 제자리를 찾아가는 상승기, 즉 회복기에 있어서는 네 가지 가설의 해석이 달라진다.

먼저 침해효과와 정보효과가 기업가치와 지배구조의 관계에 관하여 상반된 예상을 한다. 위기기간 중 투자기회의 급격한 하락으로 인해 지배주주의 소액주주 부에 대한 침해행위 가능성이 커졌다면, 그리고 이러한 메커니즘이 주가를 하락시켰다면, 회복기하에서는 취약한 지배구조를 보인 기업일수록 주가가 크게 상승하게 될 것이다. 왜냐하면 경제회복에 따라 미래 투자기회가 개선됨으로써 지배주주가 소액주주의 부를 침해할 인센티브가 작아지기 때문이다. 침해행위 가능성의 감소는 투자자들에게 배분될 미래현금흐름을 증대시키고, 이에 따라 발생될 현금흐름의 할인에 사용될 위험프리미엄도 축소시키게 된다. 그러므로 침해효과에 의하면 지배구조가 취약한 기업일수록 회복기에 주가가 더 크게 상승할 가능성이 높다.

다른 한편으로 정보효과에 의하면, 위에서의 예측과 달라진다. 투자자들이 위기기간 중 노출되어 관찰한 지배구조상 취약성이 주가하락의 주요한 원인이었다면, 위기가 끝난 이후 회복기에서도 이들 기업의 주가상승이 상대적으로 부진하고, 그에 따라 상승 폭이 낮아질 것이라는 점이다. 왜냐하면 위기 이후 회복기에도 투자자들이 이들 기업에 대한 관심을 완전히 저버리지 않고 유지하는 한 상당한 주의를 계속해서 기울일 것이기 때문이다. 투자자들은 위기동안 학습한 지배구조 관련 정보에 기초하여 기업을 평가하는 것을 지속하게 될 것이고, 이러한 경향은 회복기 지배구조 열위기업의 평가에 반영될 것이다. 그러므로 정보효과에 의하면 지배구조가 취약한 기업일수록 회복기에 주가가 더 크게 상승할 것이라는 침해효과의 예상은 적용되지 않게 된다.

베타효과는 회복기간 중 베타가 높은 기업일수록 주가상승이 클 것이라고 예상한다. 베타가 높은 기업은 시장상황에 보다 민감하게 반응하기 때문에 이들 베타가 높은 기업은 위기기간 중 가치하락이 크고, 회복기간에는 그만큼 가치상승이 클 거라는 것이다.

과민반응효과에 의해서도 베타효과와 유사한 예상이 가능하다. 과민반응효과에 의하면 위기기간 중 주가하락이 컸던 기업은 회복기간에 주가상승 또한 커질 것이다. 위기기간 중 지배구조가 열악한 기업의 주가하락이 기업의 높은 베타와 더불어 투자자들의 과민반응에 기인했다면, 회복기간 중에는 기업가치에 대한 지배구조의 영향력이 사라지거나 상당히 약화되고, 그 대신에 베타 또는 과민반응의 영향 여부를 검토하게 될 것이기 때문이다.

이상과 같은 내용을 검증하기 위해 본 장에서는 위기기간(주가 하락기)과 위기 이후 회복기간(주가 상승기)에 대해서 (구)한국증권거래소에 상장된 기업(금융업종 제외)을 표본으로 하여 기업지배구조 변수와 기업가치 변화의 관계를 조사하였다.

조사 결과, 네 가지의 가설 중 침해효과를 강하게 뒷받침하는 결과를 발견하였다. 주가 하락기에는 기존연구의 결과와 유사하게 지배구조가 열위에 있는 기업의 주가는 상대적으로 부진하였지만, 이후 주가 상승기에는 이들 기업의 주가가 더 크게 반등하였기 때문이다. 이는 침해효과와는 일치되지만 정보효과와는 다른 결과이다. 또한 베타효과 및 과민반응효과를 지지하는 결과를 발견하였다. 베타가 높은 기업의 주가는 위기기간에 낮은 기업의 주가에 비해 큰 폭으로 하락한 반면, 회복기에는 반등 폭이 컸다(베타효과). 이와 유사하게 위기기간에 주가하락이 컸던 기업은 회복기에 재반등이 크게 나타난 경향이 있음이 나타났다. 과민반응의 영향을 보여주는 결과로 해석할 수 있다(과민반응효과). 이들 베타와 과민반응의 영향을 고려하더라도 기업가치 변화에 대한 지배구조 변수의 영향은 감소하지 않았다. 이와 함께 지배구조가 취약한 기업일수록 위기하에서 순이익이 크게 감소하고, 회복기에는 순이익이 큰 폭으로 증가한다는 실증분석결과를 제시하였다. 이 또한 침해효과를 지지하는 것이다.

분석을 수행함에 있어 기업의 성과에 대해 다른 측정수단(주가 대신 이익지표 사용)을 이용하기도 하고, 지배구조 변수를 다양하게 사용하여 지금까지 언급한 결과에 관해 강건성 검토(robustness checks)를 실시하였으나, 결과에 별다른 변화는 관찰되지 않았다. 이러한 제반 연구결과에 비추어 볼 때, 침해행위 가능성은 기업가치 변화를 결정짓는데 유의적인 역할을 수행하는 것이라 할 수 있다.[35]

이러한 연구결과는 최근 부각되고 있는 법률과 재무(law and finance) 분야에 상당한 시사점을 제공할 수 있다. 이 분야의 최근 연구

---

35) 강건성 검토란 분석결과가 다른 변수들이 고려되더라도 일관성이 있는지를 조사하는 것이다.

는 다양한 형태의 자본시장에서 투자자 보호의 중요성에 초점을 두고 있다. 투자자 보호가 잘된 국가일수록 크고 오래된 자본시장을 가지고 있다.(La Porta et al., 1997, 1998) 이들 자본시장에서 거래되는 상장 기업들은 그들이 보유한 자산에 비해 높은 가치평가를 받고 있으며,(La Porta et al., 2002; Claessens et al., 2002) 상장된 기업의 수가 많고,(La Porta et al., 1997) 외부자본을 보다 원활하게 이용하는 것으로 보고되고 있다.(La Porta et al. , 1998) 또한 투자자 보호가 잘된 국가의 자본시장 일수록 외부로부터의 투자가 활발하게 이루어지고 있고,(Rajan and Zingales, 1998; Demirgüç-Kunt and Maksimovic, 1998) 투자자에게 제공되는 회계정보의 질도 우수한 것으로 나타났다.(Hung, 2001; Ball et al., 2003; Fan and Wong, 2002 Leuz et al., 2003) 투자자 보호가 미흡한 경우 이는 기업의 청산비용을 높이는 것과도 연관된 것으로 보고된 바 있다.(Brockman and Chung, 2003). 이들 연구의 기저에 내재된 것은 소액주주에 대한 지배주주로부터의 부의 침해행위를 적절하게 방지하는 것이 지배구조정책에서 중요한 위치를 차지한다는 것이다.(La Porta et al., 2002) 본 연구는 투자자 부의 침해행위가 지배구조에 의해 기업가치가 영향을 받게 되는 중요한 경로임을 확인시켜 준다는 점에서 또 다른 의의가 있다.

이와 함께 기업규모, 부채비율, 금융자산에 대한 투자의 건전성, 재벌기업 여부, 경영성과, 외국인 소유지분 등이 주가 변화에 미치는 영향을 검토함으로써 재무적 특성이 주가 변화와 어떤 연관성이 있는지를 추론해 보았다.

2) 표본 및 연구방법

분석대상인 표본은 실증연구 (Ⅰ)에서와 동일하게 1997년과 1999년 말 사이에 한국증권거래소에 상장된 644개 비금융기업을 대상으로 하였다. 앞서 [그림 1]에서 표본 기간인 1997년 1월부터 1999년 12월까지의 종합주가지수(KOSPI)의 위기기간과 이후기간의 주가 하락 및 상승을 짐작할 수 있다.

1997년 1월 말 종합주가지수는 685.84pt 수준이었으나, 이후 상승과 하락을 시현하였다. 즉 1997년 6월에는 943.8pt까지 상승하던 것이 1997년 7월 태국정부의 바트화 평가절하 발표 시기에 즈음하여 폭락하기 시작하여 1998년 9월 말 405.6pt 수준으로 하락하였다. 이는 1996년 초 $1을 투자하였다면 1998년 말에 46cent 정도가 되었다는 것을 뜻한다. 이러한 사실에 착안하여 본 분석에서는 1997년 7월부터 1998년 9월까지를 주가 하락기로 설정하였다. 한편 1998년 10월부터 한국의 주식시장은 반등하기 시작하여 하락기간에서의 손실을 회복하기 시작하였다. 1999년 한 해 동안 주식시장은 크게 상승하여 주식시장 활황장세가 나타났으며, 이해 말 종합주가지수는 사상 최고 수준에 도달하기도 하였다. 만일 어떤 투자자가 1998년 10월부터 1999년 말까지 주식시장에 투자하였다면 평균적으로 140%의 투자수익률을 거둘 수 있던 시기로, 이 기간을 이번 연구에서는 위기 이후 회복기간, 즉 주가 상승기로 설정하였다.

본 실증연구의 목적은 도입부에서 논한 바와 같이 침해효과, 정보효과 및 기타 가설을 검증하는 것이므로, 이 가설들에 부합하는 변수들을 연구에서 사용하였다.

먼저 지배구조 변수의 첫 번째로서 소유구조와 연관된 재무변수를 선정하여 분석에 이용하였다. 소유구조는 Demsetz and Lehn(1985)의 연구를 필두로 다수의 연구에서 지배구조 변수로서 기업가치 결정요인으로 작용한다는 사실을 보고하고 있다. 이 소유구조와 관련하여서는 네 가지 변수의 영향을 조사하였다.

첫 번째 소유구조 관련 변수로 사용한 것은 대리인문제[36] 수준을 대

---

36) 대리인문제에 관해서는 제2장의 내용 참고.

용한 소유-지배권 괴리도(the disparity between cash flow rights and voting rights)이다. Claessens, Djankov, and Lang(2000)의 연구에 의하면 아시아 기업에서 소유-지배권 괴리도가 상당한 수준에 있으며, 이러한 소유-지배권 괴리도에 의해 형성된 피라미드식 소유구조와 상호지분보유 관행은 전체 소유구조에서 지배주주로 하여금 상대적으로 적은 지분을 가지고 기업에 대해 완전한 통제권을 행사토록 하고 있다고 주장하였다. 또한 Claessens et al.(1999), Lemmon and Lins(2001), Mitton(2002), La Porta et al.(2002)는 기업가치는 소유-지배권 괴리도가 클수록 낮은 경향이 있다는 사실을 발견하기도 하였다. 위에서 언급한 Claessens, Djankov and Lang(2000)의 연구에 이어 Lemmon and Lins(2001), Mitton(2002)도 유사한 결과를 제시하였다. 본 연구에서는 소유-지배권 괴리도를 분석에 포함시키기 위해 지배주주가 직접소유하고 있는 지분의 합계를 소유권(현금흐름권, cash flow rights)으로 정의하고, 소유구조 흐름상 간접적으로 보유한 지분의 합계를 지배권(통제권, voting rights)으로 정의하고 이를 측정하였다. 따라서 지배권은 직접 보유한 소유권과 간접지분을 합한 개념으로 이해될 수 있다. 하지만 본 연구에서는 기존의 연구와 달리 소유-지배권을 사용함에 있어 주요 주주(5% 이상의 지분을 보유한 주주)의 소유지분과 주요 주주 개념을 구분하지 않은 총지분의 두 가지 소유지분변수를 이용하였다. 이렇게 주요 주주 지분 이외에 총지분을 사용하는 것은 지배주주의 소유-지배권을 측정하는 데 있어 보다 정확한 결과를 제공할 수 있다. 소유-지배권의 괴리도는 소유권 대비 지배권의 비율로 계산하였다.

두 번째 소유구조 변수로 고려한 것은 소유구조에서 일반적으로 가장 많이 사용하는 대주주1인지분율, 즉 지배주주 및 그 친족의 지분을 모두 합산한 지분율이다.

세 번째 소유구조 변수는 주요 주주를 기준으로 산출한 대주주1인지분율, 계열기업지분율, 그리고 비계열 일반투자자가 보유한 지분이다. 계열이 아닌 일반투자자가 보유한 지분은 대주주 및 계열기업과 달리 순수한 외부투자자의 지분율을 뜻한다.

마지막 소유구조 변수로 사용한 것은 최대주주의 지분율이다. 이는 개인과 법인을 포함하여 계열과 비계열을 막론하고 가장 큰 지분을 보유한 주주의 지분율을 이용하였다. 이 지분율은 다시 경영자지분과 비경영자지분으로 구분하여 경영자지분이 소유구조로서 가지는 의미를 고찰하였다. 지배주주 및 그 일가가 보유한 지분 또는 최대주주가 보유한 지분이 경영활동을 효과적으로 통제하는 역할을 수행한다면 이러한 소유구조 형태는 소유와 경영의 분리로 인한 대리인문제를 감소시키게 될 것이다.(Jensen and Meckling, 1976)

시장상황에 따른 기업성과의 민감도를 측정하기 위해 본 연구에서는 시장모형에서 측정한 베타를 사용하여 베타효과 검증에 적용하였다. 여기서 베타는 1996년과 1997년의 일별주가수익률을 이용하여 시장모형을 통해 추정한 수치를 이용하였고, 이렇게 구한 베타는 각각 위기기간과 회복기간 직전의 기업의 위험도를 반영하는 것이다.

과민반응의 수준을 분석에 사용하기 위해 앞에서의 연구와 동일하게 누적 보유기간수익률(HPR)을 계산하여 이를 이용하였다. 과민반응효과에 의하면 장기적 관점에서 볼 때, 시장상황과 반대의 양상을 보일 것이다. 그리하여 위기기간 이전에 주가가 많이 오른 기업은 위기기간에 주가 하락 폭이 클 것이고, 이와 유사하게 위기기간에 주가성과가 부진한 기업의 경우 회복기간에는 보다 큰 반등이 기대된다.

실증연구 설계의 마지막으로 기업의 성과에 영향을 미칠 수 있는 다른 재무적 특성들을 포함시켜 이들의 효과를 관찰함으로써 분석의 완성도를 기했다. Johnson et al.(2000)의 연구는 기업집단의 경우 지배주주로 하여금 기업으로부터 부의 이전을 야기할 기회를 많이 제공한다고 주장하였다. 이러한 점을 고려하여 기업집단 여부를 분석내용에 고려하였다. 계열기업 또는 비계열기업에 대한 금융투자비중도 고려할 수 있는 변수이다. 금융자산에 대한 투자비중을 이용한 Joh(2002)는 비계열기업에 대한 금융자산 투자비중이 큰 기업은 위기 이전에 수익성이 좋았지만 금융자산 투자비중이 낮은 기업의 경우 수익성이 저조했다는 연구결과를 제시하였다. 이러한 제반 연구결과는 동일한 재벌에 속한 계열기업 간에 자원분배에 있어서 비효율성이 존재함을 암시하는 것이고, Johnson et al.(2000)에서 주장한 터널링(tunneling) 가설을 지지하는 것이다.[37] 본 연구에서는 금융자산 투자비중을 총자산에서 계열기업 또는 비계열기업에 투자한 투자유가증권 비중으로 산출하였다.

　부채비율, 유동성, 기업규모 등의 다른 주요 재무적 특성과 주가변화에 관해서는 실증연구 (Ⅰ)에서 설정한 가설 및 연구방법과 동일하다.

　〈표 30〉에서는 표본기업의 요약 재무통계량을 제시하였다. 요약 재무통계량은 1996회계연도 말과 1997회계연도 말 기준으로 측정하였으며, 재무구조 측정치는 한국상장회사협의회에서 제작한 TS2000 DB를, 주가수익률은 한국신용평가㈜에서 제작한 KIS-SMAT DB를 이용하여 구하였다.

　먼저 소유-지배권 괴리도를 측정하기 위해 계산한 소유권 대비 지배권 승수는 1996년과 1997년에 각각 3.2와 2.2를 나타냈다. 지배주주가 자신이 실제 지분으로 보유한 소유권 대비 기업에 대해 경영활동에 참여할 수 있는 지배권을 평균적으로 각각 3.2배와 2.2배 보유하고 있다는 것이다. 지배주주의 평균 소유권은 두 개 연도에 각각 21.8%와 24.7%이었으며, 평균 지배권은 각각 24.8%와 29.4%로 조사되었다. 5% 이상의 지분을 보유한 주요 주주 가운데 최대주주의 지분율은 18.9%(1996),

---

37) 터널링이란 기업의 자원이 지배주주의 이익을 목적으로 불균형적으로 이전되는 현상을 말한다.

21.4%(1997) 등으로 나타났다. 지배주주, 경영진 및 그 친족이 보유한 주요 주주지분율은 1996년 평균 11.2%(1997년 평균 12.5%), 그렇지 않은 비지배주주, 비경영진 등의 주요 주주지분율은 1996년 평균 7.8%(1997년 평균 9.9%)이었다. 두 집단 간 차이값 검증의 결과 유의한 검정치로 산출되었으며, 중앙값도 유사한 패턴을 보였다.

1996년과 1997년에 외국인 투자자가 보유한 지분은 평균 4.8%와 4.6%였다. 그리고 두 기간 중에 표본의 2.3%와 2.6%가 미국 증권거래소에 ADR로 상장된 기업이었으며, 다각화 기업은 총표본의 32.7%와 29.7%로 조사되었다. 다각화 기업 여부는 매출액의 90% 이상이 표준산업분류의 중분류에 해당하는 한 산업에서 발생하는 기업이면 다각화되지 않은 기업, 그렇지 않은 기업이면 다각화 기업으로 구분하여 더미변수를 부여하였다.

총자산으로 측정한 기업규모는 두 개 연도에 각각 6,108억 원과 8,586억 원이었고, 총자산 대비총부채로 계산한 부채비율의 평균은 각각 72.1%와 74.6%로 산출되었다. 이들 변수의 중앙값도 비슷한 추이를 보였다. 또한 총자산 대비 현금흐름(영업이익＋감가상각비) 비율은 평균적으로 두 개 연도에 각각 5.2%와 4.8%이었다. 그리고 경영성과를 대용한 토빈's Q의 경우 1997년도에 보다 높은 수치를 나타냈다.[38] 기업의 위험도를 반영한 베타의 경우 각각 0.851과 0.896으로 1997년에 상대적으로 기업위험이 컸다는 사실을 보여주었다. 마지막으로, 총자산 대비 계열기업에 대한 금융자산 투자비중은 두 개 연도에 각각 8.9%와 6.9%, 총자산 대비 비계열기업에 대한 금융자산 투자비중은 각각 3.4%와 1.9%로 조사되어 1996년보다 1997년에 금융자산 투자비중이 상당히 감소하였다는

---

38) 토빈's Q는 기업의 시장가 대비 대체원가의 비율로서 시장에서 기업의 과거 경영성과를 어떻게 평가하고 있는지를 나타내는 지표이다. 통상 (보통주 및 우선주의 시장가＋부채의 장부가액) / 총자산으로 계산하여 구한다.

것을 수치상에서 알 수 있다.

〈표 31〉 Panel A와 Panel B는 주가 하락기와 상승기 동안 본 연구에서 살피고자 하는 핵심변수 간의 상관관계를 분석해 옮겨 놓은 결과이다. 예상대로 소유-지배권 괴리도와 지배주주 및 그 친족의 지분율을 합한 지배주주지분변수의 상관관계는 하락기와 상승기 모두에서 강한 음(-)의 결과를 보였다. 그리고 소유-지배권 괴리도와 베타는 양(+)의 상관관계를 보였으며, 소유-지배권 괴리도와 이전기간의 주가수익률은 음(-)의 상관관계가 있는 것으로 측정되었다. 이는 주가 하락기에 주가가 상대적으로 더욱 크게 하락한 기업은 소유-지배권 괴리도로 대용한 지배구조 구도에서 소유-지배권 괴리도가 높다는 주장을 뒷받침하는 것이다.

한편으로 주목할 만한 사실은 소유-지배권 괴리도가 기업들은 높은 베타값을 가졌다. 그러므로 지배구조가 취약한 기업일수록 베타가 커서 시장상황변화에 민감하기 때문에 주가가 크게 하락한 것이지, 지배구조에 기인한 것이 아닐 수 있다는 점을 알 수 있다. 본 연구에서는 이러한 사실에 주안점을 두고, 위기기간 중의 주가하락이 주로 지배구조 요인에 의한 것인지, 그렇지 않으면 위에서와 같이 베타와 같은 다른 재무적 특성 요인에서 주로 비롯된 것인지를 면밀하게 검토하였다.

3) 분석결과

(1) 위기기간과 이후기간의 기업성과 결정요인: 횡단면회귀분석

① 단일회귀분석

침해효과에 의하면 지배구조가 취약한 기업일수록 위기기간에 주가하락이 크지만, 회복기간에는 주가상승이 그만큼 높을 것이라고 예상할 수 있다. 반면에 정보효과는 지배구조가 좋지 않을수록 위기기간에 주가하락이 크고, 회복기간에도 주가가 높지 않거나 최소한 지배구조가 우수한 기업보다는 주가가 더딜 것으로 기대한다. 이 두 가지 가설을 검증하기 위해 표본을 1996년과 1997년 말을 기준으로 소유-지배권 괴리도가 중앙값 기준으로 높은 기업과 낮은 기업으로 구분한 다음 위기기간과 회복기간에서의 장기주가수익률(보유기간수익률)을 비교해 보았다.

〈표 32〉의 Panel A는 이 비교 결과를 보여주는 것이다. 위기기간 중 소유-지배권 괴리도가 중앙값보다 높은 기업들은 평균적으로 -72.3%(중앙값: -78.4%)의 주가수익률을 보인 반면 낮은 기업들은 평균 -68.1%(중앙값: -74.3%)의 주가수익률을 보여, 소유-지배권 괴리도가 높을수록 주식시장 하락기간 중 주가손실이 더 컸던 것으로 나타났다. 이러한 결과는 침해효과와 정보효과를 모두 만족시키는 것이다. 이어서 주가 상승기에는 소유-지배권 괴리도가 높은 기업은 평균(중앙값) 167.1%(86.7%)의 주가수익률을, 소유-지배권 괴리도가 낮은 기업은 평균(중앙값) 96.5%(47.0%)의 주가수익률을 보였으며, 이 둘의 차이값도 통계적으로 유의하였다. 이 결과는 소유-지배권 괴리도가 높을수록 위기기간 중 주가가 크게 떨어지고 회복기간에는 크게 상승한다는 것이라고 볼 수 있다. 즉 지배구조가 취약할수록 회복기간에 반등 폭이 더 크다는 것이다. 이러한 반등사실은 침해효과를 지지하고 정보효과에는 반하는 결과라고 할 수 있다.

〈표 32〉 Panel B에서 지배구조의 평가수단으로서 지배주주 및 그 친족의 소유지분 변수를 이용하였다. 분석결과 주가 하락기 중 이 지분이 높은 기업의 주가는 낮은 기업의 주가보다 주가하락 폭이 적었으며, 이는 침해효과의 예상과 일치되는 것이다. 하지만 상승기에 기업지배구조가 취약한 기업에서 나타난 주가반등은 지배구조 변수와 연관되지 않은 것일 수가 있다. 지배구조는 단지 기업의 위험도, 즉 베타와 같은 특정 기업특성 변수를 반영한 것일지도 모르기 때문이다. 이의 근거는 베타효

과에 의하면 위기기간 중 베타가 높은 기업일수록 주가하락이 크고, 회복기간 중에는 반대로 주가상승이 높게 나타남에 기인한다.

〈표 32〉의 Panel C는 이러한 베타효과의 예상과 일치되는 결과를 보이고 있다. 주가 하락기간 중 베타가 높은 기업의 주가는 평균적으로 74.0%(중앙값: 78.5%) 하락한 반면 베타가 낮은 기업은 평균 64.7% 하락하였다. 두 기업의 차이값은 평균과 중앙값 모두 1% 수준에서 통계적으로 유의한 것으로 나타났다. 주가가 상승하는 기간 중에도 이러한 베타에 의한 주가변동패턴은 유사하게 측정되었다. 즉 베타가 높은 기업의 주가는 평균 145.6% 상승하고, 낮은 기업의 주가는 109.9% 상승에 머물렀다. 두 기업 간 차이값 역시 위기기간에서와 마찬가지로 통계적으로 유의한 것으로 나타났다.(10% 유의수준) 베타값이 큰 기업이 주가 하락기에 더 큰 폭의 하락을, 주가 상승기에는 더 큰 폭의 상승을 보인다는 예상과 일치되는 결과이다.

장기 주가수익률 추이는 과민반응효과의 예상과도 일치된다. 과민반응효과에 의하면 현재 시점에서 주가가 과대(과소)평가된 기업은 이후 기간에 있어서 그만큼 주가가 하락(상승)한다는 것으로 예상하며, 따라서 주가 하락기에 주가가 크게 하락했던 기업은 이후 주가 상승기에 상승폭이 클 것이다. 본 연구의 분석결과는 이에 대한 강한 증거를 보여준다. 회복기간 중 주가추이를 보면, 위기기간 중에 주가가 크게 하락했던 기업은 176.6% 상승한 반면, 위기기간 중 주가하락이 덜했던 기업은 80.4% 상승에 그쳤기 때문이다. 하지만 주가 하락기인 위기기간 중에는 과민반응과 부합하는 결과를 발견하지는 못했다.

② 다중회귀분석

지금까지 설명한 분석 결과들은 침해효과와 일치된 반면 정보효과와는 상반된 결과로 볼 수 있다. 이 결과는 또한 베타효과와 과민반응효과의 예상과도 일관된 결과이다. 이번 절에서는 침해효과, 베타효과, 과민반응효과의 세 가지 가설의 상대적 설명력(중요성)을 평가한 결과를 본다. 다중분석에서는 장기 주가수익률을 종속변수로 하고 침해효과, 베타효과, 과민반응효과를 대표하는 변수와 기업특성변수를 설명변수로 설정하여 위기와 회복기에 주가변화에 유의적인 영향을 미치는가를 추론하였다.

〈표 33〉는 이에 관한 결과를 보여준다. 회귀식 (1)-(5)는 하락기간에 대하여, 회귀식 (6)-(10)은 상승기간에 대한 회귀 모형이다. 회귀식 (1)은 장기 주가수익률에 소유-지배권 괴리도가 가지는 의미를 살펴보고 있다. 여기서 소유-지배권 괴리도는 로그(지배권 / 소유권) 변수를 사용하였다. 이 변수에서 예상되는 결과는 다수 기존연구에서 제시한 바와 같이 유의적인 음(-)의 관계인데, 이와 유사한 결과를 나타냈다. 즉 위기기간에 소유-지배권 괴리도가 큰 기업의 주가가 더 크게 하락한 것을 알 수 있으며, 이는 침해효과를 지지하는 것이다. 회귀식 (2)와 (3)은 각각 베타와 직전기간의 보유기간수익률을 설명변수로서, 두 변수 모두 통계적으로 유의한 음(-)의 계수 값을 나타냄으로써 베타효과와 과민반응효과가 성립함을 알 수 있다.

〈표 34〉의 회귀식 (4)는 소유-지배권 괴리도, 베타, 이전기간 보유기간수익률을 하나의 회귀식에 포함하여 결과를 조사한 것으로, 주목할 만하게 이 세 변수 모두 유의적인 음(-)의 계수 값으로 산출되었다. 계수 값의 유의성은 소유-지배권 괴리도, 직전기간 보유기간수익률이 이전 회귀식 (1)과 (3)에서도 떨어졌다. 수정-R^2 값도 회귀식 (1)-(3)에서보다 상승하여 하나의 변수로 구성된 회귀식보다 설명력이 좋아졌음을 보여준다. 즉 회귀식 (1)-(3)까지의 수정-R2값이 0.55-1.99의 범위에 머물렀고 이를 모두 합해도 수정-R2값이 2.65에 불과하다는 점을 고려하면, 침해효과, 베타효과, 과민반응효과의 세 가지 대립되는 가설이 위

기기간의 주가 하락을 설명하는 데 있어서 개별 가설이 아닌 이를 종합적으로 판단하는 것이 더 우수하고, 나아가 하나의 가설이 다른 가설을 지배하지는 못한다는 것으로 해석된다. 회귀식 (5)에서는 세 가지 핵심변수 이외에 주요 재무 변수들을 포함시켜 살펴보았다. 통제변수로 포함한 주요 재무 변수는 총자산(기업규모), 부채비율, 30대재벌더미, 외국인소유지분, ADR발행기업더미, 총자산 대비(계열, 비계열) 금융자산투자, 토빈's Q, 그리고 총자산 대비 현금흐름비율이다. 또한 소속산업이 가지는 독특한 효과를 통제하기 위해 소속산업더미(건설, 제조, 도소매, 서비스)도 추가하였다. 지면을 줄이기 위해 이들 산업더미에 대한 회귀계수 값은 보고에서 생략하였다. 이렇게 세 가지 핵심변수와 주요 재무변수를 포함한 회귀식의 수정-R2값은 9.01로 크게 상승하였는데, 이는 종속변수인 주가변화의 상당 부분을 설명하는 데 유력하게 작용했음을 의미하는 것이다.

먼저 소유-지배권 괴리도 변수의 경우 이전의 유의성을 유지하였으며, 유의성의 크기도 증가하였다. 하지만 과민반응효과를 설명하는 이전 기간의 보유기간수익률 설명변수의 t-값은 -1.43으로 하락하여 더 이상 유의하지 않았다. 통제변수 가운데 부채비율, 30대재벌더미 등은 각각 유의한 음(-)과 양(+)의 값을 보였고, 부채수준이 낮거나 30대재벌에 소속된 기업일수록 위기를 극복하는 데 유리하게 작용하였음을 알 수 있다.

지금까지의 하락기간에 대한 회귀모형에 이어 회귀식 (6)-(10)에서는 상승기간에 대하여 동일한 방법의 회귀분석을 실시하였다. 회귀식 (6)은 상승기의 주가에 대해 소유-지배권 변수를 설명변수로 한 결과이다. 위에서 언급한 바와 같이 침해효과가 성립한다면 이 변수는 양(+)의 계수 값을 보일 것으로 예상된다. 상승기간에 기업의 투자기회가 우수해짐에 따라 지배주주가 기업자원으로부터 부의 이전 또는 착취를

할 인센티브가 감소하기 때문이다. 한편으로 정보효과가 성립한다면 이 변수는 음(−)의 계수 값 또는 영향력이 없는 것으로 기대할 수 있다. 왜냐하면 투자자들이 하락기간에 노출되어 인지한 소유−지배권 괴리도의 문제점을 상승기간에도 계속해서 주의한다면 당해 기업의 주가에 부정적으로 작용할 것이기 때문이다. 분석결과 소유−지배권 괴리도의 계수 값은 1% 수준에서 통계적으로 유의한 양(+)으로 산출되어 침해효과를 지지하는 것으로 판명되었다. 다음의 회귀식 (7)은 베타효과에 관한 것으로 상승기간 중 베타가 높은 기업의 주가는 그만큼 큰 상승이 예상되는데, 결과 또한 이를 지지하는 것으로 나타났다. 베타변수의 회귀계수 값은 유의한 양(+)의 값으로서 베타가 큰 기업이 주가가 더 올랐다는 것으로 확인할 수 있다. 회귀식 (8)에서는 과민반응효과를 조사하고 있다. 과민반응효과에 의하면 하락기간에 주가하락이 컸던 기업은 회복기에 그만큼 큰 폭의 주가반등이 예상된다. 그렇다면 이전기간 보유기간수익률 설명변수는 음(−)의 값으로 산출되는 것이 예상된다. 분석결과 이와 일치되게 이전기간 보유기간수익률 변수는 1% 수준에서 유의한 양(+)의 값을 발견하였다. 여기서의 회귀식 (6)−(8)의 수정−R^2값은 1.73에서 4.42 범위 내에 있었다.

다음으로 회귀식 (9)에서는 소유−지배권 괴리도, 베타, 이전기간 보유기간수익률의 세 가지 변수의 상대적 중요도를 평가하기 위해 이들을 하나의 회귀식에 포함하여 상승기의 장기 주가수익률에 대해 분석하였다. 주목할 만하게 이들 변수는 모두 가설과 일치되는 것으로 나타났다. 더 나아가 이들 변수의 유의성과 영향력의 크기도 개별적으로 회귀한 회귀식 (6)−(8)과 거의 유사한 양상을 보였다. 수정−R^2 또한 9.61로서 회귀식 (6)−(8)의 값을 모두 합한 값과 거의 같았다. 이러한 결과에 비추어볼 때, 상승기의 주가변화를 침해효과, 베타효과, 과민반응효과가 각각 독립적으로 설명한다는 점을 알 수 있다. 마지막으로, 회귀식 (10)은 이들 변수와 주요 재무 변수를 종합한 회귀식이다. 이전과 마찬가지로 회귀식의 설명력은 상승하였고, 지금까지 살펴본 주요 변수들의 유의성과 설명력의 크기 등의 결과들은 크게 변하지 않았다.

〈표 34〉에서는 지배구조 변수로서 소유-지배권 변수를 대체하여 지배주주 및 그 친족(이하 '지배주주'로 칭함)의 소유지분을 사용하여 분석하였다. 지배주주의 지분이 높을수록 부의 침해를 야기할 인센티브가 감소할 것이다. 회귀식 (1)은 〈표 33〉의 소유-지배권 괴리도 변수를 이 지배주주지분으로 바꾸어 분석한 것으로, 위에서 예상한 침해효과의 기대와 같도록 위기기간에 지배주주 지분변수는 유의적인 양(+)의 값을 보였다. 회귀식 (2)는 지배주주지분 변수에 베타효과와 과민반응효과를 표시하는 변수를 포함한 것으로, 지배주주 지분, 베타, 이전기간 보유기간수익률 모두 유의적으로 가설과 일치되는 결과를 나타냈다. 즉 베타와 이전기간 보유기간수익률은 하락기간 동안의 주가수익률에 대해 유의한 음(-)의 계수 값으로 산출되었으며, 지배주주지분은 양(+)의 관계를 보여주었다. 회귀식 (3)은 이전의 〈표 33〉에서 사용하였던 주요 재무 변수를 추가한 것이다. 이들 재무 변수들을 추가한 모형에서는 지배주주지분과 이전기간 보유기간수익률의 유의성이 지속된 반면 베타는 유의성을 상실하였다. 다음의 세 가지 회귀식 (4), (5), (6)은 〈표 33〉의 회귀식 (6), (9), (10)에서의 소유-지배권 괴리도를 지배주주지분으로 대체한 것으로서, 〈표 33〉의 결과와 대동소이하여 지배주주지분이 유의한 음(-)의 값으로 측정되어 침해효과를 지지하는 것을 재차 발견할 수 있었다.

(2) 추가적인 증거

① 회계적 이익에 대한 기업지배구조의 영향

침해효과에 의하면 주가 하락기 중 투자기회의 급격한 감소로 인해 주주 부의 침해를 야기할 수 있는 인센티브가 증가하는 것이 취약한 지배구조를 보유한 기업의 주가하락을 불러오는 주요 원인이 된다고 보고 있다. 또한 상승기간 중에는 이러한 인센티브가 감소하여 이들 기업의 주가가 상대적으로 큰 폭의 반등을 할 것으로 기대한다. 이러한 침해 인센티브는 두 가지 경로를 통해 발생할 수 있다. 그 하나는 미래현금흐름의 할인요소로 작용하는 위험프리미엄을 감소(증가)시키는 것이고, 다른 하나는 투자자에게 배분될 미래현금흐름을 직접적으로 감소(증가)시키는 것이다. 이번 절에서는 이 둘 가운데 후자에 대한 분석을 시도하였다. 만일 침해효과가 성립한다면, 하락기간 중 지배구조가 취약한 기업의 현금흐름이 감소할 것이고, 상승기간에는 증가할 것으로 기대할 수 있다.

분석방법으로서, 현금흐름 변화를 대용하는 것으로 기업의 순이익을 이용하여 침해효과가 순이익의 변화를 설명하는가를 조사하였다. 위기기간의 순이익 변화는 1997회계연도 말과 1998회계연도 말의 총자산 대비 순이익비율 변화분을 사용하였으며, 회복기의 순이익 변화는 1998년-1999년 총자산 대비 순이익비율 변화분을 이용하였다.

〈표 35〉의 회귀식 (1)은 하락기간, 즉 1997년-1998년 순이익변화에 대해 소유-지배권 괴리도가 미친 영향을 조사한 것이다. 소유-지배권 괴리도 변수는 5% 수준에서 통계적으로 유의한 음(-)의 값을 나타냈다. 이는 주가수익률을 대상으로 한 〈표 33〉, 〈표 34〉의 결과와 동일한 것이다. 회귀식 (2)에서는 〈표 33〉, 〈표 34〉에서 사용한 기타 재무적 특성 변수를 추가한 것이다. 소유-지배권 괴리도의 유의성과 설명력에는 변화가 없었다. 흥미로운 사실은 부채비율과 30대 재벌더미의 회귀계수 값이 〈표 34〉에서와 유사하게 음(-)과 양(+)으로 나타난 것으로, 순이익변수를 이용하여 분석한 Joh(2002)의 연구결과와 일치되었다.

회귀식 (3), (4)는 소유-지배권 괴리도를 지배주주지분으로 대체한 것으로서, 위기하에서 지배주주지분과 순이익변화는 이전의 주가수익률을 이용한 결과와 동일하게 통계적으로 유의한 양(+)의 관계를 보였다.

회귀식 (5) - (8)은 위에서 실시한 분석을 상승기간에 동일하게 적용하여 살펴본 것으로 이 기간에는 하락기와 상반된 양상이 예상된다. 회귀식 (5)에서 소유 - 지배권 괴리도는 순이익변화와 유의적인 양(+)의 관계를 가진 것으로 판명되었으며, 특이할 만한 점으로 추정 계수 값의 크기는 회귀식 (1)에서 측정된 것과 거의 유사한 규모(0.075)로 회귀식 (1)의 부호가 음(-)이었던 것과 달리 양(+)으로 산출되었다. 이러한 결과는 침해효과를 강하게 뒷받침하는 것으로 볼 수 있는 것이다. 회귀식 (6)은 소유 - 지배권 괴리도 변수에 주요 재무 변수를 추가한 것인데, 역시 소유 - 지배권 괴리도의 유의성과 설명력에는 변함이 없었다. 마지막의 회귀식 (7), (8)은 소유 - 지배권 괴리도 대신 지배주주지분을 이용한 것으로 회귀식 (7)은 통제변수를 포함하지 않고, 회귀식 (8)은 통제변수를 포함하고 있다. 예상한 대로, 지배주주 지분은 순이익 변화와 유의적인 음(-)의 관계를 보여주었다.

② 대체 변수 사용 결과

이번 절에서는 기업지배구조를 측정하는 다른 변수들을 이용하여 기업성과에 지배구조가 미치는 영향을 검토해 본다. 넓은 의미에서, 침해효과에 의하면 주가 하락기에 지배구조가 취약한 기업의 성과는 상대적으로 저조하고, 이후 상승기에는 우수하게 나타나게 된다. 〈표 36〉에서는 〈표 35〉에서 사용한 변수와 동일한 통제변수를 포함하여 지배구조의 다른 측정변수를 통해 지금까지의 결과를 재검증하였다.

〈표 36〉의 회귀식 (1), (2)는 총주요주주지분의 수준을 우수한 지배구조의 척도로 회귀분석한 것이다. 5% 이상의 보유한 주요 주주의 경우 보유지분이 가치하락을 방어하고, 충분한 투자지분에 대한 주가상승을 이끌어내기 위해 경영활동을 통제 · 감시할 인센티브를 가지고 있으므로 하락기간 중 이들 주요 주주의 지분수준과 기업성과는 양(+)의 관계,

반대로 상승기간 중에는 음(-)의 관계를 예상할 수 있다. 그리고 회귀분석 결과는 이를 지지하는 것으로 나타났다. 즉 회귀식 (1)의 하락기에서와 같이 총주요주주지분과 주가변화는 5% 수준에서 통계적으로 유의하게 양(+)의 수준을, 회귀식 (2)의 상승기에서는 음(-)의 결과를 나타내고 있다. 그 다음의 회귀식 (3), (4)에서 총주요주주지분을 경영진보유지분과 비경영진보유지분으로 구분하였는데, 여기서는 경영진 보유지분만 유의한 수준을 보였다.

회귀식 (5), (6)은 침해효과가 미치는 크기(정도)를 가늠하기 위해 소유-지배권 괴리도에 덧붙여 다각화가 기업성과에 미치는 영향을 살피고 있다. Mitton(2002)은 다각화 기업이 핵심역량에 집중하는 기업보다 위기에 더욱 민감하게 반응하며, 이러한 다각화 기업에 있어서 소액주주의 부의 침탈이 심각할 것이라는 주장을 하였다. 또한 Lins and Servaes(2002)의 경우에도 신흥자본시장과 같은 불완전 자본시장에서 다각화 기업일수록 정보불균형이 심화되어 대주주가 소액주주의 부를 침해할 가능성이 높다는 연구결과를 보고한 바 있다. 본 분석에서는 이러한 견지에서 Baek et al.(2004)에서 사용한 다각화 기업 여부를 이용하여 다각화와 기업성과를 분석하였다. 즉 표준산업분류의 중분류로 구분하여 하나의 산업에서 매출의 90% 이상이 발생하는 경우 다각화 더미를 '0'으로 부여하고, 그렇지 않은 다각화 기업에 대해서는 '1'의 수치를 부여하였다. 이와 함께 Rajan, Servaes, and Zingales(2000)에서 사용한 투자기회의 다각화 여부를 다각화 측정변수로 추가하였다. 이를 보다 세밀하게 설명하면, 다각화 기업의 각 사업부에 대해 비다각화기업을 선정하고, 이들 다각화 기업의 토빈 Q로 측정한 기업성과의 표준편차를 계산하였다. 이 표준편차의 중앙값 이상(이하)에 해당하는 다각화 기업의 경우 투자기회가 고변동(저변동)인 것으로 식별하여 이에 대한 더미변수를 다시 부여한 것이다. 분석결과는 하락기간에서 다각화 기업더미와

고변동더미변수의 상호작용변수는 위기 중에 기업가치와 유의적인 음
(-)의 관계를 가졌다. 하지만 상승기간 중에 이러한 음(-)의 관계는
유의적인 양(+)의 관계로 전환되었다. 이들 제반결과는 위에서와 같은
침해효과와 일치되는 것이다.

마지막 두 개의 회귀식 (7), (8)에서는 회귀식 (5), (6)에서 사용한
변수를 모두 같게 놓은 상태에서 소유-지배권 괴리도 변수는 지배주주
지분으로 바꾸어 실시한 것이다. 이들 결과도 유사한 결과를 보여 하락
기간에는 지배주주지분변수의 회귀계수 값이 유의한 양(+)의 값을, 상
승기간 중에는 반대로 음(-)의 값을 보여 침해효과를 뒷받침하였다.

4) 요약

지금까지 금융위기 이전과 이후의 주가 하락기와 주가 상승기를 대상
으로 지배구조를 중심으로 기업의 재무정보가 두 기간 동안의 주가변화
에 미친 영향에 대해 학문적인 관점에서 실증분석을 통해 조명해 보았
다. 만일 위기기간 중 지배구조가 취약한 기업의 주가하락의 주요 원인
이 상당 부분 지배주주의 침해 가능성으로 인해 발생하였다면, 이후 회
복기간에 나타나는 주가상승 기간에 이들 취약기업의 주가는 보다 크게
반등할 것으로 예상할 수 있다. 연구결과는 이러한 가설이 성립하는 결
과를 보여주었다. 지배구조가 느슨할수록 하락기간 중 큰 가치하락을 경
험하였고, 상승기간에는 반등 폭이 상대적으로 컸다. 이와 함께 지배구조
가 취약한 기업의 높은 베타 또는 시장의 과민반응으로 인해 이러한 결
과가 나왔음을 검증함으로써 지배구조의 중요성을 재검증하였다.

이와 더불어 주가 하락기에는 부채비율이 낮을수록, 재벌에 속한 기업
일수록, 외국인 보유지분이 높을수록, ADR발행을 통해 경영투명성이 높
게 확보된 기업일수록 주가의 하락 폭이 적었고, 주가 상승기에는 외국

인 보유지분이 높을수록, 타 기업에 대한 금융자산 투자비중이 높은 기
업일수록 주가 상승 폭이 상대적으로 컸음을 알 수 있다.

〈표 30〉 표본의 요약 재무통계량

표본은 1996년과 1997년에 증권거래소에 상장된 금융업종을 제외한 기업을 대상으
로 하였다. 각 통계량은 평균값과 중앙값이다.

	1996년		1997년	
	평 균	중앙값	평 균	중앙값
지배주주의 지배권 / 소유권 비율	3.853	1.000	2.152	1.000
소유권 비율 (%)	21.797	21.770	24.652	24.620
지배권 비율 (%)	24.833	24.510	29.389	28.020
지배주주 지분 (%)	29.244	28.090	33.124	30.805
개인 및 친족 보유지분 (%)	20.241	20.020	20.568	21.250
계열기업 지분 (%)	9.002	0.000	12.556	5.755
5% 이상 보유한 주요 주주의 총 지분 (%)	30.940	29.580	39.659	30.860
최대주주가 소유한 주요 지분(%)	18.945	16.915	21.405	20.520
경영자 주주에 의한 소유지분 (%)	11.195	9.440	12.472	11.000
비경영자 주주에 의한 소유지분 (%)	7.750	8.700	9.933	6.560
외국법인 보유지분 (%)	4.820	1.490	4.599	0.901
베타	0.851	0.915	0.896	0.940
총자산 (10억 원)	10.834	156.781	858.632	182.271
총부채 / 총자산	0.721	0.699	0.746	0.720
현금흐름 (영업이익 + 감가상각비) / 총자산	0.052	0.054	0.048	0.052
토빈 Q	1.099	0.997	0.957	0.892
계열기업에 대한 금융투자 / 총자산	0.089	0.047	0.069	0.040
비계열기업에 대한 금융투자 / 총자산	0.034	0.000	0.019	0.001
표본기업 중 ADR 발행기업 비율 (%)	2.33		2.64	
표본기업 중 다각화기업 비율 (%)	32.66		29.70	
1997－1998년 순이익 변화분 / 1997년 총자산	−8.421(Mean)		0.061(Median)	
1998－1999년 순이익 변화분 / 1998년 총자산	9.002(Mean)		2.758(Median)	

〈표 31〉 주요 변수 간 상관분석결과

주가 하락기는 1997년 7월부터 1998년 9월까지, 주가 상승기는 1998년 10월부터 1999년 12월까지로 설정하였다. (   ) 안의 수치는 p-값이다. ***, **, *은 각각 1%, 5%, 10% 유의수준을 나타낸다.

Panel A: 주가 하락기 (위기기간)			
	로그 (지배권/소유권)	지배주주 보유 지분	베타	이전기간 보유기간수익률
로그 (지배권/소유권)	1.000			
지배주주 보유 지분	−0.396*** (0.00)	1.000		
베 타	0.114*** (0.01)	−0.209*** (0.00)	1.000	
이전기간 보유기간수익률	−0.087** (0.04)	0.064 (0.12)	−0.078* (0.06)	1.000

Panel B: 주가 상승기 (회복기간)			
	로그 (지배권/소유권)	지배주주 보유 지분	베타	이전기간 보유기간수익률
로그 (지배권/소유권)	1.000			
지배주주 보유 지분	−0.540*** (0.00)	1.000		
베 타	0.143*** (0.00)	−0.135*** (0.00)	1.000	
이전기간 보유기간수익률	−0.116*** (0.00)	0.127*** (0.00)	−0.110*** (0.01)	1.000

〈표 32〉 주가 하락기와 상승기의 주가변화

주가 하락기는 1997년 7월부터 1998년 9월까지, 주가 상승기는 1998년 10월부터 1999년 12월까지로 설정하였다. [   ] 안의 수치는 중앙값이다. ***, **, *은 각각 1%, 5%, 10% 유의수준을 나타낸다.

	소유-지배권 괴리도		차이값 검정 (p-값)	
	중앙값 이하	중앙값 이상	t-test	Wilcoxon Z-test
하락기 (9707~9809)	−0.681 [−0.743]	−0.723 [−0.784]	0.07*	0.09*
상승기 (9810~9912)	0.965 [0.470]	1.671 [0.867]	0.00***	0.00***

	지배주주 보유지분		차이값 검정 (p-값)	
	중앙값 이하	중앙값 이상	t-test	Wilcoxon Z-test
하락기 (9707~9809)	−0.729 [−0.800]	−0.663 [−0.717]	0.00***	0.00***
상승기 (9810~9912)	1.647 [0.789]	0.957 [0.464]	0.00***	0.00***

	베 타		차이값 검정 (p-값)	
	중앙값 이하	중앙값 이상	t-test	Wilcoxon Z-test
하락기 (9707~9809)	−0.647 [−0.732]	−0.740 [−0.785]	0.00***	0.00***
상승기 (9810~9912)	1.099 [0.592]	1.456 [0.642]	0.09*	0.27

	이전기간 보유기간수익률		차이값 검정 (p-값)	
	중앙값 이하	중앙값 이상	t-test	Wilcoxon Z-test
하락기 (9707~9809)	−0.702 [−0.784]	−0.690 [−0.743]	0.61	0.19
상승기 (9810~9912)	1.766 [1.017]	0.804 [0.337]	0.00***	0.00***

〈표 33〉 주가 상승기와 하락기의 주가변화와 재무적 특성

주가 하락기는 1997년 7월부터 1998년 9월까지, 주가 상승기는 1998년 10월부터 1999년 12월까지로 설정하였다. ( ) 안의 수치는 t-값이다. ***, **, *은 각각 1%, 5%, 10% 유의수준을 나타낸다.

Variables	하락기 (9707~9809)						상승기 (9810~9912)			
	(1)	(2)	(3)	(4)	(5)	(6)	(7)	(8)	(9)	(10)
절 편	−0.684***	−0.599***	−0.690***	−0.580***	0.056	1.004***	−0.058	−0.103	−1.353***	0.994
	(−54.25)	(−18.71)	(−59.76)	(−17.05)	(0.19)	(8.66)	(−0.14)	(−0.36)	(2.90)	(0.39)
로그 (지배권/ 소유권)	−0.035**			−0.025	−0.035**	0.917***			0.843***	0.893***
	(−2.48)			(−1.64)*	(−2.03)	(5.37)			(4.92)	(4.15)
베 타		−0.098***		−0.105***	−0.074*		1.475***		1.118***	1.104**
		(−2.79)		(−2.82)	(−1.66)		(3.36)		(2.62)	(2.04)
이전기간 보유기간수익률			−0.038**	−0.037*	−0.035			−1.995***	−1.962***	−1.873***
			(−2.08)	(−1.81)	(−1.43)			(−5.28)	(−5.20)	(−4.25)
로그 (총자산)					−0.023					0.014
					(−1.65)					(0.11)
총부채 / 총자산					−0.194***					0.825
					(−2.83)					(1.30)
30대재벌더미					0.119***					−0.374
					(3.28)					(−1.03)

Variables	하락기 (9707~9809)					상승기 (9810~9912)				
	(1)	(2)	(3)	(4)	(5)	(6)	(7)	(8)	(9)	(10)
외국법인 보유지분					0.307 (1.51)					0.033** (2.04)
ADR 발행더미					0.138 (1.51)					0.694 (0.97)
계열기업금융투자 / 총자산					−0.198 (−1.32)					−3.443** (−2.34)
비계열기업금융투자 / 총자산					−0.087 (−0.52)					3.752** (2.18)
토빈 Q					0.007 (0.17)					−0.634 (−1.13)
현금흐름 / 총자산					0.332 (1.10)					−0.581 (−0.33)
소속산업더미					Yes					Yes
F−값	6.13	7.80	4.33	4.61	3.86	28.79	11.27	27.90	21.64	5.42
Adjusted R^2	0.0091	0.0119	0.0055	0.0202	0.0901	0.0442	0.0173	0.0428	0.0961	0.1193
관찰표본 수	557	567	603	526	434	602	584	603	583	490

〈표 34〉 주가 상승기와 하락기의 주가변화와 재무적 특성: 지배주주지분 사용

주가 하락기는 1997년 7월부터 1998년 9월까지, 주가 상승기는 1998년 10월부터 1999년 12월까지로 설정하였다. (   ) 안의 수치는 t-값이다. ***, **, *은 각각 1%, 5%, 10% 유의수준을 나타낸다.

Variables	하락기 (9707~9809)			상승기 (9810~9912)		
	(1)	(2)	(3)	(4)	(5)	(6)
절 편	−0.744***	−0.640***	−0.081	1.888***	−0.406	2.430
	(−41.54)	(−16.39)	(−0.28)	(10.59)	(−0.76)	(0.92)
로그 (지배권/	0.002***	0.002**	0.003***	−0.032***	−0.027***	−0.032***
소유권)	(3.31)	(2.17)	(2.67)	(−4.48)	(−3.85)	(−3.23)
베 타		−0.082**	−0.046		1.031**	1.230**
		(−2.27)	(−1.05)		(2.26)	(2.21)
이전기간		−0.039**	−0.040*		−1.850***	−1.810***
보유기간수익률		(−2.00)	(−1.74)		(−4.78)	(−4.04)
로그 (총자산)			−0.023*			0.015
			(−1.78)			(0.12)
총부채 / 총자산			−0.187***			0.424
			(−2.86)			(0.61)
30대재벌더미			0.101***			0.060
			(2.93)			(0.17)

Variables	하락기 (9707~9809)			상승기 (9810~9912)		
	(1)	(2)	(3)	(4)	(5)	(6)
외국법인 보유지분			0.295*			0.032*
			(1.69)			(1.89)
계열기업 보유지분			0.002*			−0.005
			(1.72)			(−0.57)
ADR 발행더미			0.178**			0.378
			(2.23)			(0.51)
계열기업 금융투자 / 총자산			−0.161			−4.030***
			(−1.14)			(−2.69)
비계열기업 금융투자 / 총자산			−0.101			4.791***
			(−0.66)			(2.77)
토빈 Q			0.005			−0.434
			(0.13)			(−0.64)
현금흐름 / 총자산			0.368			−0.357
			(1.34)			(−0.20)
소속산업더미			Yes			Yes
F−값	10.95	4.95	4.47	20.12	16.42	4.68
Adjusted R^2	0.0164	0.0207	0.1068	0.0327	0.0755	0.1083
관찰표본 수	598	563	466	567	567	486

<표 35> 회계적 이익 변화와 재무적 특성

주가변화 대신 회계적 이익의 변화를 종속변수로 설정한 결과이다. ( ) 안의 수치는 t-값이다. ***, **, *은 각각 1%, 5%, 10% 유의수준을 나타낸다.

Variables	1997-1998년 순이익 변화분 / 1997년 총자산				1998-1999년 순이익 변화분 / 1998년 총자산			
	(1)	(2)	(3)	(4)	(5)	(6)	(7)	(8)
절 편	-0.062**	0.527	-0.191***	0.057	0.107***	-0.281	0.188***	-0.084
	(-2.48)	(1.15)	(-5.24)	(0.13)	(5.12)	(-0.67)	(6.33)	(-0.19)
로그 (지배권/ 소유권)	-0.068**	-0.088***			0.075**	0.105***		
	(-2.33)	(-3.27)			(2.39)	(2.87)		
지배주주 보유지분			0.005***	0.008***			-0.004***	-0.004***
			(3.70)	(5.08)			(-3.07)	(-2.67)
로그 (총자산)		-0.015		-0.011		-0.001		0.002
		(-0.67)		(-0.55)		(-0.07)		(0.08)
총부채 / 총자산		-0.213*		-0.107		0.395***		0.322***
		(-1.72)		(-0.92)		(3.64)		(2.82)
30대재벌더미		0.168***		0.113**		-0.093		-0.042
		(2.87)		(2.01)		(-1.50)		(-0.70)
외국법인 보유지분		0.493		0.563*		-0.002		-0.003
		(1.52)		(1.95)		(-0.73)		(-0.96)
계열기업 보유지분				0.005***				-0.001
				(3.22)				(-0.75)

Variables	1997-1998년 순이익 변화분 / 1997년 총자산				1998-1999년 순이익 변화분 / 1998년 총자산			
	(1)	(2)	(3)	(4)	(5)	(6)	(7)	(8)
ADR 발행더미		0.024		−0.008		0.126		0.092
		(0.15)		(−0.06)		(1.04)		(0.74)
계열기업 금융투자 / 총자산		0.208		0.379		0.415		0.353
		(0.82)		(1.60)		(1.63)		(1.37)
비계열기업 금융투자 / 총자산		−1.842***		−1.802***		0.080		0.319
		(−3.22)		(−3.31)		(0.23)		(0.93)
토빈 Q		−0.032		−0.023		−0.045		−0.057
		(−0.51)		(−0.38)		(−0.49)		(−0.53)
현금흐름 / 총자산		0.435		0.368		−0.713**		−0.682**
		(1.02)		(0.94)		(−2.38)		(−2.25)
소속산업더미		Yes		Yes		Yes		Yes
F−값	5.42	3.44	13.71	4.51	5.70	4.06	9.43	3.54
Adjusted R^2	0.0084	0.0693	0.0222	0.0973	0.0082	0.0795	0.0155	0.0723
관찰표본 수	524	428	561	457	569	461	536	457

〈표 36〉 주가 상승기와 하락기의 주가변화와 재무적 특성: 주요 주주(blockholder) 사용

Variables	(1) 하락기 (9707~9809)	(2) 상승기 (9810~9912)	(3) 하락기 (9707~9809)	(4) 상승기 (9810~9912)	(5) 하락기 (9707~9809)	(6) 상승기 (9810~9912)	(7) 하락기 (9707~9809)	(8) 상승기 (9810~9912)
절 편	−0.068 (−0.24)	1.947 (0.74)	−0.151 (−0.52)	3.089 (1.16)	0.005 (0.02)	0.875 (0.35)	−0.111 (−0.38)	2.332 (0.88)
주요 주주 총 지분	0.233** (2.59)	−1.672** (−2.12)						
최대 경영진 주요 주주지분			0.478*** (3.48)	−4.167*** (−3.07)				
최대 비경영진 주요 주주지분			0.186 (1.47)	−1.202 (−1.03)				
로그 (지배권 / 소유권)					−0.035** (−2.01)	0.948*** (4.44)		
지배주주 보유지분							0.003*** (2.69)	−0.033*** (−3.44)
다각화더미* 고변동성 산업					−0.093** (−2.25)	0.784*** (2.63)	−0.089** (−2.21)	0.779*** (2.59)
다각화더미* 저변동성 산업					−0.023 (−0.74)	0.182 (0.48)	−0.012 (−0.38)	0.171 (0.45)
베 타	−0.038 (−0.87)	1.035* (1.85)	−0.051 (−1.19)	1.120** (2.02)	−0.071 (−1.60)	1.208** (2.24)	−0.044 (−0.99)	1.385** (2.50)
이전기간 보유기간수익률	−0.039* (−1.68)	−1.844*** (−4.10)	−0.040* (−1.73)	−1.843*** (−4.13)	−0.035 (−1.45)	−1.789*** (−4.07)	−0.042* (−1.82)	−1.731*** (−3.87)
로그 (총자산)	−0.020 (−1.51)	0.031 (0.25)	−0.018 (−1.32)	−0.009 (−0.07)	−0.022 (−1.56)	0.014 (0.12)	−0.023* (−1.76)	0.015 (0.12)

Variables	(1)	(2)	(3)	(4)	(5)	(6)	(7)	(8)
	하락기 (9707~9809)	상승기 (9810~9912)	하락기 (9707~9809)	상승기 (9810~9912)	하락기 (9707~9809)	상승기 (9810~9912)	하락기 (9707~9809)	상승기 (9810~9912)
총부채 / 총자산	-0.196***	0.550	-0.199***	0.574	-0.203***	0.691	-0.197***	0.245
	(-3.00)	(0.86)	(-3.07)	(0.90)	(-2.95)	(1.10)	(-3.01)	(0.36)
30대재벌더미	0.085***	0.352	0.109***	0.150	0.115***	-0.588	0.098***	-0.111
	(2.62)	(1.07)	(3.30)	(0.45)	(3.17)	(-1.61)	(2.82)	(-0.32)
외국법인 보유지분	0.268	0.036**	0.314*	0.031*	0.299	0.034**	0.286	0.034**
	(1.54)	(2.17)	(1.81)	(1.86)	(1.46)	(2.13)	(1.63)	(2.01)
계열기업 보유지분							0.002*	-0.005
							(1.69)	(-0.53)
ADR 발행더미	0.158**	0.386	0.164**	0.391	0.140	0.731	0.182**	0.373
	(2.00)	(0.53)	(2.07)	(0.54)	(1.53)	(1.03)	(2.27)	(0.51)
계열기업금융투자 / 총자산	-0.199	-3.471**	-0.138	-3.917***	-0.190	-3.306**	-0.154	-3.944***
	(-1.41)	(-2.31)	(-0.97)	(-2.60)	(-1.27)	(-2.26)	(-1.09)	(-2.66)
비계열기업금융투자 / 총자산	-0.058	4.394**	-0.077	4.561***	-0.071	3.342*	-0.089	4.483***
	(-0.38)	(2.52)	(-0.51)	(2.62)	(-0.42)	(1.95)	(-0.58)	(2.61)
토빈 Q	-0.011	-0.577	0.001	-0.662	0.030	-0.491	0.029	-0.236
	(-0.27)	(-1.01)	(0.03)	(-1.16)	(0.73)	(-0.87)	(0.73)	(-0.35)
현금흐름 / 총자산	0.323	-0.270	0.290	-0.337	0.333	-0.611	0.362	-0.374
	(1.18)	(-0.15)	(1.06)	(-0.19)	(1.10)	(-0.36)	(1.31)	(-0.21)
소속산업더미	Yes	Yes	Yes	Yes	Yes	Yes	Yes	Yes
F-값	4.65	4.47	4.72	5.54	3.72	5.27	4.26	4.62
Adjusted R^2	0.1067	0.0968	0.1153	0.1044	0.0969	0.1303	0.1127	0.1196
관찰표본 수	459	487	458	487	432	485	463	481

3. 실증연구 C

1) 연구가설

본 장에서는 기업이 생산하는 재무정보와 주가변화의 관계를 고찰함에 있어 이전과 동일하게 주식시장의 상황을 주가 하락기와 상승기로 구분하여 기업구조조정(corporate restructuring) 정보가 주가에 미치는 영향을 통하여 살펴본다. 구조조정을 실시한 기업의 재무적 특성과 구조조정 이후 주가변화의 관계를 알아봄으로써 구조조정이라는 특성적 기업행위를 통해 재무적 정보가 주가에 미치는 영향을 알아보려는 것이다.

1997년 중반부터 1998년 말까지 한국 등 아시아 주요 국가가 경험하였던 심각한 경제위기(주가 하락기)와 위기 이후의 회복기(주가 상승기)와 같이 상반된 외생적 경제환경에서의 효율적인 구조조정정책에 관한 연구는 많지 않은 실정이며, 특히 경제상황이 위기국면을 지나 회복되어 가는 동안의 구조조정의 역할에 대한 연구는 드물게 진행되어 왔다.

이렇듯 경제환경 변화에 따라 주식시장이 부침을 거듭하고 있을 때 어떤 재무적 특성을 가진 기업들이 구조조정활동을 수행할 가능성이 높으며, 재무적 특성이 구조조정의 장·단기 주가성과에 미치는 영향 면에서 주가 하락기 및 이후 상승기에 어떠한 차이를 보이는지를 분석하는 것은 주식시장이 변화하는 상황에서 어떤 기업이 어떤 형태의 구조조정을 실시하는가, 구조조정 실시라는 기업의 특징적 행위가 주가에 어떠한 결과를 가져오는가에 자료를 제공할 수 있다.

이와 같은 견지에서 본 장에서는 국내경제가 IMF 금융위기에 처하여 주가가 하락세를 면치 못한 시기와 이후 회복기에 접어들어 주가가 상승하였을 때 우리나라에서 이루어진 구조조정을 대상으로 구조조정활동이 발생할 재무적 측면의 가능성 및 구조조정의 장·단기 주가성과를

측정하였다.[39]

이러한 목적을 달성하기 위하여 먼저 표본기간을 주가 하락기(1997년 11월~1998년 12월)와 하락기(1999년 1월~2000년 12월)로 구분한 다음, 구조조정에 포함되는 사건(events)으로는 기업체제정비(internal organization), 경영진 경질(turnover), 다운사이징(downsizing) 및 확장대응(expansion)을 포괄하여 분석하였다. 그리고 이러한 구조조정을 실시한 기업의 재무정보로서 이전의 실증연구에서 다룬 바와 동일하게 기업규모, 부채비율, 은행과의 밀접도, 유동성 지표, 체계적 위험, 과거의 경영성과, 기업의 다각화 여부 등과 재벌기업인지의 여부, 대주주총지분율, 국내기관 및 외국인 지분 등 기업의 소유·지배구조와 관련된 변수들을 포함시켰다.

2) 표본 및 연구방법

(1) 표본

실증분석을 위한 표본으로는 1997년 11월부터 2000년 12월까지 국내 상장 제조기업이 수행한 구조조정 발표사건을 선정하였다. 구조조정에 관한 정보가 최초로 알려진 날은 일간신문(전자신문)과 한국증권거래소의 전자공시시스템에 의한 공시 중 처음으로 기사가 보도된 날을 사용하였다. 한 기업이 짧은 기간 동안 여러 가지 형태의 구조조정을 동시에 공시한 경우 사건이 중복되어 순수한 구조조정의 효과를 측정하기가 어렵기 때문에 특정 구조조정을 전후한 거래일 기준 5일 이내에 다른 형태의 구조조정 계획이 발표된 경우 이러한 공시는 표본에서 제외하며,

---

39) 경제위기 상황에서는 기업구조조정이 외부적인 요인에 의해 이루어지는 반면 경제회복 또는 이후의 정상적인 경제상황에서는 기업가치 극대화 또는 조직 효율성 제고를 위해 기업 스스로 구조조정을 수행할 가능성이 높다. 따라서 본 연구는 이러한 두 가지 형태의 구조조정이 어떠한 차이를 보이는가에 관한 연구결과도 일부 제시할 수 있다.

장기성과 측정 역시 중복된 사건으로 인한 추정상의 어려움을 줄이기 위해 동일한 형태의 구조조정활동이 발표된 경우는 장기성과 분석 표본에서 제외하였다. 분석에 필요한 표본기업의 재무 및 주가수익률 자료는 한국신용평가(주)에서 제작한 KIS-SMAT2003, 한국상장회사협의회에서 발행한 상장회사 대차대조표 및 손익계산서, 한국증권거래소에서 보관하고 있는 사업보고서를 사용하였다.[40]

1997년 10월 외환위기 이후 2000년까지 많은 국내기업들은 구조조정 방안으로 다양한 형태의 활동을 실시한다고 공시하였다. 1997년 10월 직후부터 2000년 12월까지 기업내부체제개편(계열사 정비, 내부조직개편 단행 등), 경영진 개편(퇴임, 해임), 다운사이징(설비, 부동산 등의 보유자산 매각), 확장대응(설비확장, 기업인수, 신규사업 진출) 및 기타 정책(피인수매각, 회계처리방법 변경 등)의 다양한 방법으로 구조조정을 실시한다고 공시한 기업을 조사한 결과 총 855개 기업이 구조조정을 실시한다고 발표하였다.

이를 주가 하락기와 상승기로 분류하여 정리한 것이 〈표 37〉이다. 본 연구에서는 1997년 10월 말 외환위기를 시작으로 본격화된 주가 하락기를 1998년 12월까지로 보고 이 기간 동안 수행된 기업구조조정과 이후 경제위기에서 급속히 벗어나면서 기업활동이 정상화된 이후 2년(1999년~2000년) 동안 수행된 구조조정을 비교분석하고 있다. 주가 하락기간으로 분류한 기간 동안 구조조정을 공시한 표본기업의 수는 562개로서 상승기간의 293개보다 훨씬 많아 외부충격에 따른 위기상황을 극복하기 위하여 많은 국내기업들이 구조조정을 선택했음을 알 수 있다. 또한 전

---

40) 이렇게 일주일 전후(거래일 기준 5일)로 각 사건을 독립적으로 포함시킨 연유로 인해 동일기업이 여러 번 중복되어 표본에 선정됨으로써 분석결과를 왜곡시킬 우려가 있어 이러한 표본 25개를 제외한 분석을 동시에 실시하였다. 이의 결과는 본문에 보고하지 않았지만 대동소이한 결과를 보였다.

체 표본의 수 8 55개 가운데 약 60%인 515개의 경우가 당시 공정거래위원회가 분류하여 발표한 대규모기업집단, 즉 당시 30대 재벌소속기업(이하 '재벌기업'이라고 함)이었던 것으로 나타났고, 이러한 재벌기업의 비율은 위기기간보다는 회복기간에 좀 더 높아지고 있는 것으로 조사되었다.[41]

(2) 연구방법

실증분석방법으로서 먼저 기업 외부의 상황에 대응하여 어떠한 형태의 기업구조조정이 이루어졌는가는 재무적 특성변수와 구조조정 가능성을 이용한 로짓회귀분석(logit regression)을 통해 추론하였다. 로짓회귀분석의 종속변수로는 구조조정활동 공시기업의 경우 '1'의 값을 부여하고 설명변수는 구조조정활동 공시 직전 회계연도 말 자료를 이용하였다. 그리고 구조조정 이후 기업가치 변화와 기업정보 간의 관계에 관한 가설검증을 위해 구조조정 발표 이후 장·단기 주가성과 및 경영성과 변화를 측정하였다. 여기서 장기 주가변화는 연간산업조정비정상누적초과주가수익률을, 단기 주가변화는 시장모형(market model)을 사용하여 산출한 일별비정상누적초과주가수익률을 이용하였다.[42] 그리고 구조조정에

---

41) 각종 경제지표(통계청 경기종합지수, 주식시장의 종합주가지수, BSI 등)에 따르면 외환위기로 시발된 국내경기급락과 경제위기는 1998년 9월을 고비로 이후 회복세로 돌아섰다. 따라서 경제위기기간을 1997년 11월부터 1998년 9월까지로 설정할 수 있으나, 구조조정의 경우 공시에서 실제 수행까지 시간이 소요되고 조사 결과 국내기업의 위기극복을 위한 공시가 연도 말까지 지속되었다는 점에서 본 연구에서는 연도 말 시점인 1998년 12월까지로 구분하였다. 또한 실증분석 차원에서 볼 때 1999년~2000년은 그 이전 시기인 1997년~1998년과 비교할 때 주가지수, 경기지수 상에서 급속한 회복을 보이며 매우 상이한 양상을 보인바, 이러한 상황은 주가와 구조조정 간에 논란이 될 수 있는 상호내생성 문제를 배제하고 shock and recovery라는 두 가지 상반된 외생적 경제상황이 주어진 상황에서 이들 외부적 상황이 구조조정에 미친 영향을 살펴볼 수 있는 좋은 계기를 제공하고 있다

42) 사건연구(event study)방법에 의해 구한 초과주가수익률이 구조조정이란 사

따른 기업가치 변화가 기업의 재무적 특성에 의해 설명될 수 있는지를 분석하기 위해 횡단면회귀분석(cross sectional regression)을 이용하였다. 횡단면회귀분석은 장·단기 주가수익률을 종속변수로 하고, 로짓회귀분석에서와 동일하게 직전 회계연도 말 기업의 특성변수를 설명변수로 하여 실시하였다.(즉 1999년 구조조정효과에 대한 설명변수는 1998년도 수치를, 2000년 구조조정효과에 대한 설명변수로는 1999년도 수치를 적용하였다)

회귀분석에서 설명변수로 사용한 기업특성변수는 다음과 같다. 먼저 기업규모는 총자산로그변수를, 레버리지와의 관련성을 측정하기 위한 부채관련비율은 (총부채÷총자산)변수와 (회사채÷총부채)변수를 사용하며, 은행-기업관계는 총부채에서 은행차입금비율이 차지하는 비율을 이용하였다. 은행차입금은 감사보고서에 첨부된 차입금명세표(국내 장기·국내 단기·해외기관 장기·해외기관 단기 차입금 합계액)을 이용하여 산출하였다. 소유·지배구조와 관련된 설명변수로는 대주주지분, 국내기관 소유지분, 외국소유지분, 재벌기업 여부 등을 이용하였고, 산업효과를 통제하기 위해 소속산업에 대한 가변수도 설명변수로 포함하였다. 유동성 지표를 측정하기 위해 현금흐름비율(현금흐름÷총자산)을 사용하였으며, 기업의 위험도는 시장모형에 의해 산출된 체계적위험(베타계수)과 비체계적위험(잔차)을 이용하였다. 현금흐름은 영업이익과 감가상각비를 합산하여 계산하였다. 기업의 경영성과 및 투자가치는 토빈의 Q로 측정하였다. 다각화기업이 구조조정을 보다 활발하게 수행하는가의 여부를 측

건 외에 외부적 환경변화에 따른 특정한 사건에 의해서도 영향받을 가능성을 배제할 수는 없다. 이를 고려하여 본 연구에서는 구조조정 공시일에 당해 기업의 주가에 영향을 줄 수 있는 다른 주요 공시사항이 없었는지를 면밀하게 검토하였고, 공시일 주변 5일 이내(거래일 기준)에 유사한 구조조정활동 내역이 발견된 경우 이를 표본에서 제외함으로써 당해 구조조정활동이 기업에 미치는 효과를 보다 정확하게 측정하는 노력을 기하였다. 또한 추가적으로 단기주가반응을 측정함에 있어 산업조정누적초과수익률 분석을 병행함으로써 방법론상에서 발생할 수 있는 오류를 줄이고자 하였다.

정하기 위해 다각화더미변수도 포함시켰다. 다각화더미는 사업보고서상의 매출액 구성내역을 조사하여 매출액의 90% 이상이 하나의 산업(표준산업분류의 중분류)에서 이루어지면 '0', 그렇지 않은 경우 '1'로서 다각화기업으로 정의하였다.

〈표 38〉은 구조조정을 실시한다고 발표한 표본의 요약 재무 통계량이다. 총자산으로 측정한 기업규모(평균 3,066억 원)는 위기기간(주가 하락기)과 회복기(주가 상승기)에 평균의 차이는 없으나 중앙값에 있어서는 주가 상승기에 1% 수준에서 통계적으로 유의하게 큰 것으로 산출되어 대기업이 회복기에 보다 구조조정활동에 치중한 것을 시사하고 있다.

표본기업 전체의 평균부채비율(총부채 / 총자산)은 74.12%(중앙값 74.6%)이고, 하락기간(평균 77.2%)보다 상승기간(67.7%)의 부채비율이 10% 가까이 감소하였다. 경제위기를 거치는 동안 국내기업들이 구조조정을 통해 부채수준 감소에 상당한 노력을 했음을 증명하는 수치로 보인다. 부채에서 회사채가 차지하는 비율 또한 부채비율의 감소와 동일하게 회복기간에서 크게 축소되어 레버리지 감소가 구조조정의 큰 비중을 차지하였음을 확인할 수 있다. 또 하나의 부채구성항목을 볼 때 총부채 중 은행차입금이 차지하는 평균비율(39.9%)이 회사채비율(20.1%)보다 높아 국내기업은 직접금융보다 은행부채, 즉 간접금융을 선호하는 것으로 나타났다. 특이할 만한 사실로서 전체 부채금액이나 회사채비중은 상승기간에 크게 감소한 반면, 은행차입금비율은 별다른 변화를 보이지 않아 구조조정을 실시한 기업이 은행차입금 이외의 부채상환이나 감소에 주력하였음을 암시하고 있다.

유동성지표를 나타내는 총자산 대비 현금흐름(=영업이익+감가상각비) 비율의 경우 주가 하락기(평균 4.7%)보다 상승기(평균 6.1%)에 대폭 증가한 것으로 측정되어 구조조정을 수행한 기업이 평균적으로 볼 때 현금흐름을 원활하게 확보하고 유동성을 개선하였음을 알 수 있다.

과거 경영성과 및 투자가치를 나타내는 변수로서 사용한 토빈의 Q[＝
(자기자본의 시가＋부채의 장부가) / 총자산]를 사용하였으며, 양 기간에
서 큰 차이를 보이지는 않았다. 위험도에 있어서 체계적 위험은 하락기
에 높은 반면, 개별기업의 위험으로 간주할 수 있는 비체계적위험은 상
승기에 더 낮게 측정되었다.

소유구조 또한 주가 상승기와 하락기에 확연한 차이를 보여주었다. 대
주주1인 및 특수관계인 소유지분으로 측정한 평균 대주주지분율은 하락
기간(24.6%)에서 보다 상승기간(29.3%)에 높은 비율을 보여 주가 상승
기에 대주주 소유지분이 강화되었다는 것을 알 수 있다. 은행을 포함한
금융기관, 일반법인 등 국내기관 소유지분은 하락기간(43.9%)보다 상승
기간(35.7%)에 약 8%에 가까운 상당히 큰 감소를 보인 반면, 외국인의
소유지분은 증가세로 나타났다. 경제위기 이후 외국인의 국내기업 지분
소유를 통한 영향력이 증가하였음을 확인할 수 있다. 한편 소유구조 변
화를 설명하는 또 다른 관점으로는 대주주지분의 증가는 기업내부적인
경영의사결정이 아니고 대주주 책임경영에 따른 추가출자, 부채비율 축
소과정에서 유상증자 참여에 기인한 것이 상당한 영향을 주었으며, 외국
인 지분이 증가한 것은 하락기간 중에 외국인에 대한 주식시장 완전개
방이 큰 기폭제가 되었을 것이다.

요약 재무 통계량에서 나타난 이러한 상승기과 하락기의 차이점은 두
기간에서 구조조정활동의 가능성과 이후 효과가 상이하게 나타날 수 있
다는 점을 뒷받침하는 것으로도 볼 수 있을 것이다.

한편, 구조조정 이후 기업가치 변화는 다음과 같이 연간산업조정누적
초과주가수익률(Industry adjusted cumulative abnormal return, ICAR)
을 이용하였다.

먼저 장기성과를 측정하기 위한 일별산업조정누적초과주가수익률은
다음과 같이 기업의 수익률에서 산업수익률을 차감한 일별산업조정초과

주가수익률(IAR)을 계산하였다.

$$IAR_{it} = R_{it} - R_{pt}$$

즉 공시일 t일 후 해당기업 i의 일별주가수익률(R_{it})에서 해당일자의 일별산업수익률(R_{pt})을 차감한 값을 공시기업의 일별산업조정초과주가수익률(IAR)로 계산하였다. 기업의 공시일 이후 1년(240일, 거래일기준) 동안의 연간산업조정누적초과주가수익률(ICAR)은 아래와 같이 계산하였다. 여기서 공시일 이후 1년간을 기준으로 장기성과를 측정한 이유는 공시일 이후 2년 또는 3년을 측정할 경우 이후에 발표된 구조조정의 장기성과와 기간중첩 문제가 발생할 수 있기 때문으로, 이 문제를 최소화하기 위해 1년 기간을 이용하였다.

$$ICAR_i = \sum_{t=\text{공시일}}^{t+240\text{일}} IAR_{it}$$

사건연구에서 비정상초과주가수익률을 측정하기 위해 사용한 시장모형(market model) 측정방법은 앞서와 동일한 방법을 이용하였다.

3) 분석결과

(1) 공시효과 및 장기성과 측정

구조조정 공시일 주변의 기업가치 변화를 살펴보기 위해 사건연구(event-study)를 실시하였다. 〈표 39〉의 Panel A는 시장모형(market model)으로 측정한 구조조정의 단기성과로서 구조조정 공시일을 기준으로 측정된 일별비정상(누적)초과주가수익률(AR, CAR)을 정리한 것이다. 앞서 설명한 바와 같이 어느 한 기업이 단기에 집중적으로 구조조정을 실시한 경우 특정 구조조정의 효과를 측정하기 어려워 공시일 전후 5일 이내에 다른 구조조정 공시가 있었던 경우는 표본에서 제외하였다. 또한 과거 한국 상장기업의 일일주가변동 폭이 상하 5%, 8%와 12%로 제한되었기 때문에 주가에 커다란 영향을 미치는 사건이 하루 동안의 주가변동으로 정확하게 반영되지 못할 수도 있다는 점을 고려하여 CAR(-1, 1), CAR(-3, 3) 및 CAR(-5, 5)를 구조조정 단기성과 측정 기준으로 삼았다.

〈표 39〉의 Panel B에서는 표본기간 동안 구조조정을 실시한 이후 장기적으로 기업가치 개선이 이루어졌는지를 측정하기 위해 구조조정 공시 이후 1년간(240거래일)의 연간산업조정누적초과주가수익률(ICAR)을 이용하여 구한 장기성과이다. 장기성과는 표본기간 동안에 동일한 기업들이 구조조정을 위해 다양한 수단을 이용한 경우가 많았기 때문에 특정 구조조정수단의 순수효과를 측정하기 위해서 하나의 구조조정을 수행한 이후 다른 구조조정을 채택하지 않은 기업만을 대상으로 하였다.

이에 따라 주가 상승기와 하락기의 구조조정의 공시효과와 장기성과를 비교한 결과를 살펴보면, 전반적으로 두 기간 모두에서 구조조정의 공시효과와 장기성과가 통계적으로 유의한 양(+)의 값을 나타내고 있음을 보여주고 있다. 즉 전체 표본기간의 평균 CAR(-1, 1), CAR(-3, 3), CAR(-5, 5)와 ICAR는 각각 1.19%, 1.39%, 1.58%와 5.41%이 계산되었고 이러한 측정치는 양 기간에 유사한 추세로 관측되었다.

하지만 유의한 값의 크기 면에서는 하락기의 경우 공시효과에서, 상승기에는 장기성과에서 두드러지게 측정되었다. 단기적 측면의 구조조정 효과는 하락기에 나타난 반면, 장기적인 관점에서 기업에 보다 긍정적인 영향을 미칠 수 있는 효과적인 구조조정은 상승기에 이루어졌다는 사실을 알 수 있다. 또 하나의 흥미로운 사실은 상승기에는 공시효과가 공시일에 집중적으로 나타나고 있으나, 하락기 동안에는 공시효과가 공시일 이전에 보여지고 있다는 점이다. 이러한 결과는 외환위기기간 동안 국내기업이 외부충격에 의한 위기에 대처하기 위하여 수행한 구조조정의 경우는 사전에 시장에서 이를 어느 정도 예상할 수 있었다는 것을 시사한다.[43]

(2) 구조조정 가능성 분석

〈표 40〉의 Panel A는 주가 상승기와 하락기 동안에 어떤 재무적 특성을 갖는 기업들이 구조조정을 실시할 가능성이 높은지를 비교분석하기 위하여 로짓회귀분석을 실시한 결과이다. 로짓회귀분석은 전체 표본기간 및 전체 표본기간을 상승기와 하락기로 구분하여 실시하였다.

먼저 총자산의 로그로 나타낸 기업규모는 전체 표본기간 및 상승기와 하락기 모두에서 매우 유의하게 양(+)의 관계를 보여 대기업이 훨씬 더 구조조정에 적극적임을 알 수 있다. 이러한 결과는 규모가 큰 기업일

---

43) 구조조정이 기업가치를 변동시키게 되는 근거에는 구조조정활동이 기업의 실질현금흐름을 변화시키기 때문이다. 이러한 관점에서 현금흐름이 증가하는 축소형구조조정(자산매각 등 다운사이징정책)과 현금유출이 발생하는 확장형구조조정(신규사업진출 등)을 비교해 보았다. 그 결과, 축소형구조조정의 경우 주가 상승기와 하락기에서 모두 매우 유의적인 양(+)의 값을 나타내는 반면에, 확장형구조조정의 경우는 모든 기간에서 평균적으로 사실상 영(0)으로 나타났다. 이러한 결과는 주식시장에서 투자자들이 축소형구조조정에 대해서는 대체로 긍정적으로 받아들임으로써 단기적으로 기업가치를 높이고 있으나, 확장형 구조조정에 대해서는 특별히 정해진 반응을 보이지 않아 단기적인 기업가치에 별다른 영향을 미치고 있지 못함을 의미한다.
한편, 축소형 또는 확장형 구조조정이 장기적으로 기업가치 개선에 어떤 영향을 미치는지를 살펴본 결과 축소형구조조정의 경우는 주가 하락기에 7.25%, 상승기간에는 9.92%로서 공시효과뿐 아니라 장기성과 면에서도 주식시장 상황에 상관없이 기업가치에 매우 긍정적인 영향을 미쳤다. 반면에 확장형구조조정의 경우는 하락기에는 −6.92%로 유의한 음(−)의 값을 보이고 상승기간에는 8.32%로 유의한 양(+)의 값을 보임으로써 주식시장 상황에 따라 구조조정의 장기성과가 대조적인 결과를 나타내고 있다.

수록 많은 인력과 자원을 보유하고 있기 때문에 구조조정을 용이하게 수행할 수 있다는 Ofek(1993)의 주장이 주가가 오르는 시기뿐만 아니라 상승기에도 유효함을 보여준다.

전체 부채비율은 하락기 동안 통계적으로 유의하지 않았지만 회사채비율이 높은 기업의 경우 하락기 동안 구조조정 가능성이 높은 것으로 나타나, 절대적인 부채사용 수준보다 부채를 구성하고 있는 항목의 차이가 기업구조조정을 실시할 가능성에 영향을 미칠 수 있음을 알 수 있다. 은행차입금비율 또한 유의한 양(+)의 결과를 보여 은행을 비롯한 채권자들이 불황기에 기업의 구조조정을 촉진하는 역할을 했음을 알 수 있다. 이는 은행의 경우 기업과의 밀접한 관계를 통하여 채권소유자와 같은 외부대출자에게는 쉽게 알려지지 않는 정보를 쉽게 획득할 수 있기 때문에 정보생산활동 면에서 다른 금융기관에 비해 비교우위를 가지고 있는 내부대출자이며(Diamond, 1984, 1991), 통상 기업파산시 기업채무의 후순위채권자가 되므로 기업을 감시할 강한 경제적 동기를 가지고 있다(Fama, 1985)는 기존의 가설 및 연구내용과도 일치하는 결과라고 보여진다.(Kang and Shivdasani, 1997; 강준구·백재승, 2001)

하지만 호경기로 주가가 상승하는 기간에는 은행차입금과 회사채비율이 기업의 구조조정 가능성에 영향을 미치지 않고, 오히려 부채비율이 유의한 음(-)의 관계를 나타내고 있어 부채비율이 낮은 기업이 구조조정에 더욱 적극적임을 알 수 있다. 이러한 결과는 위기기간에는 기업들이 은행 등 채권자의 압력에 의해 비자발적인 구조조정을 하지만 이후 정상기간 또는 경기가 상승하는 시기에는 오히려 부채비율이 낮은 기업이 자발적인 구조조정을 수행함으로써 기업가치 제고와 조직효율성 증대를 모색하고 있다는 사실을 보여주는 것으로 판단된다. 이를 뒷받침하는 또 다른 결과로서 과거의 기업성과를 측정한 토빈's Q가 하락기에는 유의한 음(-)의 값을 나타내고 있으나, 이후에는 유의한 양(+)의 값을 보여주고 있다. 즉 주가 하락기에는 경영성과가 낮은 기업들이 구조조정을 하게 되지만 이후 상승기에는 오히려 경영성과가 높은 기업들이 구조조정을 할 가능성이 높다는 것을 알 수 있다. 구조조정활동이 기업가치 극대화라는 목표에 효과적인 재무수단이 될 수 있다는 점을 시사하고 있다.

그 밖에 현금흐름이 양호한 기업일수록 구조조정 가능성이 낮았다. 구조조정을 통해 실질현금흐름의 개선을 기한다는 측면을 고려해 볼 때 현금흐름이 우수할수록 이러한 구조조정에 소극적이라는 것을 알 수 있다. 베타계수로 측정한 체계적 위험과 잔차항인 비체계적 위험은 두 기간 모두에서 유의한 양(+)의 관계를 보여주고, 기업의 다각화 정도도 두 기간에서 동일하게 구조조정 가능성과 유의한 양(+)의 관계를 나타내고 있다. 따라서 기업의 위험도가 높고 여러 업종에 다각화된 기업일수록 활발하게 구조조정을 수행한다는 점은 경제상황의 변화에 상관없이 성립하고 있음을 알 수 있다.(Berger and Ofek, 1999)

또한 기업의 소유·지배구조와 관련된 변수와 구조조정 가능성과의 관계를 살펴보면, 우선 재벌에 속한 기업일수록 구조조정을 활발하게 수행하고 있고 이러한 사실은 경제상황의 변화에 상관없이 성립하고 있음을 알 수 있다. 이는 국내 재벌기업의 경우 외부충격에 의한 불황기뿐 아니라 호경기인 때에도 비재벌기업에 비해 구조조정에 더욱 적극적이라는 사실을 보여준다.

대주주지분, 국내기관소유지분, 외국인소유지분 등으로 나누어 살펴본 결과는 흥미롭게도 주가 하락기에는 국내기관소유지분과 외국인소유지분이 유의한 양(+)의 관계를 갖는 반면에 상승기에는 대주주지분은 양(+)의 관계, 외국인지분은 음(-)의 관계를 나타내고 있다. 이러한 결과는 경기가 좋지 않고 주가가 하락하는 시기에는 국내기관이나 외국인 등과 같이 기업을 감시하고 견제하는 세력의 비율이 높은 기업일수록 이들의 요구에 따라 위기를 극복하기 위한 기업구조조정 활동이 활발하였으나,(Shlefier and Vishiny, 1986) 이후 회복기간의 주가 상승기에는 대주주지분이 높고 외국인소유지분은 낮은 기업일수록 소유경영자의 의지에 따라 기업구조조정에 적극적임을 보여주고 있다.(Jensen and Meckling, 1976)

한편, Panel A에서는 재벌기업 더미변수에 각각 부채비율, 대주주지분율, 또는 다각화기업더미를 곱한 상호작용변수(재벌기업더미×부채비율, 재벌기업더미×대주주지분율, 재벌기업더미×다각화기업더미)들을 통해 재벌에 속한 기업들의 구조조정 가능성을 보다 자세히 살펴보고 있다. 전체 표본기간에서 부채비율, 대주주지분율 변수가 유의한 음(-)의 계수 값으로 추정되어 재벌소속기업 가운데 부채비율이 높거나 대주주지분이 큰 재벌기업일수록 구조조정활동에 소극적이었다는 사실을 알 수 있다. 하락기에는 다각화기업더미에 재벌기업더미를 곱한 값만 10% 유의수준에서 통계적으로 유의한 음(-)의 값을 보여 다각화가 덜 된 재벌기업이 구조조정에 비교적 적극적이었던 반면, 이후 상승기에는 부채비율이 낮고 대주주지분이 낮은 재벌기업들이 오히려 구조조정을 활발하게 수행하고 있음을 알 수 있다.

〈표 40〉의 Panel B에서는 위기 상황에서 재무적으로 열등한 기업이 어려움을 벗어나려는 구조조정을 할 가능성이 높고, 위기 이후(주가 회복기 또는 boom period) 기간 중에는 구조조정을 하는 기업의 성과가 좋을 것으로 예상된다는 측면을 고려한 분석을 시도하였다. 이를 위해 하락기간 중에 종속변수였던 구조조정 실시 여부를 독립변수로, 하락기간 중 독립변수였던 경영성과(토빈 Q)를 종속변수로 전환하여 회귀분석을 행하였다. 분석결과 하락기간 중의 회귀분석에서는 경영성과의 계수 값이 유의한 음(-)인 반면, 상승기간의 분석에서는 구조조정 실시 더미가 유의한 양(+)의 계수 값으로 산출되었다. 즉 하락기간 중에는 경영성과가 좋지 않은 기업일수록 구조조정을 실시할 가능성이 크고, 이후에

는 구조조정을 실시한 기업일수록 경영성과가 우수할 것이라는 사실이 재차 확인되었다.

(3) 공시효과와 장기성과에 영향을 미치는 요인에 관한 분석

본서의 목적에 비추어 주가 상승기와 하락기 동안 어떤 재무적 특성을 갖는 기업의 구조조정이 공시효과와 장기성과 면에서 효과적인가를 살펴보기 위하여 공시효과[CAR(-1,1)]와 장기성과(ICAR)를 종속변수로 하여 횡단면회귀분석을 한 결과가 각각 〈표 41〉와 〈표 42〉에 나타나 있다.

기업규모(총자산로그)는 두 기간 모두 공시효과와 유의한 양(+)의 관계를 보여주는 반면에 장기성과와는 두 기간 모두에서 유의한 음(-)의 관계를 나타내고 있다. 이는 대기업이 구조조정에 적극적이라는 앞의 결과와 함께 대기업일수록 구조조정의 공시효과가 양(+)의 방향으로 나타나는 반면에, 장기성과는 오히려 대기업일수록 저조하다는 것을 보여주고 있다. 이러한 결과는 주식시장 상황에 상관없이 기업규모가 구조조정 가능성과 장·단기성과에 중요한 변수가 되고, 특히 대기업일수록 구조조정 가능성과 공시효과는 높으나 장기성과는 반대로 나타날 수 있음을 보여주는 것으로 대기업의 구조조정이 장기효과에 보다 긍정적인 결과를 가져올 수 있도록 하는 방안이 추가로 모색되어야 함을 시사하고 있다.

부채비율은 하락기에는 공시효과와 장기성과가 모두 유의한 양(+)의 값을 보여주고 있어 부채비율이 높은 기업이 구조조정을 실시할 경우 주식시장에서 장·단기 모두 긍정적인 효과를 나타내고 있다. 하지만 상승기에는 부채비율이 구조조정의 공시효과나 장기성과에 영향을 미치는 요인이 되지 못하고 있다. 이러한 결과는 부채비율이 높은 기업이 위기를 타개하기 위한 수단으로 구조조정을 실시할 경우 장·단기적으로 기업가치를 높이는 역할을 하지만 정상적인 경제환경하에서는 부채비율이 기업구조조정의 장·단기 성과에는 영향을 미치지 못한다는 것을 의미한다.

은행차입금비율은 주가 상승기에는 유의성이 없으나, 하락기에서는 유의한 음(-)의 계수 값을 보였다. 이는 동 기간 동안 은행의 어려움이 거래기업의 가치에 부정적인 파급효과를 야기한 것으로 해석할 수 있다.(Gibson, 1995) 또한 구조조정 가능성에 중요한 영향을 미쳤던 토빈 Q의 값도 구조조정의 장·단기 성과에는 별다른 영향을 못 미치고 있어 과거 기업성과와 구조조정의 효과성은 상호 간에 별다른 관계가 없는 것으로 나타났다.

유동성지표를 측정한 총자산 대비 현금흐름의 비율은 공시효과 면에서는 상승기에 양(+)의 값을 나타내고 장기성과 면에서는 두 기간 모두 양(+)의 값을 보여 현금흐름이 많은 기업이 구조조정을 시행할수록 단기적으로 시장의 반응이 호의적으로 나타나고 장기적인 관점의 기업가치 변화에도 효과적임을 알 수 있다.

그 밖에 기업의 체계적 위험은 구조조정의 공시효과와 유의한 음(-)의 관계를 갖는 반면에 장기성과와는 무관하고, 비체계적 위험은 구조조정의 장·단기 성과와 전혀 관련이 없는 것으로 나타났다. 이러한 기업의 위험도와 구조조정의 장·단기 성과 간의 관계는 경제상황의 변화와 상관없이 성립하고 있다. 한편, 기업의 다각화 정도는 공시효과의 경우 하락기에만 유의한 양(+)의 값을 보인 반면에 장기성과의 경우는 하락기에만 유의한 음(-)의 값을 나타내고 있다. 이는 주가 하락기 중에는 다각화가 덜 된 기업이 구조조정을 할 때 장기성과가 높고, 상승기 중에는 다각화가 된 기업이 구조조정을 하면 단기적으로 주가에 긍정적임을 보여주는 것으로, 다각화기업의 구조조정과 기업가치 변화에 관하여 양(+)과 음(-)의 상반된 견해를 가능케 하는 결과라고 사료된다.(Lins and Servaes, 1999)

다음으로 〈표 41〉와 〈표 42〉에서 기업의 소유·지배구조와 관련된 변수와 구조조정의 장·단기 성과와의 관계를 살펴보면, 재벌에 속한 기업의 구조조정은 비재벌 기업에 비해 공시효과가 높으나 장기성과는 별로 차이가 없고, 이러한 사실은 경제환경에 상관없이 성립하고 있다. 이는 재벌기업일수록 구조조정 가능성이 높다는 〈표 40〉의 결과와 함께 경제상황의 변화에 관계없이 재벌기업의 구조조정이 시장에서 단기적으로 긍정적으로 받아들여지고 있음을 의미한다. 이는 재벌구조가 소속기업의 가치에 이득이 될 수 있다는 기업집단의 순기능 측면을 지지하는 결과로도 보여진다.(Khanna, 2000; Khanna and Palepu, 2000)

소유구조를 대주주지분, 국내기관소유지분, 외국법인소유지분 등으로 나누어 살펴본 결과에서는 우선 대주주지분율은 두 기간 모두 구조조정의 장·단기 성과에 전혀 영향을 미치지 않고 있다. 국내기관지분율은 위기회복기간에만 공시효과와 양(+)의 관계를 갖고, 장기효과와는 두 기간 모두에서 양(+)의 관계를 보여주고 있다. 반면에 외국법인지분율은 두 기간 모두에서 공시효과와 음(-)의 관계를 갖고, 장기효과와는 상승기에만 양(+)의 관계를 보여주고 있다. 이러한 결과로부터 국내기관지분이나 외국인지분이 많은 기업일수록 구조조정활동의 장기성과 면에서는 우수하나, 공시효과 면에서는 국내기관지분율과 외국인지분율이 다소 상반된 결과를 가져올 수 있음을 알 수 있다.

한편, 본 연구의 주요 목적 가운데 하나인 재벌기업의 구조조정과 장·단기성과의 관계를 측정하기 위해 재벌기업더미와 부채비율, 대주주지분율, 다각화기업더미의 상호작용이 구조조정의 장·단기성과에 미치는 영향을 살펴본 결과는 다음과 같다. 먼저 재벌기업더미의 계수 값은 전체 기간에서 0.111로 산출되어 재벌소속기업의 구조조정이 비재벌에 비해 평균적으로 11.1% 우수한 공시효과[(CAR(-1, 1)]를 보인다는 것을 알 수 있다. 재벌기업의 구조조정에 대한 시장반응이 그만큼 더 민감하다는 사실을 뒷받침하고 있다. 한편 재벌기업더미에 부채비율을 곱한 변수는 하락기와 상승기 모두에서 공시효과와 유의한 음(-)의 관계를 보였지만 장기성과와는 전체 표본에서 유의적인 양(+)의 계수 값으로 측정되었다. 재벌기업더미에 대주주지분율을 곱한 변수는 상승기에만 구조조정의 장기성과와 양(+)의 관계를 나타내고, 재벌기업더미에 다각화기업더미를 곱한 변수는 상승기에만 구조조정의 장기성과와 음(-)의 관계를 보여주고 있다. 즉 부채규모가 작은 재벌기업일수록 경제상황의 변화에 관계없이 구조조정의 공시효과가 긍정적으로 나타나고, 대주주지분이 높고 다각화가 덜 된 재벌기업일수록 상승기 동안에 구조조정의 장기성과가 높다는 것을 의미한다. 다각화와 관련된 이러한 결과는 기존의 연구와 일치된 사실이기도 하다.(Berger and Ofek, 1995 외)

4) 요약

이상에서 1997년 말부터 2000년까지 국내 기업이 수행한 구조조정을 대상으로 주가 상승기와 하락기에 어떠한 재무적 특성을 가진 기업들이 구조조정을 실시할 가능성이 높은가를 측정하고, 두 기간 동안 어떤 재무적 특성을 갖는 기업의 구조조정이 장·단기성과 면에서 효과적인가를 살펴봄으로써 개별기업이 조직효율성이나 경영성과를 높이기 위해 수행하는 기업구조조정의 효율성에 관해 분석하였다.

연구결과 국내 기업의 구조조정은 기존연구와 유사하게 당해 기업의 가치에 긍정적인 주가변화를 야기하였으며, 이러한 양(+)의 주가변화는 전체 표본기간 및 표본기간을 주가 상승기와 하락기로 분리한 하위표본 기간에서 모두 유사한 양상으로 나타났다. 하지만 이러한 양(+)의 구조조정 성과는 하락기의 경우 공시효과에서, 상승기 동안은 장기성과에서 보다 두드러지게 측정되었다. 또한 상승기 동안에는 공시효과가 공시일에 집중적으로 나타나고 있으나, 하락기 동안에는 공시효과가 공시일 이전에 보여지고 있어 공시정보의 사전 예측가능성이 높음을 시사하고 있다.

어떠한 기업들이 구조조정을 실시할 가능성이 높은가를 분석한 로짓회귀분석의 결과는 두 기간 모두 기업규모가 클수록, 재벌소속기업일수록, 은행차입금비율이 높을수록, 기업위험도가 높을수록, 그리고 다각화된 기업일수록 크다는 것을 보여주고 있다. 하지만 부채비율은 주가 하락기에만 음(-)의 유의성을 갖고, 과거의 기업성과를 나타내는 토빈 Q의 값은 하락기에는 음(-), 상승기에는 양(+)의 값을 나타낸다. 이러한 결과는 경기 불황 시에는 과거 경영성과가 낮은 기업들이 구조조정을 하게 되지만 이후 호경기에는 오히려 과거 경영성과가 우수하고 부채비율이 낮은 기업들이 구조조정을 할 가능성이 높다는 것을 보여준다.

구조조정이 공시효과에 영향을 미치는 요인에 관한 회귀분석에서는 주가 상승기와 하락기 모두 기업규모가 작을수록, 재벌소속기업일수록, 체계적위험이 높은 기업일수록 주가가 많이 올랐다. 하지만 부채비율은 하락기, 현금흐름비율은 상승기에만 유의적인 양(+)의 값을 나타내고 있어 하락기 동안에는 부채비율이 높은 기업이 구조조정을 실시하고 이후 상승기에는 현금흐름이 좋은 기업이 구조조정을 할 경우 공시효과가 긍정적임을 보여주고 있다. 구조조정이 장기성과에 영향을 미치는 요인에 관한 횡단면회귀분석에서는 기업규모와 현금흐름비율이 두 기간 모두 장기성과와 각각 음(-)과 양(+)의 관계를, 부채비율과 다각화기업더미는 하락기에만 장기성과와 각각 양(+)과 음(+)의 관계를 보이며, 회사채비율, 국내기관지분율 및 외국인지분율은 상승기에만 장기성과와 양(+)의 관계를 나타냈다.

이러한 연구결과는 과거 우리나라에서 수행되어 온 기업구조조정이 기업가치 및 조직효율성 증대에 공헌하여 왔는지에 대한 전반적인 이해를 가능하게 한다. 나아가 경제환경 변화에 대응하고, 기업의 체질개선 및 핵심역량을 강화하기 위해 기업이 수행하는 구조조정활동이 기업경영 및 주주의 부에 어떠한 결과를 가져오는가에 관한 시사점도 제시하고 있다. 또한 우리나라 재벌기업과 비재벌기업이 실시한 구조조정활동 분석결과를 통하여 각 기업집단의 재무의사결정행태에 대한 평가가 가능하며, 구조조정이 기업의 장기 경영성과에 미치는 영향은 기업들의 향후 재무정책과 투자자의 투자전략 수립에 지침을 제공할 수 있을 것으로 보인다.

〈표 37〉 구조조정 공시 내역

구조조정 공시 표본은 1996년 말부터 2000년까지 한국증권거래소에 상장된 기업으로서 금융업을 제외하고 재무자료 이용이 가능한 기업을 대상으로 하였다. （   ） 안의 수치는 당시 30대 재벌소속기업이 공시한 구조조정 내역 비중이다.

전체 기간 (1997.11~2000.12)	주가 하락기 (1997.11~1998.12)	주가 상승기 (1999.1~2000.12)
855	562	293
(515, 60.2%)	(318, 56.6%)	(197, 67.2%)

〈표 38〉 표본의 요약 재무통계량

요약통계량은 구조조정 공시 직전 회계연도 말 통계량을 이용하였다. 각 통계량은
평균값이며, [   ]은 중앙값을 나타낸다. 차이값 검정의 위 수치는 평균을 이용한 t -
test의 p - 값이고, 아래 (   ) 안의 수치는 중앙값을 이용한 wilcoxon z - test의 p - 값
이다. ***, **, *은 각각 1%, 5%, 10% 수준에서 통계적으로 유의한 값을 나타낸다.

		전체 기간 (1997.11~ 2000.12)	주가 하락기 (1997.11~ 1998.12)	주가 상승기 (1999.1~ 2000.12)	상승기와 하락기 차이값 검정 (p - value)
총자산 (억 원)		3,066 [880]	3,077 [776]	3,043 [1,082]	0.895 (0.006)***
총부채 / 총자산		0.7405 [0.7464]	0.7723 [0.7826]	0.6768 [0.6376]	0.001*** (0.001)***
회사채 / 총부채		0.2011 [0.1866]	0.2204 [0.2096]	0.1917 [0.1704]	0.001*** (0.001)***
은행차입금 / 총부채		0.3986 [0.4010]	0.3986 [0.4180]	0.4064 [0.4256]	0.237 (0.162)
현금흐름 / 총자산		0.0537 [0.0562]	0.0467 [0.0559]	0.0605 [0.0602]	0.013** (0.071)*
토빈 Q		0.9308 [0.8901]	0.9294 [0.8956]	0.9339 [0.8727]	0.725 (0.001)***
체계적위험도 (베타)		0.9188 [0.9518]	0.9477 [0.9750]	0.8784 [0.8687]	0.001*** (0.001)***
비체계적위험도		0.0019 [0.0016]	0.0011 [0.0009]	0.0024 [0.0020]	0.001*** (0.001)***
대주주지분율 (%)		26.78 (23.29)	24.58 (21.60)	29.27 (26.26)	0.001*** (0.001)***
국내 기관 소유 지분 (%)	금융기관지분율 (%)	9.23 [8.80]	14.08 [11.01]	8.81 [7.29]	0.001*** (0.001)***
	계열기업 제외 일반법인지분율 (%)	26.30 [21.72]	29.79 [26.10]	25.51 [24.50]	0.001*** (0.001)***
	소 계	36.93 [35.88]	43.87 [44.49]	35.66 [33.87]	0.001*** (0.001)***
외국법인소유지분 (%)		7.87 [3.52]	6.32 [3.24]	8.94 [5.08]	0.002*** (0.003)***

〈표 39〉 구조조정 공시에 따른 단기 주가변화 및 장기성과

공시효과의 비정상수익률(AR)은 시장모형(market model)을 이용하였으며, 장기성
과는 이후 1년간의 산업조정누적초과주가수익률(ICAR)로 측정하였다. ***, **, *은
각각 1%, 5%, 10% 수준에서 통계적으로 유의한 값을 나타낸다.

Panel A. 공시효과

공시일 전후 시점	전체 표본기간 (1997.11~2000.12)		주가 하락기 (1997.11~1998.12)		주가 상승기 (1999.1~2000.12)	
	AR	t-값	AR	t-값	AR	t-값
-5	-0.0029**	-2.21	-0.0033**	-2.27	-0.0013	-0.41
-4	0.0018	1.39	0.0026*	1.78	-0.0014	-0.51
-3	0.0016	1.18	0.0014	0.91	0.0026	0.81
-2	0.0027**	1.99	0.0031**	2.00	0.0012	0.43
-1	0.0071***	4.88	0.0089***	5.37	0.0037*	1.87
공시일	0.0029*	1.97	0.0001	0.05	0.0150***	4.23
1	0.0019	1.37	0.0014	0.97	0.0004	0.55
2	-0.0021	-1.62	-0.0011	-0.72	-0.0066	-1.21
3	0.0022	1.51	0.0025	1.51	0.0011	0.34
4	-0.0006	-0.44	-0.0001	-0.07	-0.0027	-0.90
5	0.0013	0.92	0.0020	1.35	-0.0020	-0.65
CAR(-1,1)	0.0119***	4.29	0.0102***	3.28	0.0189***	3.10
CAR(-3,3)	0.0139***	4.29	0.0185***	2.80	0.0114*	1.95
CAR(-5,5)	0.0158***	2.90	0.0273***	2.73	0.0097	0.97

Panel B. 장기성과

	전체표본기간 (1997.11~2000.12)		주가 하락기 (1997.11~1998.12)		주가 상승기 (1999.1~2000.12)	
	AR	t-값	AR	t-값	AR	t-값
산업조정비정 상누적 초과주가수익 률 (ICAR)	0.0541***	3.58	0.0405**	2.40	0.1093***	3.28

〈표 40〉 구조조정 가능성에 대한 로짓회귀분석

구조조정활동 실시 여부(시행=1, 비시행=0)를 종속변수로 하고 구조조정 실시 직전연도 말 기업특성변수를 설명변수로 한 로짓(logit)회귀분석 추정치이다. 관찰표본 수의 ( ) 안 수치는 구조조정을 실시한 기업의 관측치이다. 추정치 아래 ( )는 p-값이며, ***, **, *은 각각 1%, 5%, 10% 유의수준을 나타낸다.

Panel A. 구조조정 가능성과 재무적 특성

	전체 표본기간 (1997.11~2000.12)	주가 하락기 (1997.11~1998.12)	주가 상승기 (1999.1~2000.12)
절 편	-14.174*** (0.00)	-11.058*** (0.00)	-24.226*** (0.00)
총자산로그	0.686*** (0.00)	0.405*** (0.00)	1.166*** (0.00)
총부채 / 총자산 (A)	-0.275 (0.19)	0.228 (0.54)	-1.148*** (0.00)
은행차입금 / 총부채	1.118*** (0.00)	1.342*** (0.00)	0.674* (0.07)
회사채 / 총부채	0.797*** (0.00)	1.141** (0.00)	0.114 (0.55)
현금흐름 / 총자산	-1.385*** (0.00)	-0.602 (0.58)	-1.136* (0.08)
토빈 Q	0.049 (0.52)	-0.525** (0.03)	1.490*** (0.00)
체계적위험도 (베타)	0.752*** (0.00)	0.707*** (0.00)	0.815*** (0.00)
비체계적위험도	16.851*** (0.00)	79.102** (0.04)	7.995* (0.06)
대주주지분율 (B)	0.198 (0.35)	-0.441 (0.20)	0.901** (0.04)
재벌기업더미 (C)	2.555*** (0.00)	1.505*** (0.00)	4.115*** (0.00)
다각화기업 더미 (D)	0.497*** (0.00)	0.415*** (0.00)	0.486*** (0.00)
외국인소유지분	0.003 (0.98)	0.866* (0.08)	-2.152*** (0.00)
국내기관지분율	1.119*** (0.00)	0.607*** (0.00)	1.487* (0.10)

	전체 표본기간 (1997.11~2000.12)	주가 하락기 (1997.11~1998.12)	주가 상승기 (1999.1~2000.12)
(A) × (C)	−2.045*** (0.00)	−0.647 (0.25)	−4.229*** (0.00)
(B) × (C)	−0.785* (0.07)	0.854 (0.19)	−2.601*** (0.00)
(D) × (C)	−0.428*** (0.00)	−0.321* (0.07)	−0.558** (0.02)
구조조정형태별더미	포함	포함	포함
소속산업더미	포함	포함	포함
No. of observations	2276 (851)	1552 (560)	724 (291)

Panel B. 구조조정과 경영성과

	주가 하락기 (1997.11~1998.12) 종속변수: 구조조정 가능성	주가 상승기 (1999.1~2000.12) 종속변수: 경영성과 (토빈 Q)
절　편	−11.058*** (0.00)	7.133*** (0.00)
총자산로그	0.405*** (0.00)	−0.466*** (0.00)
총부채 / 총자산 (A)	0.228 (0.54)	6.435*** (0.00)
은행차입금 / 총부채	1.342*** (0.00)	−0.095 (0.74)
회사채 / 총부채	1.141** (0.00)	−0.234 (0.42)
현금흐름 / 총자산	−0.602 (0.58)	1.152 (0.13)
토빈 Q	−0.525** (0.03)	
구조조정 실시기업 더미		0.641*** (0.00)
체계적위험도 (베타)	0.707*** (0.00)	−1.096*** (0.00)
비체계적위험도	79.102** (0.04)	−50.190*** (0.06)
다각화기업 더미 (D)	0.415*** (0.00)	0.167 (0.11)
국내기관지분율	0.607*** (0.00)	0.499** (0.04)

	주가 하락기 (1997.11~1998.12) 종속변수: 구조조정 가능성	주가 상승기 (1999.1~2000.12) 종속변수: 경영성과 (토빈 Q)
외국인소유지분	0.866* (0.08)	4.576*** (0.00)
(A) × (C)	−0.647 (0.25)	5.050*** (0.00)
(B) × (C)	0.854 (0.19)	1.841*** (0.00)
(D) × (C)	−0.321* (0.07)	0.362* (0.08)
구조조정형태별더미	포함	포함
소속산업더미	포함	포함
No. of observations	1552 (560)	724 (291)
구조조정과 기업성과 상관계수	−0.033** (0.04)	0.056*** (0.00)

(주) 위기 이후 분석의 종속변수인 경영성과(토빈 Q)는 중앙값을 기준으로 상위인 경우 '1'의 값을, 하위인 경우 '0'의 값을 부여하였다. 상관계수 아래 ( )는 p - 값이다.

구조조정형태별더미는 구조조정을 크게 기업내부체제개편(계열사 정비, 내부조직개편단행 등), 경영진 개편(퇴임, 해임), 다운사이징(설비, 부동산 등의 보유자산매각), 확장대응(설비확장, 기업인수, 신규사업진출) 및 기타 정책(피인수매각 등)의 5가지로 구분한 것이다.

〈표 41〉 구조조정 공시에 따른 주가변화와 재무적 특성

공시효과 횡단면회귀분석은 구조조정 공시일 전후 비정상수익률 CAR(-1, 1)을 종속변수로 하였고 설명변수로는 해당기업의 직전연도 말 재무적 특성을 사용하였다. 추정치 아래 ( )은 t-값이며, ***, **, *은 각각 1%, 5%, 10% 유의수준을 나타낸다.

	전체 표본기간 (1997.11~2000.12)	주가 하락기 (1997.11~1998.12)	주가 상승기 (1999.1~2000.12)
절　편	-0.105* (-1.77)	-0.148** (-2.32)	-0.302 (-1.65)
총자산로그	0.017*** (3.72)	0.013*** (3.78)	0.030*** (2.84)
총부채 / 총자산 (A)	0.036* (1.69)	0.060* (1.69)	0.032 (1.45)
은행차입금 / 총부채	0.001 (0.08)	0.040 (1.52)	-0.055*** (-2.73)
회사채 / 총부채	0.031 (0.22)	0.035 (1.18)	-0.060 (-1.08)
현금흐름 / 총자산	0.141** (2.39)	-0.030 (-0.41)	0.721*** (2.95)
토빈 Q	0.032 (1.23)	0.003 (0.04)	0.032 (1.17)
체계적위험도 (베타)	-0.128*** (-7.05)	-0.114*** (-5.81)	-0.268*** (-6.08)
비체계적위험도	0.020 (0.02)	3.590 (0.67)	-7.022 (-0.62)
대주주지분율 (B)	0.013 (0.37)	-0.003 (-0.10)	0.100 (1.31)
재벌기업더미 (C)	0.111** (2.17)	0.100*** (2.67)	0.144** (2.10)
다각화기업 더미 (D)	0.002 (0.30)	-0.003 (-0.17)	0.041* (1.93)
국내기관지분율	0.054*** (2.72)	0.023 (1.06)	0.244*** (3.01)
외국인소유지분	-0.127** (-2.18)	-0.112** (-2.09)	-0.302* (-2.22)

	전체 표본기간 (1997.11~2000.12)	주가 하락기 (1997.11~1998.12)	주가 상승기 (1999.1~2000.12)
(A) × (C)	-0.125*** (-2.68)	-0.168*** (-3.11)	-0.119* (-1.71)
(B) × (C)	-0.048 (-1.30)	-0.059 (-1.15)	-0.160 (-1.54)
(D) × (C)	-0.004 (-0.29)	0.004 (0.39)	-0.015 (-0.78)
소속산업더미	포함	포함	포함
구조조정형태별더미	포함	포함	포함
F-value	5.96	3.41	5.60
Adjusted R^2	0.078	0.059	0.224
No. of observations	851	560	291

〈표 42〉 구조조정 장기성과와 재무적 특성

장기성과 횡단면회귀분석은 구조조정 공시일 이후 1년간의 장기 산업조정누적초과 주가수익률(ICAR)을 종속변수로 하였고 설명변수로는 해당기업의 직전연도 말 재무적 특성을 사용하였다. 장기성과 회귀분석을 위해 해당기간 동안 구조조정을 2번 이상 공시한 기업은 첫 번째 공시일을 기준으로 분석하였다. 추정치 아래 ( )은 t-값이며, ***, **, *은 각각 1%, 5%, 10% 유의수준을 나타낸다.

	전체 표본기간 (1997.11~2000.12)	주가 하락기 (1997.11~1998.12)	주가 상승기 (1999.1~2000.12)
절 편	3.025*** (5.74)	2.025*** (4.28)	3.142*** (4.44)
총자산로그	-0.117*** (-6.02)	-0.075*** (-3.13)	-0.190*** (-6.25)
총부채 / 총자산 (A)	0.130 (1.42)	0.555*** (3.15)	0.018 (0.14)
은행차입금 / 총부채	0.037 (0.29)	0.236 (1.45	-0.199 (-0.85)
회사채 / 총부채	-0.160 (-1.20)	-0.211 (-1.12)	0.434* (1.95)

	전체 표본기간 (1997.11~2000.12)	주가 하락기 (1997.11~1998.12)	주가 상승기 (1999.1~2000.12)
현금흐름 / 총자산	0.677* (3.21)	1.399*** (3.45)	0.501* (1.77)
토빈 Q	−0.068 (−0.84)	−0.234 (−1.53)	0.055 (0.39)
체계적위험도 (베타)	0.131 (1.32)	0.023 (0.17)	0.176 (0.99)
비체계적위험도	−17.224 (−0.79)	−22.451 (−0.87)	−4.2255 (−0.49)
대주주지분율 (B)	0.121 (0.74)	0.180 (0.88)	−0.147 (−0.71)
재벌기업더미 (C)	−0.217 (−1.47)	−0.245 (−1.31)	−0.208 (−1.14)
다각화기업 더미 (D)	0.010 (0.21)	−0.251*** (−3.69)	0.098 (1.29)
국내기관지분율	0.268*** (2.58)	0.421** (2.41)	0.545* (1.92)
외국인소유지분	0.371** (2.00)	0.045 (0.21)	1.344*** (2.88)
(A) × (C)	0.434** (2.51)	0.300 (1.31)	0.423 (1.05)
(B) × (C)	0.349* (1.72)	0.224 (0.74)	1.119** (2.33)
(D) × (C)	−0.154 (−1.02)	0.135 (1.47)	−0.245* (−1.75)
소속산업더미	포함	포함	포함
구조조정형태별더미	포함	포함	포함
F−value	5.69	4.90	7.06
Adjusted R^2	0.128	0.168	0.268
No. of observations	405	261	144

제5장

에필로그

　실무적으로나 학문적으로 기업의 가치, 즉 주가가 오르고 내리는 이유에 관해서는 다양한 분석과 설명이 가능하다. 주가가 변하는 이유는 금융시장에 참여하여 가치 또는 부의 극대화를 달성하기 위한 각 경제 주체들의 주요 관심사가 아닐 수 없다. 본서에서는 주식시장이 오르고 내리는 반복적인 국면에서 주가변화에 영향을 미치는 재무정보가 무엇이고, 어떻게 영향을 주는가에 관해 고찰해 보았다.

　주가에 영향을 미칠 수 있는 개별기업의 재무정보에는 매출이나 이익에 관한 것뿐만 아니라 소유구조, 기업집단, 자본구조, 지배구조, 현금흐름, 자본조달, 다각화, 소속산업, 구조조정, M&A 등 다양한 형태가 존재한다.

　소유구조는 경영자지분, 대주주지분, 외국인지분, 기관투자가지분 등으로 세분화되는데, 이들은 주가 상승기와 하락기에 있어 각각 상이한 형태로 주가에 영향을 줄 수 있다. 경영자지분이 많을수록 경영자는 경영활동에 안주하게 될 가능성이 커져 주가 상승기와 하락기에 모두 부정적인 결과를 불러올 수 있다. 반대로 경영자지분이 적을수록 경영권인수 프리미엄이 높아져 주가에 긍정적으로 작용할 수 있다.

대주주지분의 경우에도 주가변화에 양(+)과 음(−)의 양쪽 견해가 모두 가능하다. 주가 하락기에 주가가 부진을 면치 못함에도 불구하고 대주주가 지분을 많이 보유하는 것은 기업가치에 대한 신호효과로 작용하여 주가변화에 양(+)의 영향을 미칠 수 있다. 또한 만일 대주주가 경영에 참여하는 경우 경영자와 주주의 이해를 일치시켜 경영자−주주 간 대리인문제를 감소시키는 역할을 수행하므로 역시 주가에 긍정적인 기여를 할 수 있다. 하지만 대주주의 과도한 지분보유는 경영활동에 안주함으로써 가치 하락을 야기할 수 있어 음(−)의 관계도 추론할 수 있다. 이렇게 경영활동에 안주하는 것은 기업외적 변화에 효율적으로 대응하는 능력이 저하시킬 수 있으므로 주가변화에 부정적 영향을 미칠 수도 있다. 주가 상승기에도 대주주지분율은 기업가치에 대한 신호효과로서 주가변화와 양(+)의 관계를 가질 수 있다. 그렇지만 한편으로는 대주주가 경영에 참여하는 경우 주가 상승기에 대주주경영자가 자신의 이해를 극대화하는 과정에서 소액주주와의 사이에 대리인문제를 야기할 수 있다는 점에서 대주주지분율과 주가변화는 음(−)의 관계를 가질 수도 있다.

주가 상승기에 기업에 대해 대규모의 자금을 투자하고 있는 외국인투자자는 충분한 기업가치 상승이 이루어지도록 경영활동에 적극적으로 참여할 가능성이 크다. 외국인과 같이 대량의 주식을 보유한 주주는 필요한 경우 스스로 경영감시역할을 수행하며, 따라서 이들의 존재는 기업가치를 증가시키는 M&A가 발생하는 데 필수적이기 때문이다. 주가가 하락하는 시기에도 외국인의 지분 보유는 주가와 양(+)의 관계를 맺을 수 있다. 일부 종목에 집중적으로 투자하는 특성을 가진 외국인 투자자는 주식시장이 부진을 면치 못할 경우 보유지분의 가치하락을 방어하는 데 주력토록 하는 요인이 될 수 있다.

국내에서도 주식형 펀드로 지속적인 대규모 자금이 유입됨에 따라 기관투자가의 영향력이 갈수록 커지고 있다. 이들 외부 기관투자가는 장기적인 지분보유를 통해 기업 내부 상황에 대한 전문성을 얻게 될 가능성이 크고 경영자로부터 기업기밀 등 내부정보를 쉽게 제공받을 수 있는 위치에 있기 때문에 경영자 감시기능을 효율적으로 수행할 수 있다. 이러한 연유로 상대적으로 기관투자가가 많은 지분을 보유한 기업의 경우 주가 상승기와 하락기에 가치 상승률이 높을 것이라고 추론할 수 있다.

일본의 케이레츄, 우리나라의 재벌과 같은 기업집단의 형태는 주가에 긍정적이기도 하고, 부정적이기도 할 것이다. 기업집단 소속기업 간에 형성된 내부자본시장, 상호지원현상 등은 주가에 긍정적으로 작용할 수 있고, 가치 극대화가 아닌 규모 극대화를 추구하거나 계열기업 간 상호 주 보유를 통해 열악한 지배구조 형태를 형성할 수 있다는 점 등은 주가에 부정적으로 작용할 소지가 높다.

자본구조 측면에서 은행차입금을 많이 사용하고 있어 은행 중심의 지배구조를 구축하고 있는 기업은 은행의 감시역할 및 자금지원으로 상대적으로 수월하게 투자금을 마련할 수 있기 때문에 주가 상승기와 하락기에 도움을 받을 수 있다. 하지만 경기위축에 따른 주가 하락기에는 은행의 어려움이 거래기업에게 파급되는 전염효과로 인하여 기업의 어려움이 가중될 수 있다는 예상이 가능하다. 부채비율은 다수 연구나 실제 사례에서 볼 수 있듯이 주가 상승기에는 주가에 긍정적으로 작용하지만 주가 하락기에는 레버리지에 따른 높은 위험도 때문에 주가 하락 폭이 커지게 될 것이다.

기업구조조정은 선택과 집중을 통해 기업체질을 개선하고, 핵심역량을 재창출함으로써 주가에 긍정적인 영향을 주게 된다. 근본적으로 구조조정은 기업의 성과가 부진에 빠졌을 때 이를 극복하고자 수행하는 것이다. 하지만 최근의 구조조정 추세는 기업성과를 더 나은 상태로 끌어올리기 위한 주요 재무전략으로 사용된다. 즉 경영성과가 우수한 기업이 구조조정을 선택함으로써 기업가치 증대를 모색한다는 것이다.

이들 재무정보들은 기업의 실질현금흐름에 영향을 주어 결국에는 기업가치의 변동을 가져오게 된다. 제3장의 사례연구에서는 재무적 특성과 관계된 사건들이 실제 주식시장에서 기업가치의 변동에 어떠한 영향을 주었는지를 8개의 주제로 나누어 조사해 보았다. 전환사채 발행, 유상증자, 해외증권 발행, 구조조정과 M&A 등 8개의 주제에 걸쳐 개별기업에서 발생한 사건이 해당기업의 주가에 어떠한 영향을 미쳤는가를 알아봄으로써 주가변화의 원인에 대해 실제 시장의 움직임을 관찰하였다. 또한 사례연구에서는 같은 사건이라도 기업에 따라, 주식시장 상황에 따라 주가반응이 달라질 수 있다는 것을 확인할 수 있었다.

제4장에서는 세 편의 실증연구를 통해 학문적인 관점에서 주가 상승기와 하락기에 주가와 재무정보의 관계를 고찰하였다.

첫 번째 실증연구에서는 주가와 다양한 재무적 특성의 관계를 분석하였다. 그 결과로 주가 상승기에 개인대주주지분율과 계열기업보유지분율을 망라한 대주주지분율은 주가변화와 음(−)의 관계를 보였다. 대주주지분율을 개인대주주지분율과 계열기업지분율로 구분한 경우 개인대주주지분율이 상대적으로 가치변화에 미치는 영향력이 크게 나타났다. 다른 특성 가운데 부채비율이 높거나, 경영성과가 우수하고, 외국인보유지분과 위험도 및 다각화 수준이 높은 기업일수록 주가상승이 컸다. 주가하락기에는 대주주지분율, 외국인 소유지분, 경영 투명성, 유동성, 현금흐름, 기업규모 등이 기업가치에 긍정적으로 작용한 반면 부채비율, 은행과의 밀접도, 다각화 수준, 위험도 등은 부정적인 관계를 보였다. 주가 하락기에 대주주지분율과 기업가치 간에 양(+)의 계수 값이 관찰된 것(기업가치증가가설)은 불황기에 소유구조 측면에서 대주주지분율이 높은 기업일수록 가치하락을 유발할 수 있는 대리인비용이 감소하였거나 보다 보수적인 경영을 수행하였음을 암시하는 것으로 판단할 수 있다. 이상의 결과는 주식시장 환경이 변화함에 따라 기업가치－기업특성의 관계가 달라질 수 있다는 사실을 보여주는 것이라고 할 수 있다. 재벌의 경우 주가 상승기에 개인대주주지분율이 기업가치 상승에 긍정적으로 작용한 반면, 하락기에서는 부정적으로 작용하는 관계를 보여 재벌의 소유구조가 기업가치에 미치는 영향이 비재벌과 다르며, 경제상황에 따라서 상이하게 나타날 수 있다는 사실을 보여주었다. 재벌의 기준을 100대 재벌로 확대하여 분석을 실시한 경우에도 결과는 대동소이하였다. 주가 상승기와 하락기에서 주가변화에 대한 재무요인의 영향도를 비교하면 하락기에 상대적으로 더 크게 나타났다. 이는 주가가 오르는 시기보다는 주가가 떨어져 부진을 면치 못하는 시기에 투자자들이 기업의 소유구조나 다른 재무적 특성에 보다 민감하게 반응함을 의미하는 것으로 파악된다. 이와 더불어 부채비율이나 경영성과, 베타 등의 내재가치 관련 변수가 주가 하락기보다 주가 상승기에 기업가치에 더 큰 영향을 준다는 사실을 발견할 수 있었다. 소유－지배권 괴리도는 주가 하락기에 주가에 부정적으로 작용한 것과 달리 주가 상승기에는 주가에 유의적인 영향을 미치지 못했다. 이렇게 소유－지배권의 괴리도가 주가 하락기에만 기업가치에 부정적이라는 사실은 소유－지배권 괴리도에 대한 시장의 부정적 평가가 일부 시기에 한정될 수 있음을 보여주는 것이다.

두 번째 실증연구에서는 지배구조를 중심으로 주가와 재무적 특성의 관계를 조명해 보았다. 지배구조가 느슨할수록 위기에 따른 주가 하락기간 중 큰 가치하락을 경험하였고, 회복기간에는 반등 폭이 상대적으로 컸다. 이와 함께 지배구조가 취약한 기업의 높은 베타 또는 시장의 과민반응으로 인해 이러한 결과가 나왔음을 검증함으로써 지배구조의 중요성을 재검증하였다. 이와 더불어 주가 하락기에는 부채비율이 낮을수록, 재벌에 속한 기업일수록, 외국인 보유지분이 높을수록, ADR발행을 통해 경영투명성이 높게 확보된 기업일수록 주가의 하락 폭이 적었고, 주가 상승기에는 외국인 보유지분이 높을수록, 타 기업에 대한 금융자산 투자 비중이 높은 기업일수록 주가 상승 폭이 상대적으로 컸음을 확인하였다.

세 번째 실증연구에서는 구조조정을 중심으로 주가와 재무적 특성의 관계를 조사하였다. 국내 기업의 구조조정은 예상대로 기업의 가치에 긍정적인 주가변화를 야기하였으며, 이러한 양(+)의 주가변화는 전체 표본기간 및 표본기간을 주가 상승기와 하락기로 분리한 하위표본기간에서 모두 유사한 양상으로 나타났다. 하지만 이러한 양(+)의 구조조정 성과는 하락기의 경우 단기주가에서, 상승기 동안은 장기성과에서 보다 두드러지게 측정되었다. 또한 상승기 동안에는 단기주가효과가 공시일에 집중적으로 나타나고 있으나, 하락기 동안에는 단기주가효과가 공시일 이전에 보여지고 있어 공시정보의 사전 예측가능성이 높음을 시사하고 있다. 어떤 기업들이 구조조정을 실시할 가능성이 높은가를 분석한 로짓 회귀분석의 결과는 두 기간 모두 기업규모가 클수록, 재벌소속기업일수록, 은행차입금비율이 높을수록, 기업위험도가 높을수록, 그리고 다각화된 기업일수록 크다는 것을 보여주고 있다. 하지만 부채비율은 주가 하락기에만 음(−)의 유의성을 갖고, 과거의 기업성과를 나타내는 토빈 Q의 값은 하락기에는 음(−), 상승기에는 양(+)의 값을 나타낸다. 이러한 결과는 경기 불황 시에는 과거 경영성과가 낮은 기업들이 구조조정을 하게 되지만 이후 호경기에는 오히려 과거 경영성과가 우수하고 부채비율이 낮은 기업들이 구조조정을 할 가능성이 높다는 것을 보여준다. 구조조정이 단기 주가효과에 영향을 미치는 요인에 관한 분석에서는 주가 상승기와 하락기 모두 기업규모가 작을수록, 재벌소속기업일수록, 체계적 위험이 높은 기업일수록 주가가 많이 올랐다. 하지만 부채비율은 하락기, 현금흐름비율은 상승기에만 유의적인 양(+)의 값을 나타내고 있어 하락기 동안에는 부채비율이 높은 기업이 구조조정을 실시하고 이후 상승기에는 현금흐름이 좋은 기업이 구조조정을 할 경우 공시효과가 긍정적임을 보여주고 있다. 구조조정이 장기성과에 영향을 미치는 요인에 관한 회귀분석에서는 기업규모와 현금흐름비율을 볼 때 하락기에는 장기 주가수익률이 좋지 않은 반면 상승기에는 이들 기업의 주가가 장기적으로 우수한 수익률을 달성하였다. 부채비율과 다각화기업의 경우 주가 하락기에 장기 주가수익률이 저조하였고, 국내 및 외국법인 기관투자가의 지분율은 주가 상승기에 장기 주가수익률과 양($+$)의 관계를 보여 최근과 같이 주가가 상승하는 시기에 이들 기관투자가의 지분매입이 많은 기업일수록 단기와 장기에 모두 우수한 투자수익률을 낼 수 있다는 점을 확인할 수 있다.

지금까지 이론정리, 사례연구, 실증연구를 통해 재무정보와 주가의 관계를 서술한 본서의 내용이 가치 극대화를 추구하는 기업과 부의 극대화를 추구하는 개인 등 개별 경제주체 모두에게 유익한 자료로 이용되기를 바란다.

참고문헌

〈국내문헌〉

인터넷 전자신문 및 일간지 각 호(동아일보, 머니투데이, 매일경제신문, Korea Herald).

한국상장회사협의회, "상장", 각 호.

한국증권업협회, "증권시장지", 각 호.

강영걸 (1998). "최고관리자 교체와 조직성과: 우리나라 상장제조업체의 경우". 한국경영학회, 경영학연구, 27(2), 363-389.

강원, 신현한, 장진호 (2005). "대규모기업집단의 지배-소유 괴리도와 기업가치 및 경영성과 간의 관계분석". 한국재무학회, 재무연구, 18(2), 1-39.

강준구 (1998). "기업합병과 인수의 경제적 동기와 기업가치증대 요인", 한국금융연구원 연구보고서.

강준구, 백재승 (2001). "외부충격에 따른 기업가치 변화와 구조조정의 결정요인 및 구조조정 효과", 한국재무학회, 재무연구, 14(2), 199-250.

강효석, 박진우, 백재승 (2004). "사모주식발행의 장기성과: 발행기업과 인수기업 주주의 부에 미친 영향을 중심으로", 한국재무학회, 재무연구, 17(2), 203-241.

강효석, 박진우, 백재승 (2007). "국제금융시장 자본조달과 기업지배구조의 효율성: 국내금융시장과의 비교분석", 한국국제경영학회, 국제경영연구, 18(3), 53-81.

국찬표, 정균화 (1996). "우리나라 기업의 소유구조 결정요인에 대한 실증적 연구: 선형구조모형을 응용하여", 한국재무학회, 재무연구, 9(2), 249-286.

김문현, 백재승 (2005). "사외이사 해임 정보가 기업가치에 미치는 영향", 한국증권학회, 증권학회지, 34(2), 209-246.

김석진 (2001). "기업구조조정", 아산재단 연구총서, 제77집.

김석진, 변현수 (1998). "유상증자의 장기성과", 한국재무학회, 재무연구, 16, 23-50.

김성민 (1994). "정보비대칭과 유상증자 시점에 관한 연구", 한국증권학회, 증권학회지, 16, 81-114.

김성표, 윤영섭 (1999). "사업다각화와 대리인문제가 기업가치에 미치는 영향", 한국재무학회, 재무연구, 12(1), 1-38.

김우택, 장대홍, 김경수 (1993). "기업가치와 소유경영구조에 관한 실증적 연구", 한국재무학회, 재무연구, 6, 55-76.

김영숙, 이재춘 (2000). "기업가치와 기업소유구조와의 연관성", 한국증권학회, 증권학회지, 26, 173-196.

김주현 (1992). "기업의 소유구조와 기업가치의 연관성에 관한 연구", 한국재무학회, 재무연구, 5, 129-154.

김지수, 정기웅 (2000). "규모 극대화, 경영자지분과 기업의 자본적 투자지출", 한국재무관리학회, 재무관리연구, 17(2), 1-28.

김화진 (2005). "이사회-운영원리와 법률적 책임", 박영사.

매일경제산업부, 한국경제연구원 (2000), "한국재벌 미래는 있는가", 매일경제신문사.

박경서, 백재승 (2001). "재벌기업의 대주주경영자는 비재벌의 대주주경영자와 얼마나 다른가?: 한국 상장기업의 소유구조, 자본구조 및 기업가치에 관한 실증연구", 한국재무학회, 재무연구, 14(2), 89-130.

박기성 (2002). "소유구조와 기업의 회계적 성과 및 토빈 Q의 관계에 관한 연구", 한국증권학회, 증권학회지, 30, 297-325.

박진우, 백재승 (2005). "경제환경 변화와 기업구조조정의 가능성 및 장단기 성과 분석", 한국증권학회, 증권학회지 34(3), 101-138.

배기홍, 임찬우 (2003). "기업집단의 상호지원과 기업집단 소속기업의 주가수

익률 특성: 조건부왜도에 관한 실증적 연구". 한국재무학회, 재무연구, 16(1), 39-68.

백재승 (2006). "기업지배구조와 기업가치", 경영교육연구, 제10권, 제1호, 121-144.

신현한, 장진호 (2003). "최고경영자의 교체에 따른 경영성과 변화", 한국재무학회, 재무연구, 16(2), 231-256.

위정범, 한경동 (2002). "기업의 자산매각 동기와 위기대응-IMF 경제위기를 중심으로", 한국증권학회, 증권학회지, 30, 131-162.

유승민 (2000). "재벌, 과연 위기의 주범인가": 비봉출판사.

이명철, 이기환, 박주철 (2000). "WORKOUT 기업의 주가반응에 관한 실증적 분석", 한국증권학회, 증권학회지, 26, 143-171.

이상철, 이경태 (2003). "감사위원회 도입이 이익조정에 미치는 영향", 한국회계학회, 회계학연구, 28(3), 143-172.

이해영, 이재춘 (2003). "우리나라 상장기업의 소유구조 결정요인에 관한 실증적 연구: 패널자료로부터의 근거", 한국재무관리학회, 재무관리연구, 20(2), 41-72.

이효익, 문상혁 (2003). "이사회 및 감사위원회의 특성이 이익의 질과 가치 관련성에 미치는 영향", 한국회계학회, 동계학술대회 논문집, CESSION D1, 1-43.

장대홍, 김우택, 김경수, 박상수 (1999). "기업의 지배, 조직구조 및 가치", 한국금융학회, 금융학회지, 4(1), 108-147.

장영광 (1985). "기업합병과 주식취득이 주주의 부에 미치는 영향에 관한 실증적 연구", 고려대학교 대학원, 박사학위논문.

진태홍, 송홍선 (2003). "기업 출자의 효율성에 관한 실증연구", 한국재무학회, 재무연구, 16(2), 163-193.

최도성, 지헌열 (1998). "정보비대칭하에서의 법원 법정관리 결정의 효율성에 관한 연구", 한국재무학회, 재무연구, 제14호, pp.123-148.

〈국외문헌〉

Amihud, Y., Lev, B., 1981. Risk reduction as a managerial motive for conglomerate mergers. Bell Journal of Economics 12, 605-617.

Aoki, M., 1990. Toward an economic model of Japanese firms. Journal of Economic Literature 28, 1-27.

Bae, K.-H., Kang, J.-K., Kim, J.-M., 2002. Tunneling or value added? Evidence from merger by Korean business groups. Journal of Finance 57, 2695-2740.

Bae, K.-H., Kang, J.-K., Lim, C.W., 2002. The value of durable bank relationships: Evidence from Korean banking shocks. Journal of Financial Economics 64, 181-214.

Bae, K.-H., Baek, J.-S., Kang, J.-K., 2007. Do controlling shareholder's expropriation incentives derive a link between corporate governance and firm value Evidence from aftermath of Korean financial crisis. Unpublished working paper.

Baek, J.-S., Kang, J.-K., Park, K.S., 2004. Corporate governance and firm value: Evidence from Korean financial crisis. Journal of Financial Economics 71, 265-313.

Baek, J.-S., Kang, J.-K., Lee, I.M., 2006. Business groups and tunneling: Evidence from Private securities offerings by Korean Chaebols. Journal of Finance 51, 2415-2449.

Barclay, M., Holderness, C. G., 1989. Private benefits from control of corporations. Journal of Financial Economics 25, 371-395.

Barclay, M., Holderness, C. G., Pontiff, J., 1993. Private benefits from block ownership and discounts on closed-end finds. Journal of Financial Economics 33, 256-287.

Ball, R., A. Robin, J. W., 2002. Properties of accounting earnings in four East Asian countries. Unpublished working paper, University of

Rochester.

Berger, P. G., Ofek, E., 1995. Diversification's effect on firm value. Journal of Financial Economics 37, 39 – 66.

Berger, P. G., Ofek, E., 1999. Causes and effects of corporate refocusing programs. Review of Financial Studies 12, 311 – 345.

Bertrand, M., Mehta, P., Mullainathan, S., 2002. Ferreting out tunneling: An application to Indian business groups. Quarterly Journal of Economics 107, 287 – 302.

Bradley, M. 1980. Interfirm tender offers and the market for corporate control. Journal of Business 53, 345 – 376.

Brockman, P., Chung, D. Y., 2003. Investor protection and firm liquidity. Journal of Finance 58, 921 – 938.

Campbell, T., and Phyllis, Y, K., 2002. Corporate governance in South Korea: The Chaebol experience. Journal of Corporate Finance 8, 373 – 391.

Chhibber, P. K., Majumdar, S. K., 1999. Foreign Ownership and Profitability: Property Rights, Control, and the Performance of Firms in Indian Industry. Journal of Law and Economics 42, 209 – 238

Cho, M – H., 1998, Ownership structure, investment and corporate value: An empirical analysis. Journal of Financial Economics 47, 103 – 122.

Claessens, S., Djankov, S., Fan, J., Lang, L., 1999. Expropriation of minority shareholders in East Asia. Unpublished working paper, World Bank.

Claessens, S., Djankov, S., Lang, L., 2000. The separation of ownership and control in East Asian corporations. Journal of Financial Economics 58, 81 – 112.

Claessens, S., Djankov, S., Fan, J., Lang, L., 2002. Disentangling the incentive and entrenchment effects of large shareholdings, Journal of Finance 57, 2741 – 2771.

Comment, R., Jarrell, G., 1995. Corporate focus and stock returns. Journal of Financial Economics 37, 67 – 87.

DeAngelo, H., and Mauslis, R., 1980, Optimal capital structure under corporate and personal taxes. Journal of Financial Economics 8, 3−29.

Demsetz, H., Lehn, K. M, 1985. The structure of corporate ownership: Cause and consequence. Journal of Political Economy 93, 375−390.

Demirgüç−Kunt, A., Maksimovic, V., 1998. Law, Finance, and Firm Growth. Journal of Finance 53, 2107−2137.

Diamond, D., 1991. Monitoring and reputation: the choice between bank loans and directly placed debt. Journal of Political Economy 99, 689−721.

Fama, E. F., 1980. Agency problems and the theory of the firm. Journal of Political Economy 88, 288−307.

Fan, J., Wong, T. J., 2002. Corporate ownership structure and the in formativeness of accounting earnings in East Asia. Journal of Accounting and Economics 33, 401−425.

Gibson, M. S., 1995. Can bank health affect investment? Evidence from Japan. Journal of Business 68, 281−308.

Graham, J., Lemmon, M., Wolf, J., 2002. Does corporate diversification destroy value?. Journal of Finance 57, 695−720.

Hermalin, B. E., Weisbach, M. S., 1991. The determinants of board composition, Bell Journal of Economics 19, 95−112.

Holmstrom, B., 1982. Moral hazard in teams. Bell Journal of Economics 9, 108−124.

Hoshi, T., Kashyap, A., Scharfstein, D., 1991. Corporate structure, liquidity and investment: Evidence from Japanese industrial groups. Quarterly Journal of Economics 106, 33−60.

Hung, M. G., 2001. Accounting standards and value relevance of financial statements: An international analysis. Journal of Accounting and Economics 30, 401−420.

Jain, P.C., 1985. The effect of voluntary sell−off announcements on shareholders wealth. Journal of Finance 40, 209−224.

Jang, H. S., Kim, J. G., 2002. Nascent stages of corporate governance in an emerging market: Regulatory change, shareholder activism and

Samsung Electronics. Corporate Governance 10, 84-95.

Jensen, M. C., Meckling, W. H., 1976. Theory of the firm: Managerial behavior, agency costs and ownership structure. Journal of Financial Economics 3, 305-360.

Jensen M. C., Ruback, R. S., 1983. The market for corporate control: The scientific evidence. Journal of Financial Economics 11, 5-50.

Jensen, M.C., 1986. Agency costs of free cash flows, corporate finance, and takeovers. American Economic Review 76, 323-329.

Joh, S. W., 2002. Corporate governance and firm profitability: Evidence from Korea before the economic crisis. Journal of Financial Economics 68, 287-322.

John, K., Lang L., Netter, J., 1992. The voluntary restructuring of large firms in response to performance decline, Journal of Finance 47, 891-918.

Johnson, S., Boone, P., Breach, A., Friedman, E., 2000. Corporate governance in the Asian financial crisis, 1997-98. Journal of Financial Economics 58, 141-186.

Johnson, S., La Porta, R., Lopez-de-Silanes, F., Shleifer, A., 2000. Tunneling. American Economic Review Papers and Proceedings 90, 22-27.

Kang, J.-K., 1998. Bank-centered corporate governance systems. Economic Analysis 4 (in Korean), Bank of Korea, 120-161.

Kang, J.-K., Shivdasani, A., 1995. Firm performance, corporate governance7, and top executive turnover in Japan. Journal of Financial Economics 38, 29-58.

Kang, J.-K., Shivdasani, A., 1996. Does the Japanese governance system enhance shareholder wealth? Evidence from the stock-price effects of top management turnover. Review of Financial Studies 9, 1061-1095.

Kang, J.-K., Shivdasani, A., 1997. Corporate restructuring during performance decline in Japan. Journal of Financial Economics 46, 29-65.

Kang, J.-K., Stulz, R. M., 1997. Why is there a home bias? An analysis of foreign portfolio equity ownership in Japan. Journal of Financial Economics 46, 3－28.

Kang, J.－K., Stulz, R. M., 2000. Do banking shocks affect borrowing firm performance? An analysis of the Japanese experience. Journal of Business 73, 1－23.

Kaplan, S. N., 1994. Top executive rewards and firm performance: A comparison of Japan and the United States. Journal of Political Economy 102, 510－546.

Kaplan, S. N., Minton, B. A., 1994. Appointments of outsiders to Japanese Boards: Determinants and implications for managers. Journal of Financial Economics 36, 225－258.

Khanna, T., Palepu, K. G., 1999. Emerging market business groups, foreign investors, and corporate governance. NBER working paper #6955.

Khanna, T., Palepu, K. G., 2000. Is group affiliation profitable in emerging markets: An analysis of diversified Indian business groups. Journal of Finance 55, 867－891.

Klein, A., 2002. Audit Committee, Board of Director Characteristics, and Earnings Management. Journal of Accounting and Economics 33, 375－400.

Lamont, O., 1997. Cashflow and investment: Evidence from internal capital markets. Journal of Finance 52, 83－109.

Lang, L., Stulz, R. M., 1992. Contagion and competitive intra－industry effects of bankruptcy announcements. Journal of Financial Economics 33, 45－60.

Lang, L., Stulz, R. M., 1994. 토빈's q, corporate diversification, and firm performance. Journal of Political Economy 102, 1248－1280.

La Porta, R., Lopez－de－Silanes, F., Shleifer, A., 1999. Corporate ownership around the world. Journal of Finance 54, 471－517.

La Porta, R., Lopez－de－Silanes, F., Shleifer, A., Vishny, R., 1997. Legal determinants of external finance. Journal of Finance 52, 1131－1150.

La Porta, R., Lopez-de-Silanes, F., Shleifer, A., Vishny, R., 1998. Law and finance. Journal of Political Economy 106, 1115-1155.

La Porta, R., Lopez-de-Silanes, F., Shleifer, A., Vishny, R., 1999. The quality of government. Journal of Law, Economics and Organization 15, 222-279.

La Porta, R., Lopez-de-Silanes, F., Shleifer, A., Vishny, R., 2000. Investor protection and corporate governance. Journal of Financial Economics 58, 3-27.

La Porta, R., Lopez-de-Silanes, F., Shleifer, A., Vishny, R., 2002. Investor protection and corporate valuation. Journal of Finance 57, 1147-1170.

Lee, Y. S., Rosenstein, S., Wyatt, J. G., 1999. The value of financial outside directors on corporate boards. International Review of Economics and Finance 8, 421-431.

Leuz, C., Nanda, D., Wysocki, P.D., 2001. Investor protection and earnings management: An international comparison. MIT Sloan Working Paper No.4225-01.

Lins, K., Servaes, H., 1999. International evidence onthe value of corporate diversification. Journal of Finance 54, 2215-2239.

Lins, K., Servaes, H., 2002. Is corporate diversification beneficial in emerging markets? Financial Management 31, 5-27.

Lemmon, M., Lins, K., 2001. Ownership structure, corporate governance, and firm value: Evidence from the East Asian financial crisis. Unpublished working paper, University of Utah.

Lewellen, W. G., Loderer, C., Rosenfeld, A., 1989. Mergers, executive risk reduction, and stockholder wealth. Journal of Financial and Quantitative Analysis 24, 459-472.

Lin, S., Pope, P. F., Young, S., 2003. Stock market reaction to the appointment of outside directors. Journal of Business Finance and Accounting 30, 351-382.

Lindenberg, E., Ross, S. A., 1981. 토빈's Q ratio and industrial organization. Journal of Business 54, 1−32.

Lins, K., Servaes, H., 1999. International evidence on the value of corporate diversification. Journal of Finance 54, 2215−2239.

McConnell, J., Muscarella, C. J., 1985. Corporate capital expenditure decisions and the market value of the firm. Journal of Financial Economics 14, 399−422.

Mitchell, M. L., Lehn, K., 1990. Do bad bidders become good targets?. Journal of Political Economy 98, 372−398.

Mitton, T., 2002. A cross−firm analysis of the impact of corporate governance on the East Asian financial crisis. Journal of Financial Economics 64, 215−241.

Morck, R., Shleifer, A., Vishny, R. W., 1988. Management ownership and market valuation: An empirical analysis. Journal of Financial Economics 20, 293−315.

Morck, R., Yeung, B., Yu, W., 2000. The information content of stock markets: Why do emerging markets have synchronous stock price movements? Journal of Financial Economics 58, 215−260.

Myers, S., and Majluf, N., 1984. Corporate financing and investment decisions when firms have information that investors do not have. Journal of Financial Economics 13, 187−221.

Ofek, E., 1993. Capital structure and firm response to poor performance: An empirical analysis. Journal of Financial Economics 34, 3−30.

Opler, C. T., Titman, S., 1994. Financial distress and corporate performance. Journal of Finance 49, 1015−1040.

Rajan, R., 1992. Insiders and outsiders: The choice between relationship and arm's length debt. Journal of Finance 47, 1367−1400.

Rajan, R., Zingales, L., 1998. Which capitalism? Lessons from the East Asian crisis. Journal of Applied Corporate Finance 11, 40−48.

Rajan, R., Servaes, H., Zingales, L., 2000. The cost of diversity: The diversification discount and inefficient investment. Journal of Finance 55, 35−80.

Reese, W. A., Weisbach, M. S., 2002. Protection of minority shareholder interests, cross−listings in the United States, and subsequent equity offerings. Journal of Financial Economics 66, 65−104.

Roll, R., 1986. The hubris hypothesis of corporate takeovers. Journal of Business 59, 198−216.

Rosenstein, S., Wyatt, J. G., 1990. Outside directors, board independence, and shareholder wealth. Journal of Financial Economics 26, 175−191.

Shin, H. H., Park, Y. S., 1999. Financing constraints and internal capital markets: Evidence from Korean chaebols. Journal of Corporate Finance 5, 169−191.

Shivdasani, A., Yermack, D., 1999. CEO involvement in the selection of new board members: An empirical analysis. Journal of Finance 54, 1829−1853.

Shivdasani, A., Zenner, M., 2002. Best Practices in Corporate Governance − What Two decades of Research Reveal. Salomon Smith Barney.

Shleifer, A., Vishny, R., 1986. Large shareholders and corporate control. Journal of Political Economy 94, 461−488.

Stein, J. C., 1997. Internal capital markets and the competition for corporate resources. Journal of Finance 52, 111−133.

Stulz, R. M., 1988, Managerial Control of Voting rights: Financing Policies and The Market for Corporate Control. Journal of Financial Economics 20, 25−54.

Slovin, B. M., Sushka, M. E., Polonchek, J. A., 1993. The value of bank durability: Borrowers and bank stakeholders. Journal of Finance 48, 247−266.

Vafeas, N., 1999. Board Meeting Frequency and Firm Performance. Journal of Financial Economics 53, 113−142.

Vafeas, N., 2003. Length of Board Tenure and Outside Director

Independence. Journal of Business & Accounting 30, 1043－1064.

Vancil, R. F., 1987. Passing the baton: Managing the process of CEO succession. Harvard Business School Press, Boston, MA.

Wagster, J. D. 1996. Impact of the 1988 Basle Accord on international banks. Journal of Finance 51, 1321－1346.

Warner, J., Watts, R., Wruck, K., 1988. Stock prices and top management changes. Journal of Financial Economics 20, 461－492.

Weinstein, D., Yafeh Y., 1998. On the costs of a bank centered financial system: Evidence from the changing main bank relations in Japan. Journal of Finance 53, 635－672.

Weisbach, M.S., 1988. Outside directors and CEO turnover. Journal of Financial Economics 20, 431－460.

Whited, T M., 2001. Is it inefficient investment that causes the diversification discount?. Journal of Finance 56, 1667－1689.

Wruck, K., 1990. Financial distress, reorganization, and organizational efficiency. Journal of Financial Economics 27, 419－446.

Xie, B., Davidson III, W. N., DaDalt, P. J., 2003. Earnings Management and Corporate Governance: The Roles of the Board and the Audit Committee. Journal of Corporate Finance 9, 295－316.

Yermack, D., 2004. Renumeration, retention, and reputation incentives for outside directors. Journal of Finance 60, 2281－2308.

백재승
白宰昇

•약 력•

고려대학교 경영대학 및 동대학원 졸업(경영학박사, 재무관리전공)
한국산업증권 경영지원실 근무
한국경영학회 상임이사 역임
현 한국증권학회, 재무학회, 재무관리학회 이사 및 편집위원
현 한국외국어대학교 국제경영학과 교수

•주요논저•

「Do Controlling Shareholder's Expropriation Incentive derives a link between Corporate Governance and Firm Value? Evidence from the Aftermath of Korean Financial Crisis」
 −2006년도 아시아−태평양 증권학회 최우수논문상. 2006년 12월
「Business Groups and Tunneling: Evidence from Private Securities Offerings by Korean Chaebols」, Journal of Finance 51. 2006
 −2004년도 아시아−태평양 재무학회 최우수논문상. 2004년 7월
「Corporate Governance and Firm Value: Evidence from Korean Financial Crisis」, Journal of Financial Economics 71. 2004
「기업집단(재벌)의 효율성과 주주 부의 극대화: 신주발행을 중심으로」, 한국재무학회, 재무연구, 2002
 −2002년도 한국재무학회 "재무연구" 최우수논문상. 2002년 5월
『전략경영을 위한 원가관리회계』(편저)
『국제화 시대의 경영』(출간예정)
『미래지향적인 증권결제시스템』(공저)
외 다수

재무정보와 주가

• 초판 인쇄	2008년 2월 20일
• 초판 발행	2008년 2월 20일
• 지 은 이	백재승
• 펴 낸 이	채종준
• 펴 낸 곳	한국학술정보㈜
	경기도 파주시 교하읍 문발리 513−5
	파주출판문화정보산업단지
	전화 031) 908−3181(대표)·팩스 031) 908−3189
	홈페이지 http://www.kstudy.com
	e−mail(출판사업부) publish@kstudy.com
• 등 록	제일산−115호(2000. 6. 19)
• 가 격	25,000원

ISBN 978-89-534-8143-5 93320 (Paper Book)
978-89-534-8144-2 98320 (e−Book)